情系丹青　苔花绽放

——基于核心素养的美术教学实践研究

王拥军　高丽莉　主编

首都师范大学出版社

CAPITAL NORMAL UNIVERSITY PRESS

图书在版编目（CIP）数据

情系丹青 苔花绽放：基于核心素养的美术教学实践研究 / 王拥军，
高丽莉主编. — 北京：首都师范大学出版社，2022.5

ISBN 978-7-5656-6172-3

Ⅰ.①情… Ⅱ.①王… ②高… Ⅲ.①美术课 – 教学研究 – 中小学 – 文集
Ⅳ.①G633.955.2-53

中国版本图书馆CIP数据核字（2020）第255482号

情系丹青 苔花绽放——基于核心素养的美术教学实践研究
王拥军 高丽莉 主编

责任编辑 王翛冰

首都师范大学出版社出版发行

地　　址　北京西三环北路105号
邮　　编　100048
电　　话　68418523（总编室）　68982468（发行部）
网　　址　http://cnupn.cnu.edu.cn
印　　刷　河北鑫彩博图印刷有限公司
经　　销　全国新华书店
版　　次　2022年5月第1版
印　　次　2022年5月第1次印刷
书　　号　ISBN 978-7-5656-6172-3
开　　本　710mm×1000mm　1/16
印　　张　21.75
字　　数　363千字
定　　价　69.80元

本书编委会

主　编：王拥军　高丽莉

编　委：崔　芳　叶锦霞　李　京　张明珠

　　　　张春娟　韩　菊　段长朋　王玥婷

　　　　张志伟　曹海静

目　录

·小学篇·

教学研究

·中学篇·

教学研究

教学设计

小学篇

【教学研究】

"小学美术课堂发展性评价策略研究"成果报告

北京市顺义区仓上小学　王拥军

一、课题的提出

发展性教学评价，是以学生为主体、以促进发展为目标，重视对学生多方面能力的考查，因此成为评价改革的一大特色和主题。但是，通过教学观察和与教师座谈，发现目前的小学美术课堂教学评价仍存在着诸多问题：过多关注评价的结果而忽视评价的过程，仍存在"重智育、轻德育""重知识、轻能力"等现象，对于非智力因素的考查缺乏恰当、有效的方法与手段。从评价主体看，仍以他评为主，学生处于被动、消极的地位；在评价方法看，也缺乏创新，有些教师滥用"小奖章""代币制"等质性评价，容易使学生产生审美疲劳，失去评价的激励效果；从学科特点上看，忽视美术个性评价，难以体现不同学科和不同年龄学生的特点，科学性和实用性均不够强。

鉴于此，我们从"以人的发展为本"的理念出发，着重研究如何用发展性评价来促进学生全面发展，提高美术课堂实效性，并为一线美术教师的相关课堂教学评价的研究提供参考和借鉴。

二、研究的目的及意义

本研究的目的是结合美术学科特点及不同年级、不同个性的学生情况，研究出一套具体的、有效的评价策略和方法，从而真正促进学生个性与能力的协调发展，使教学评价成为促进学生美术综合能力全面提高的有效手段之一。

本研究具有重要意义：

1. 使教师充分认识到"评价策略"在小学美术教学中的重要意义，提高美术教师的课堂评价意识与能力；营造适合学生发展的良好氛围，引发学生在激励性的评价中认识自我、建立自信，形成主体性的评价意识与能力。

2. 构建一种综合的，重过程、重创新的美术教学评价体系，如：根据多元智能理论和美术学科特点，总结一套有针对性的、积极的教师评语体系及学生

3

美术作业的评价策略；结合美术学科特点，根据不同的评价内容和标准，开发出多维度、多标准的评价量表；总结出多种行之有效的美术教学评价策略，激发学生的学习兴趣，促进学生的全面发展。

3. 通过本课题的研究，形成特色成果。积累实践经验，形成具有评价特色的教学设计、课堂观察录、案例反思、经验总结、科研论文等有效成果。

三、研究的内容与过程

（一）研究内容

1. 美术课堂教师积极评价用语的研究

课堂评价用语作为师生互动交流的重要媒介，直接影响了课堂教学的质量。依据多元智能理论和积极心理学理论，创设一套适合美术课堂的教师评价用语，包括教师有声语言，如常用口头评价语和习惯表达方式等；也包括教师无声的语言，如体态语、表情语等。

2. 小学美术课堂发展性教学评价量表的设计研究

评价量表的设计与使用，具有收集接近学生实际情况资料的功能，尤其适合对小学生表现性行为的评价。因此，结合美术学科特点，开发多维度、多标准的评价量表，可以有效地评价学生的学习态度、兴趣以及情意发展的状态，切实提高教学评价的实效性。

3. 小学美术课堂的多种评价内容和具体方法的策略研究

发展性评价关注学生的全面发展，因此所设置的评价内容应包括认知、行为、品德、审美、情感等方面。结合学生认知规律及美术学科特点，选择恰当的评价方式和方法，如鼓励性评价、延迟性评价、形成性评价等评价方法，对学生进行综合、全面的评价，激发学生的学习兴趣，使不同层次、不同能力的学生都能得到个性化的发展。

4. 改进美术作业评价方法的策略研究

传统小学美术作业评价内容单一、主观性强，局限于对学生终结作业的评价，而对学生的创作过程、情感的表达及参与合作的态度关注不够。通过在美术课堂中实施发展性评价，加强质性评价方法，研究出适合于学生发展的评价策略，如符号评价法、评语评价法，还有情境测验法、成长记录袋、问卷调查法等，采用自评、互评的方式，让学生积极参与美术作业的评价，充分调动学生的主动性、积极性，提高美术课堂教学实效性。

（二）研究过程

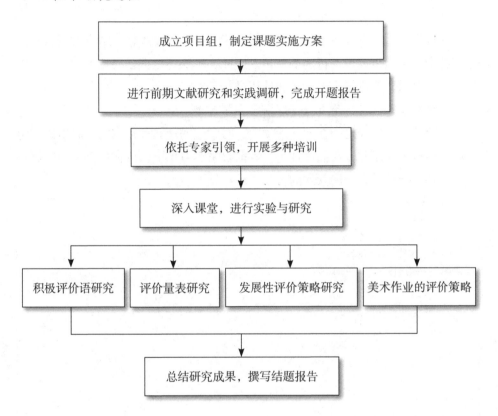

四、课题成果与影响

通过本课题的研究，加强了教师的理论素养和科研意识，切实提高了师生的评价能力；同时，营造出适合学生发展的良好课堂氛围，使学生在学习中形成主体性的评价意识与能力，引发学生在激励性的评价中认识自我、建立自信、自主学习。在研究过程中，教师在教学反思和研究能力等方面也有很大提升，结合课题研究的相关内容，撰写了相关论文、教学设计及案例，取得了丰硕的成果。

（一）美术教师课堂教学评价常用语集锦

本研究结合美术学科特点，针对不同层次和不同性格的学生，采用恰当、有效的评价语，来激发学生学习的积极性。教师在借鉴时，应根据不同情况、不同对象，抓住时机启发、鼓励学生，充分发挥教学语言的积极评价功能。

（二）评价量表在美术教学中的应用策略

评价量表可以有效评价学生的学习态度、兴趣以及人格、情意发展状态，尤其适合对小学生表现性行为的评价。因此，本课题根据学科特点和不同层次的学生，对课堂评价量表的设计和使用进行了重点研究。

1. 课前诊断性评价量表——课前自主学习单

诊断性评价量表是指在学习活动前，对学生的现状和存在的问题做出鉴定而设计的量表。据此，我们设计了"课前自主学习单"，以任务驱动、问题导向为原则，指导学生开展高效的自主学习。见下表：

第 9 课　《彩蝶》课前自主学习单

一、搜集资料，回答下列问题。

1. 你喜欢蝴蝶吗？为什么？

2. 蝴蝶小时候是什么样子的？

3. 蝴蝶的身体结构由哪几部分组成？

4. 蝴蝶的翅膀有什么特点？

二、实践题：用你喜欢的方法，表现一只漂亮的花蝴蝶。

自 我 评 价		
评价内容	是	否
1. 你对本课知识是否有兴趣？		
2. 你是否完成了自主学习单？		
3. 你还有哪些想了解的问题或困惑？		

2. 课中形成性评价量表——课堂学习活动评价表

形成性评价量表是指在学习活动过程中评价活动本身的效果，保证学习目标的实现而设计的评价量表，主要记录学生的学习过程，可采用学生自评、同伴互评、教师点评等方式进行。见下表：

评价项目	具体评价内容	自我评价	同学互评	教师评价
参与态度	1. 美术用品准备齐全，摆放整齐	☆ ☆ ☆ ☆ ☆	☆ ☆ ☆ ☆ ☆	☆ ☆ ☆ ☆ ☆
	2. 课前积极搜集资料，认真完成学习单	☆ ☆ ☆ ☆ ☆	☆ ☆ ☆ ☆ ☆	☆ ☆ ☆ ☆ ☆
	3. 上课遵守纪律，认真听讲，积极回答问题	☆ ☆ ☆ ☆ ☆	☆ ☆ ☆ ☆ ☆	☆ ☆ ☆ ☆ ☆
合作精神	1. 善于合作，积极参与小组的探究与交流	☆ ☆ ☆ ☆ ☆	☆ ☆ ☆ ☆ ☆	☆ ☆ ☆ ☆ ☆
	2. 认真倾听，虚心听取别人意见	☆ ☆ ☆ ☆ ☆	☆ ☆ ☆ ☆ ☆	☆ ☆ ☆ ☆ ☆
	3. 能主动帮助同学一起解决问题	☆ ☆ ☆ ☆ ☆	☆ ☆ ☆ ☆ ☆	☆ ☆ ☆ ☆ ☆
能力发展	1. 具有创新思维，能独立思考，敢于提出问题	☆ ☆ ☆ ☆ ☆	☆ ☆ ☆ ☆ ☆	☆ ☆ ☆ ☆ ☆
	2. 有创新意识，作品与众不同	☆ ☆ ☆ ☆ ☆	☆ ☆ ☆ ☆ ☆	☆ ☆ ☆ ☆ ☆
	3. 具有良好的学习习惯	☆ ☆ ☆ ☆ ☆	☆ ☆ ☆ ☆ ☆	☆ ☆ ☆ ☆ ☆

3. 课后综合性评价量表——成果展示评价表

综合性评价量表主要是总结与展示学生的学习成果，分享学生的情感体验，展示学生的个性特点与创新精神。依据美术的学科特点，我们将美术作业的展示与综合性评价有机结合，设计出了有学科特色的成果展示评价表。

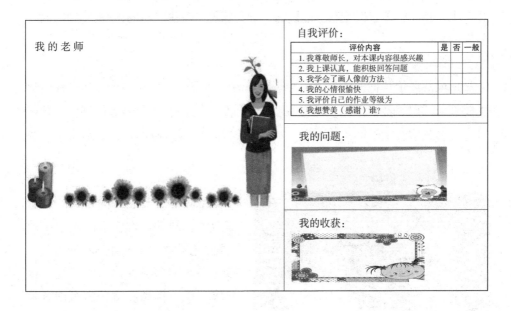

（三）鼓励性评价的策略研究

鼓励性评价是课堂上教师最常用也是最有效的一种评价方式。这种评价点低、小目标、勤评价、快反馈的做法，学生最感兴趣，让学生体验到成功的快乐。

策略1：沙里淘金

所谓"沙里淘金"，是依据多元智能理论，着眼于发现学生的优点和长处，创造一个支持学生发展的环境，培养学生的自信心，最大限度地调动学生的积极性，从而使每个学生都能在原有的基础上得到发展。

策略2：以"我"比"我"

古语说："人比人，气死人。"对于困难生来说，如果经常将他们与优秀生比较，会使他们产生挫败感，没有了前进的动力。因此，在评价时让学生对今天的自己和昨天的自己进行比较，看看自己有了哪些进步，从而获得自信，体验成功的快乐。这种成功感对于自卑、能力较差的学生来说无疑是雪中送炭。

策略3：赞美时刻

卡耐基说："使一个人发挥最大能力的方法是赞美和鼓励。"来自老师和同学的赏识与赞美，无疑是学生前进的动力。因此，在教学中设计"赞美时刻"，让学生在相互赞美、相互欣赏的同时，学会感恩，强化成功的体验，培养健康、良好的品格。

（四）形成性评价的策略研究

形成性评价是把教学评价贯穿于课堂教学的全过程，对整个教学过程中学生的参与意识、合作精神、态度习惯、构思创意、课堂作业等方面进行综合评价。课题组结合学生的年龄特点，加强了对学生学习过程的评价，取得了一些成果。

策略1：成长树

在低年级开展"成长树"的竞赛活动：同学在作业本后画上一棵大树，老师对学生准备学具的情况、参与活动的积极性、回答问题以及合作意识、作品质量、构思创意等方面进行综合评价。学生每一个成功的表现都可以争取到一个小奖章贴到大树上，一个学期下来，看看

谁收获的果实最多。另外，结合美术课的特点，用不同的奖章来代表不同的评价内容，如大拇指代表纪律、笑脸代表习惯、优秀代表作业、心形代表合作、星星代表创新等。通过这样新颖、趣味的评价方式，学生不仅学习热情高涨，而且注重了过程性评价，促进学生在各个方面不断进步和发展。

策略 2：画小手

开学第一课，要求学生在作业本的第一页画上自己两只小手的轮廓，

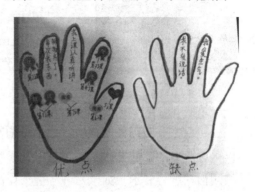

并在右手手指上写出自己的优点，左手手指上写出自己的缺点，从而使学生明确努力的方向。学期结束时，通过自评、互评、师评等形式，让学生看看自己多了哪些优点，改正了哪些缺点，并确定最后努力的方向：优点越来越多，缺点越来越少，让两个手指上都写满优点，直至写满手掌心。

（五）学生美术作业评价的策略研究

美术作业评价是美术课的重要环节。传统的美术作业评定，教师一个简单的"优""良"，让评价流于形式。学生拿到作业时，既没有期待，也没有喜悦。为此，课题组重点对美术作业的评价进行了研究与实践，总结出一套行之有效的方法和策略，切实提高了学生的学习兴趣和作业质量。

策略 1：等级 + 评语 + 评价卡片

即采用激励性的评价语言，加上可爱的笑脸或一个大拇指的图案，对学生的学习习惯、课堂表现和作业情况等方面给予评价。这样的评语，加上趣味的图案，不仅肯定了学生的优点，也分析了学生作业存在的问题并提供改进的办法，同时，让学生感受到老师对他的关注和鼓励，从而获得对学习的持久兴趣和"我能行"的信心。教师可选择有代表性的作业进行批语，还要注意在一段时间内保证每个学生都能获得这样的评语。

策略2：建立电子档案袋

充分利用现代化手段,为学生建立电子档案袋。老师可随时记录、摄取学生的美术作业及将学生上课的表现留存。不仅可以让师生对美术作业进行纵向与横向的比较研究,还可以将这些照片发送到微信家长群、QQ群等进行展示,这不仅让学生感受到荣誉和鼓励,还能使家长了解学生的美术学习情况。这种方式既凸显了美术作业的视觉性,尊重与保护了学生的"劳动成果",又实现了美术作业的展示、欣赏价值。

策略3：开展多元化的展示活动

一是充分利用校园环境,如学校橱窗、走廊、电子屏等进行作业展示,不仅可以营造浓郁的艺术氛围,还能让学生在展示中得到激励与鼓舞;二是结合校园活动进行展示,如"六一"优秀作品展、学校体育节海报设计、手抄报展

览等,可以达到相得益彰、事半功倍的效果;三是利用家庭环境进行展示,让亲朋好友都能欣赏到学生的艺术作品,对培养学生的自信心和学习兴趣起到很好的促进作用;四是利用社会资源进行展示,如社区宣传栏、文化广场等,将学生的绘画作品、窗花挂笺等进行展示,既美化社会环境,又让学生在实际生活中领悟到美术的独特价值。

策略4：学生互评

以小组为单位,采用学生互换作业的形式,参照老师的评价标准,同学之间进行互评。不建议使用打分或分级的方式,而是互提优缺点,进行"艺术批评"式的评价。这样的评价形式,能有效激发学生的参与意识,学生对评价建议也更容易理解与接纳。但要注意分工明确,评价标准简单、明了、恰当,否则会流于形式。

五、问题及设想

1. 加强教学评价中教师自我反思的形式

本研究对发展性教学评价的实施和研究工作还存在形式主义，教师往往重视规则的学习和对他人的模仿，缺少自我反思与自主发展的意识。因此，在今后的研究中，要加强实践后的反思与提炼，及时整理和总结自己在实践研究过程中的问题、经验，把课题研究真正落到实处，促使教师在不断反思中提升与发展，并将其转化为促进学生发展的创造力。

2. 指导学生进行有效评价

在评价的过程中，学生往往根据自己的喜好进行评价，自己喜欢的分值高、评语好，不喜欢的则做出较低评价，缺乏公平公正的意识。还有的同学总喜欢在评价中找别人的毛病，而缺乏对别人的赞美。因此，我们在教学中要正确引导，让学生逐渐形成客观、正确的评价能力，从而有效地进行自评和他评。

基于中华优秀传统文化下的小学美术教学策略研究

北京市顺义区仓上小学　王拥军

中国文化源远流长、博大精深，具有独特的育人功能。将优秀的传统文化融入小学美术课堂教学之中，一方面可以将智育、德育与美育相互融合，使学生在接受传统文化教育的同时，丰富、拓展小学美术教育内容，增强学生的审美感受和情感体验；另一方面，能更好地突出美术教育的人文性和实践性，两者相得益彰，互相促进，引导学生充分感受传统文化的艺术魅力，增强学生的民族意识，滋养学生的核心素养。

一、结合中国画教学，有机渗透传统文化知识

中国画是传统文化的精髓，凝聚着中华民族的智慧、审美、性情和气质，蕴含着深厚的文化底蕴及人文内涵，在美术教育中占有重要地位。在中国画教学中，教师不应只强调笔墨技法的学习，或者仅仅是对画作本身进行介绍和赏析，更应该注重学生对文化知识的广泛积累，发掘作品深层的含义，以"润物细无声"的方式渗透于教学活动之中，从而不断提升学生的核心素养。

例如在三年级"荣宝斋"一课的教学中，学生在欣赏徐悲鸿的作品《骏马图》时，由于缺乏对作者的了解和对作品内涵的理解，所以课堂沉闷，学生兴趣索然。鉴于此，教师可以通过"插图＋讲故事"的形式讲述画家的生平，让学生形象的了解徐悲鸿所处的时代,正值中华民族面临着日本帝国主义的侵略，他义愤填膺，毅然用自己手中的画笔，以马为主题，刻画出各种铁骨铮铮、雄健昂扬的骏马形象，来激起斗志、振奋民心。有了情感的渲染，调动起学生对作品欣赏的兴趣，然后再赏析作品。首先通过视频欣赏骏马奔驰的画面，观察马的特点和姿态，然后再欣赏大师的水墨作品《骏马图》，运用对比分析，让学生直观感受到画家笔下奔马的神韵和气质。通过对画家生平的了解和不同风格作品的赏析，在感受画家真挚的爱国情怀的同时，也启发了学生对生活的思考，深切感受到中国画的人文精神，促进学生人格的健康成长。

二、与国学经典相结合，塑造学生优美的人格

国学，是中国传统文化中的精髓，对于传承文明、增强民族凝聚力和民族复兴都起着重要作用。国学经典饱含古人的智慧修养，读懂经典，可以帮助学生出口成章、引经据典，有助于学生修身养性，塑造优美的人格。结合小学生的年龄特点，教师可以将国学经典以讲故事的方式传授给学生，激发学生的学习兴趣，然后再引导学生把对国学的认识和理解，用绘画的形式表达出来，不仅能吸引学生的兴趣和注意力，还能提高学生的创新能力，同时让优秀的国学精神在学生的心中生根发芽，发扬光大。

例如，现在的很多孩子娇生惯养，享有父母全部的爱，占有欲很强，但是由于二孩政策的放开，很多小学生都有了弟弟或妹妹，曾经的独一无二变成需与人分享，他们难免会有心理落差，经常抱怨父母，或者讨厌弟弟妹妹。鉴于此，教师可以根据《三字经》中"融四岁，能让梨"的故事，引导学生了解国学经典故事的含义，然后用绘画的形式，把故事表现出来。学生的表现内容丰富多彩，不仅仅局限于"让梨"，有的学生让玩具、让零食，有的学生让衣服，还有的学生让出了妈妈的怀抱。学生的作品虽然稚拙，但充满童趣，形象地诠释了中国传统的国学精神，也深刻地理解了"谦让""友爱"的含义，有助于学生健康人格的培养。

三、挖掘地方文化资源，感受传统文化的艺术魅力

一间教室可以容纳无限，一位教师可以点燃学生的精彩。在大力提倡"核心素养"的今天，将有特色的地方资源引进美术课堂，开展系列优秀传统文化的综合实践课程，既可以激发学生对传统文化的热爱之情，也能在探索与实践活动中丰富学生的人文素养。鉴于此，学校充分利用地方资源，与顺义区龙湾屯葫芦艺术庄园联合开设"小葫芦、大文化"的校本课程，将葫芦文化纳入到美术教学和艺术社团活动中，打造异彩纷呈的美术课堂。

1. 葫芦文化的收集与体验。

中国的葫芦文化源远流长、内容丰富，是中华民俗文化中的重要组成部分，中国很多民族都有关于葫芦的神话，葫芦成为寄托人们美好向往的"灵物"，深受人们喜爱。学校从兴趣入手，请学生们利用网络、图书等资源进行检索，或者向家长请教，搜集与葫芦有关的故事、传说等资料，挖掘"隐藏"着葫芦

的文学。学生在诵读经典和感知故事的过程中，受到良好的中华民族美德的熏陶，形成优秀的道德品质。

2. 开辟实验基地，探究葫芦种植

新学期开始，老师发给学生葫芦的种子，号召学生在自家的阳台上、花园里种葫芦。学校也将操场上的长廊规划成"葫芦种植园"，让学生进行种植，并安排专人负责。通过对葫芦的栽培与管理，使学生了解葫芦的生长历程，掌握相关的劳动技能，并用文字、摄影、日记画等形式观察、记录葫芦的成长过程。秋天到了，同学们把成熟的葫芦采摘下来堆放在一起，大大小小、形态各异的葫芦逗人喜爱。同学们一起创作命题画《丰收乐》，把自己的收获和感受表达出来，分享着丰收的喜悦。学生在体验种植、管理、采摘、收获的过程中，感受植物生长的过程，体验种植的辛苦与快乐，进而培养学生良好的道德品质和责任意识，为学生的终身发展奠定基础。

3. 葫芦艺术的制作与展示

葫芦采摘后，老师带领学生进行打磨，然后通过彩绘、烙画、镂空、浅雕等方式制作成美丽的葫芦工艺品。结合学生的年龄特点，学校在不同年级开设不同的工艺内容：一、二年级学习彩绘葫芦；三、四年级烙烫葫芦；五、六年级则学习雕刻葫芦。利用每周的社团活动时间，聘请"葫芦艺术庄园"的专家到校进行现场授课与指导，通过讲解与示范，引导学生认认真真地学、仔仔细细地做，一个个葫芦在他们的手下变成了既充满稚气又生动别致的工艺品。每年3月，学校举办葫芦节，为学生提供一个展示成果的舞台。在成就学生、体验成功的同时，进一步让学生感受到中国民族文化的精髓，激发了学生对传统艺术的热爱之情。

四、开展丰富多彩的非遗活动，滋养学生的核心素养

我国非物质文化遗产中蕴含着中华民族特有的精神价值和文化意识，是民族文脉的精华，是国家和民族发展的精神体现与文化象征。在小学美术教学中，关注美术人文学科的性质，立足非物质文化遗产的视觉开展教学，结合丰富的社会大课堂活动，根植课堂，放眼课外，让学生更深刻地认识与了解非遗文化，继承和发展中华优秀的文化艺术，培养学生的民族精神和爱国情感。例如，我校将陶艺文化与社会大课堂活动相结合，走进顺义区神笛陶艺村，开辟探索中国非遗文化的新途径。

位于顺义区的神笛陶艺村，比邻奥林匹克水上公园，内有彩绘、泥塑、拉坯等项目，可作为社会大课堂的教育资源，是认识非遗文化、了解陶艺制作过程的理想场所。为了充分开发利用这一文化资源，我校将神笛陶艺村作为中国传统文化的教育基地，经常组织相关的教育活动，如陶艺文化节、小学生陶艺大赛、中秋太平窑圣火晚会等。通过优秀陶瓷作品鉴赏，引导学生了解中国瓷器的发展和历史，培养学生的艺术审美；通过泥塑、彩绘与拉坯等实践活动，让学生亲身体验陶艺的制作过程，并采用竞赛的形式，极大地调动学生的积极性和创造性。当学生们看到自己的泥塑作品经过火的淬炼变成精美、个性的陶艺作品时，那份感动会升华成对中国民族文化深深的敬畏与热爱。

神笛陶艺村院内，有一座象征着吉祥幸福的太平窑，中秋烧太平窑的风俗在景德镇已有一百多年的历史，表达了人民祈求和平、向往幸福生活的愿望。太平窑现已成为陶瓷界的经典庆典形式，蕴含着丰富的民俗文化。因此，每年中秋夜，学校会组织部分学生和家长一起参加太平窑圣火晚会。当月亮升起的时候，家长在窑里塞满干柴，点燃圣火，火光四溢，映照着张张笑脸。孩子们围着太平窑载歌载舞，欢度佳节，共庆团圆，一片祥和欢腾的景象，令人终生难忘。通过丰富多彩的文化实践活动，不仅加深了学生对传统文化的认识和理解，也拉近了文化与生活的距离，让中华优秀传统文化在学生的心中扎根，并且薪火相传、生生不息。

总之，美术教育承载着发展和传承优秀文化的重任，在课程改革聚焦培养学生"核心素养"的今天，作为一名美术教师，我们应积极开展以优秀传统文化为核心的美术综合实践活动，引导和培养学生对中华优秀传统文化的关注、了解、传承和创新的意识，从而丰富和发展学生的核心素养，为学生的终身发展奠定基础。

传承国画大家之经典　创新教法之探索

——"画家徐悲鸿"教学案例

北京市顺义区牛栏山一中实验小学　崔　芳

一、案例背景

现代社会发展需要具备一定图像识读能力、审美判断能力及创意实践能力的人才，因此，在课堂上重视对学生健康审美素养及创新能力的培养变得尤为重要。

五年级的学生对画家徐悲鸿有所耳闻，且很崇拜徐悲鸿有关"马"的国画作品，他们可以用简单的美术语言对作品进行描述，但还不能用较专业、系统的方法来评述作品，这就需要教师在课堂上给予学生参与探索、欣赏评述的机会。

本课采用了交互设备的互动教学和不同的学习策略，让学生在创新化的信息技术互动中体验鉴赏课的趣味性。通过运用白板软件里特有的课堂游戏及新奇的功能引导学生主动学习，以活泼多样的游戏和音频呈现教学内容，激发学生的学习兴趣，并使这种兴趣转化成持久的情感态度。

二、案例描述

活动一：分组竞争，游戏激趣，调动学习内驱力

五年级下学期的学生具有较强的抽象思维，语言表达能力强，也喜爱尝试新鲜事物并具有创新的能力，更喜欢在小组合作中参与课堂游戏。所以在导入环节我设计了分组竞争游戏，将游戏里自带的图标替换成与本课知识相关的图标，当我出示分组 PK 游戏时，学生的参与热情极高。教师在引导学生明确游戏规则的前提下，选择小组代表上台进行 PK 答题比赛，其他学生一边复核自己学习单上所填的知识点是否正确，一边为各组成员参与 PK 游戏加油助威，课堂氛围轻松愉悦，全员参与其中。

案例分析：在巧用希沃白板课堂游戏中，我创造性地将游戏里自带的图标替换成与本课知识相关的图标，拉近了学生与本课知识的距离。学生在好玩的"白板 PK 小游戏"中不仅激发了参与课堂的兴趣，复习了关于徐悲鸿生平的知识，同时增强了学生的审美判断能力。

活动二：利用白板特有的功能，探究"欣赏·评述"的方法

1. 尊重学生的生活体验，以音频调动学生的感性认知

为了调动学生已有的生活体验，我导入了现实中群马奔跑的画面并配以马鸣及蹄声的动感音频，学生很容易被教师设计的音频氛围带入其中。接着教师引导学生说说自然界中的群马给他怎样的第一印象，学生的感受大多数都是奔放、自由的，教师马上板书"欣赏、评述"。描述一幅作品的第一步就是说出你的第一印象或者感受。

2. 巧用微信语音分享评述成果，家校共评促成长

为了轻松解决本课的教学难点，及时对学生做出表现性评价，我巧妙地将作品归类分组探究。教师出示作品《前进》《群马》，引导学生以小组为单位结合学习单的提示，从画面的构图特点、主体特点、次主体特点三个方面来描述作品。学生在小组合作描述作品的时候，教师利用微信语音录制各组的评述成果，及时将成果发送到班级微信群进行分享和讨论。家长和师生可以在第一时间给出反馈和建议，接着，教师与学生一起总结欣赏、评述作品的第二步是从作品的构图、主图特点及次主体特点开展描述作品。

案例分析：教师分组展示图片，增强学生的图像识读能力。利用微信语音展示成果，不仅调动家长参与课堂评价，增强评价的多维度和全面性，而且可以节约时间并引导学生尝试信息生活为我所用的乐趣。

3. 关注"学法"总结，活学巧用促发展

教师灵活运用白板软件中"美术学科"特有的放大镜和圈画等功能，引导学生用放大镜观察画面细节，用手动圈画的方式来尝试结构、造型。深入体会作者是如何做到"古为今用、中西合璧"的。学生在趣味性很强的课堂活动中很容易总结出徐悲鸿画的马是立体的、有透视感、有明暗，传统画法的马较平面化、注重笔墨等特点。接下来教师播放 1937 年历史背景的音频小微课，悲壮的音乐加上教师深情的解说，学生犹如身临其境般感受徐悲鸿的创作情感，体会到他作品的寓意。接着教师及时总结并在黑板上张贴"四步欣赏评述"法口诀，进一步加深学生的理解。

案例分析：此环节巧妙地将白板软件中特有的放大镜和圈画的功能与图片的对比相结合，引导学生通过对比分析感受不同风格的表现方法，既增强了学生的图像识读能力和审美判断能力，也在轻松地氛围中突破了本课的教学难点。

活动三：灵活运用多种教学方式，激发学习内驱力

1. 创设松紧适度的课堂节奏，情景故事解难点

伴随着舒缓的音乐，引导学生放松心情，闭上眼睛。教师通过创设带领学生参观徐悲鸿博物馆的情景来介绍《愚公移山》的创作故事。利用小学生易接受的语言设计故事的情境，学生在松紧适度的节奏中了解了《愚公移山》的取材来源及创作背景。

案例分析：以情景故事了解作品创作背景，不仅能使课堂氛围轻松愉悦，且可以化解学生面对大量裸体的尴尬情绪，利于学生初步尝试评述活动的开展。

2. 师生协作解难答疑，争做小小鉴赏家

在展开艺术实践前，教师播放《田横五百士》的视频，引导学生大致了解创作的历史背景和寓意，提示学生仔细观察田横和画面中人物的表情和动态，想想从哪里体现出"威武不能屈、贫富不能移"的气节？接着教师出示《风雨鸡鸣》，启示发问：结合它的主题，你觉得有哪些不合理的地方？学生很易提出疑问，找出主题与画面的矛盾之处。

案例分析：将学生可能遇到的难点集中答疑，通过音频引导学生了解作品的取材来源及历史意义，利用信息技术帮助学生进一步理解作品寓意和作者创作情感，提升学生的文化理解力及创意实践能力。

活动四：关注课堂趣味性，重视学生实际获得

1. 模拟"鉴赏家"情境，关注学生实际获得

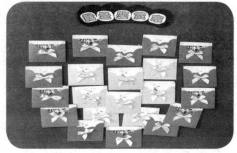

教师创设争做"小小鉴赏家"的活动情景，根据学生的个性差异，设计可选择的艺术实践选项，与学生一起明确本节课的鉴赏内容及具体要求。随后学生自己选择喜欢的内容展开欣赏，评述实践。

2.设计评价量表，落实美术核心素养能力提升

在评价展示环节，教师设计了学生的自评量表、同伴互评的抽签小游戏，学生根据自评量表进行逐条评价，并给自己打上满意的成就指数。小主持人随机抽取学生的作品进行互评，学生在轻松有趣的评价活动中相互分享、共同成长。

案例分析：在艺术实践环节，理解学生的个性差异，尊重学生的主体地位，设计学生可以选择的实践内容，关注学生的实际获得和欣赏体验；在评价展示环节，关注评价维度的多样性，根据教学重难点将评价要素进行划分，设计所占比重，加入了成就指数方便学生自评，最终在课堂上逐渐为学生的美术核心素养发展奠定基础。

三、"教之所思，学之所成"，重视教学的得与失

1.巧用信息技术创新美术课堂

本课在尊重教学内容难易程度及学生的接受程度上，利用信息交互设备循序渐进的展开，引导学生在游戏中习得"欣赏·评述"领域内容的学法，增强了他们的美术核心素养能力。本课整体上取得了良好的教学效果，在教学难点的突破方法上还应加强对学生的"学法"指导。

2.教学能力与信息技术的兼容并蓄

教学过程中设计有趣的游戏、合理利用微信语音功能、巧用微课进行教学

重难点的解决和突破。教师在课堂上真正放手"让学生说、让学生做、让学生悟"，极大程度上尊重了学生的主体地位。

四、结语

在加强对信息交互类媒体资源的学习及创新过程中，我会继续用技术来提升我的课堂教学质量，继续发展学生主动学习的互动教学，将交互设备为我课堂所用，将信息化创新成果进一步完善和推广。

寓"意"于"艺"

——基于传统文化的小学美术教学实践

北京市顺义区教育研究和教师研修中心附属实验小学　叶锦霞

教育承载着文化的传承与发展，中国传统文化的继承与发展也需要通过教育进行不断的创新与实践。中国传统文化彰显着不同的民族风貌、地域特色、思想观念和意识形态，影响着当代社会的教育观念和价值取向，引领课程体系的创新和教学模式的变革，如何通过变革课堂教与学的模式，推进中国传统文化在小学美术课堂中的继承与发展，本文从以下三方面就美术教学中的探索进行阐述。

一、"意"与"艺"的关系

"意"属于主观范畴，"艺"即艺术教育。寓"意"于"艺"是一种互为辩证影响的过程，将传统文化融于艺术教育，不仅在形式上讲究对传统绘画、书法的知识传授、技能训练，而且要在教与学的过程中追求中国"意味"，挖掘情感、价值观和教育内涵，从三维目标的角度构建一个全方位的美育意境，营造学习和发展传统文化的艺术氛围。通过学科间的融会贯通，综合探索，推动美术课程的创新实践。

传统文化又是艺术教育的根基和源泉，为美育提供明灯与指引。对审美观、创作观的影响是潜移默化、根深蒂固的，当今颇具影响力的文化大家、艺术大师无一不体现出深厚的文化底蕴，其创作的艺术作品都植根于本民族文化特色，如舞蹈艺术家杨丽萍的舞蹈，其创作的灵感多来源于云南少数民族的传统舞蹈、音乐、装饰艺术等，结合当地的地域特色，展现少数民族的人文艺术风貌。再如绘画艺术大师韩美林的作品，以传统水墨之笔法表达现代感、设计感、符号化的意境，既给人们带来丰富的视觉享受，同时也让年轻的视众感受到中国传统绘画的技法，水墨视觉的震撼力。在小学美术的教学中，不乏这样的艺术大师，其艺术创作根植于本民族传统文化，在传承和发扬中华优秀传统文化上为我们提供了典范和参考。

二、融传统文化之"意"的美术课堂

（一）学习活动中体验传统文化之美

了解绘画艺术领域中传统文化的具体表现形式，从美术课程的教学内容中，不难发现教材的设置，植根于传统文化的内容之丰富，有传统的节日习俗，有壁画、雕塑、绘画、青铜、陶瓷、纺织等等，涵盖传统绘画和工艺美术的方方面面。教师在深入分析学生个性特征的基础上，以学生喜闻乐见的形式因材施教。例如，"我们身边的壁画"属于小学美术中综合探索学习领域的课程，在整体教学目标的指导下，分层设计课堂游戏。创设学习情境，让学生在视频中体验身临石窟壁画的感受，小组合作完成华容道游戏：将一幅壁画剪切，贴在学生们最爱玩的华容道棋盘上，通过观察壁画图案分析线条的走向、人物的造型、服饰的色彩、装饰图案等基本要素，挪动棋盘上的图片，使其拼成一幅完整的壁画。学习过程中，学生分组合作，在约定时间内完成此项游戏，达成整体感知壁画的目标；按照游戏规则奖励完成任务的小组。在"探究新知"的环节中，学生开始欣赏并评述壁画，从主题、色彩、材质、表现方法、情感价值五个方面对一幅作品进行分析。本课的学习旨在让学生了解中国优秀的传统壁画艺术，感受我国古代劳动人民在大漠戈壁中创造的艺术奇迹，这种直观、震撼的视觉享受，激发学生继续探究的兴趣。华容道游戏的引入亦是源自三国时期的故事，也是对中国古代政治、文化、军事知识与艺术教育结合的创新试验。"欣赏·评述"环节则是让学生在了解和欣赏壁画的基础上，用传统文化艺术的词汇表达对身边壁画的理解，培养学生的语言表达能力。这种游戏化的学习方式，寓教于乐，将传统文化的精髓融入艺术欣赏领域的学习过程，让学生以快乐、积极的实践体验，感知传统文化的博大精深，提高学生审美判断、文化理解等核心素养。

在校本课程的开发方面，传统文化更是为我们提供了无尽的艺术宝库，结合学情和特色课程的需求，将传统民族蜡染艺术引进校本课程，旨在让学生了解我国民间艺术的多样性，掌握蜡染的基本制作工艺和流程，能够独立设计完成简单的蜡染图案，通过作品表达自己对蜡染文化和民间艺术的理解。在学习过程中，以学生的自主探究为主，充分发挥主观能动性，尤其是在图案的创新上，在继承传统的自然纹样、动物纹样、符号纹样的基础上，与学生喜闻乐见的现代图案相结合，形式多样，体现了丰富的想象和意趣。传统的蜡染艺术在课堂中得到了传承与创新，不仅激发了学生的学习兴趣，也促进了对传统民间艺术及工艺的探究与拓展。学生在学习之余，体验更多民间艺术的魅力，培养继承和创新传统文化艺术的意识。

（二）学科整合之下的艺术创新

在教学改革和创新实践中，学科整合的学习方式备受关注，美术课程因其学习内容的包容性、形式的多样性、文化艺术性等特征，亦走在课程整合实践的前列。例如，在国画课程的学习中，为了导入课程，激发学生学习的兴趣，老师通常会在课前的热身学习中设计一个"你画我猜"的游戏，游戏中一人将看到的成语或者诗句用毛笔以图案的形式画在宣纸上，另外一人则需要根据图像猜出答案，小组间进行比拼，看哪组猜对的数量最多。此环节的设计让学生感受用软笔绘画，加强对诗句、成语词汇的理解。在"中国画——梅花画法"一课的教学中，尝试对多学科知识进行整合。首先，学生在课前进行自主学习，了解关于梅花的典故，课堂上用朗诵、课本剧等形式来表现、歌颂梅花，以文学情感促进对梅花文化内涵的理解。其次，用科学知识分析梅花的结构、枝干的走向、花瓣的长势等特点，学习了植物学科的知识，掌握绘画时要突出表现的结构特征。最后，让学生在绘画创作中，感受水墨的浓淡深浅变化，在意识与非意识中创作出优秀的写意梅花作品，表现梅花的品格和风韵。

三、拓展传统文化的学习领域

在传统文化与艺术教育的融合与创新中，传统文化提供了丰富的资源和形式，如国画、陶艺、剪纸、蜡染及其他民间工艺美术等形式多样的体裁。那么，美术教育工作亦要承担这样的使命，做好传承、传播传统文化的媒介。在课程开发和教学实践中，要求教师确保授课内容的全面性、继承性、文化性和创新性；结合学生实践活动，走进博物馆、美术馆等社会艺术教育场所，开阔视野，了解更多的传统文化瑰宝，参与主题性的美育活动，提高学生感受美的能力。如，观看传统文化主题纪录片《故宫》《丝绸之路》等经典之作，了解中国传统文化悠久的历史渊源及文化继承与创新发展的方向；再如，走近民间艺人，学习优秀的民间非物质文化遗产，感受传统民间艺术的魅力，培养学生表现美、创造美的能力。鼓励学生成为文化艺术的传承者和传播者，在日益创新的社会中继承和发扬优秀的中国传统文化。

四、结语

文化的传承是一种潜移默化的过程，学习和研究传统文化，并将其作为艺术教育的根基，汲取文化内涵，是我们提升自身素养的必经之路，也是激励学生追求美的理想境界和人生的艺术趣味。美术教育实践之路仍在不断探索，培养具有中国文化精神，具备核心素养的全面发展的人，必须加强中国传统文化教育。

色彩在课堂中的应用

——有感觉的色彩让课堂更漂亮

北京市顺义区高丽营第二小学　李　京

无清水月松竹梅，君子梅兰竹菊情，潦倒半生，品诗作画纵酒，醉卧花丛，酒中梦里温情。结缘三千里，马嘶长鸣漠北沙场，漂流江河间，轻舟飞过水乡江南。爱我中华，千年文明。我国是一个有着深厚文化底蕴的文明古国。中国在美术造诣上更是让人惊叹，徐悲鸿笔下的马，就像要从纸中奔腾而出；齐白石的虾，更是栩栩如生，嬉戏水中；郑板桥的竹，让人仿佛置身于竹海中，听竹叶婆娑，沁竹香于心脾；林风眠用淡淡的红、浓烈的黄让画中的秋天充满着丰收的气息，当然不只这些，还有那娇艳欲滴的牡丹或红，或黄，或橙，每一种颜色都透着雍容华贵。无论是那焦、浓、重、淡、清，还是红、黄、蓝、绿、紫都使得画面层次更加清晰更加富有表现力。现今的课堂已经依赖于 PPT、视频等先进手段，其实让学生的课堂更加有趣味、充满仪式感，我们就可以用到颜色，能给我们不同感受的颜色。

一、认识色彩

（一）色彩的意义

每个物体都有色彩，色彩之所以能够被我们看到是因为光线，在同一种光线的条件下，我们会看到同一种景物具有各种不同的颜色，这是因为物体的表面具有不同的吸收光线与反射光的能力，反射光不同，眼睛就会看到不同的色彩。因此，色彩的发生，是光对人的视觉和大脑发生作用的结果，是一种视知觉的现象。色彩的魅力是无限的，它可以让原本平淡无味的东西，瞬间就能变得漂亮、美丽起来。有了色彩，网页不再局限于简单的文字与图片应用，其页面效果也随着不同的色彩搭配而多姿多彩。

（二）色彩的三要素

色彩的三要素包括色相（色调）、纯度（饱和度）和明度（亮度）三种属性。我们看到的任一色光都是这三种属性的综合效果，它们是界定色彩感官识别的基础，灵活应用三种属性的变化是色彩设计的基础，也是色彩应用的核心。

1.色相是指色彩所呈现出的相貌、特征，是色彩彼此之间相互区别的标志，是各种色彩的相貌称谓。根据色光的不同波长程度，色彩具有红色、黄色或绿色等性质，这被称之为色相。

2.纯度是色彩的鲜艳程度（纯度越高，色彩越鲜艳；纯度越低，色彩则越混浊）。纯度显现在有彩色环境中，是物体色彩颜色的包含量，是色彩饱和程度，光波波长越单纯色相纯度越高。

3.明度通俗点的理解是颜色的亮度，是色彩的深浅度（明度越高，色彩越明亮；明度越低，则色彩越深暗）。

色彩的三要素不是孤立存在的，三个要素之间有着或大或小的影响。当明度发生改变的时候，色彩的纯度也会随之降低，同时色相也会发生相应改变。例如绿、蓝、紫三种色相，它们的明度排列是：绿色比蓝色的明度大，蓝色比紫色的明度大。如果在蓝色中加入白色就可以提高蓝色的明度，白色加的越多，明度就越高，就越明亮；随着白色含有量的变化使得蓝色的纯度也发生了相应的改变，色相也有了新的表现。在日常实践中，我们通常使用添加黑、白、灰三种无彩色来改变色彩的三种属性关系。当纯色混合白色时，明度提高，纯度降低，色相偏冷；当纯色混合黑色时，明度降低，纯度降低，色相失去原有的光亮感，变得幽暗深沉；当纯色混合灰色时，纯度降低，色相也会变得混浊不清。所以说，色相、明度和纯度这三种属性不可分割、相互影响，相互转化。

二、色彩带给学生的心理作用

由于色彩的物理性格表现各异，所以在教学中用色效果也会对人的生理、心理产生双重的刺激作用。"望梅止渴"就是色彩的物理性格对人的视觉刺激造成了心理向往，从而产生的生理反应，例如艳丽明快的粉红、橙黄、橘红等颜色就可以表现出香、甜的嗅觉、味觉和口感，具有强烈刺激食欲的作用，适合应用在表现糖果、蛋糕等静物中，所以在作画、着画实物的时候，我们就可以引导学生用颜色对我们的感受来制作自己的作品；金色、红色、咖啡色给人以新鲜美味、营养丰富的感觉，可以应用在巧克力、麦片等食品中；茶叶产品的网站多用绿色，给人清新、健康的感觉；冷饮食品的颜色多采用具有凉爽感、冰雪感的蓝色和白色，可突出食品的冰冷和卫生。同时，色彩还能影响人的情绪，不同色相表现可使学生产生不同的情感体验，不同的学生对不同的色相反应也各有差异。每个颜色因为个人的内部原因或者不可抗拒的外部原因的影响而产生的效果不同，一些人容易受某些颜色影响，而另一些人则对此反应平静，但是没有人不受颜色的影响。对于颜色的物理性质分析，大致有冷、暖两个色系。通常情况下，冷色给人以后退、收缩的感觉，暖色则给人以前进、膨胀的感觉；冷色可以平静人的情绪，暖色则使人的情绪高涨、兴奋；冷色透明感强，暖色透明感较弱；冷色显得湿润，暖色易显干燥；暖色比冷色更容易表现华丽，冷色比暖色更容易体现理智清醒。从色相效果上分析，红色给人热情、欢乐的感觉，也用来表现活力与危险；绿色给人清新、平和的感觉，也用来表现生命、安全等；橙色给人兴奋、成熟之感，是所有颜色中的最暖色，也是最能增强食欲的颜色；蓝色与橙色相反，是所有颜色中的最冷色，给人以冷静、宽广的感觉，常用它表现未来、智慧、高科技等信息；黄色最为明亮，象征着辉煌、财富、希望和发展；紫色富有幽雅、高贵的情感，常用来表现女性，所以我们可以用这些规律来丰富我们的课堂。我们可以用课程所需要的颜色来布置教室，让学生们一进入教室就有了课程的代入感，这样更能够集中学生的注意力，激起学生们的学习兴趣。我们在做教师示范时也可以用到以上原理，展现的示范会更加贴合课程。

三、网页中色彩应用的相关技巧

（一）邻近色的应用

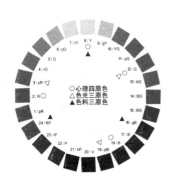

所谓邻近色，就是在色带上相邻的颜色，在色相环中，凡在 60 度范围之内的颜色都属于邻近色，如绿色和蓝色、红色和黄色就互为邻近色。邻近色之间往往是你中有我，我中有你，如朱红与橘黄两色之间，朱红以红为主，里面略有少量黄色；橘黄以黄为主，里面有少许红色，虽然它们在色相上有很大差别，但其明度和纯度都保持了相似性，因而

在视觉效果上比较接近。所以，在网页用色设计中，邻近色的主要作用是转移浏览者的浏览重心，比较适合表现在各板块之间的过渡用色上。邻近色在导航效果上的突出表现，使得网页中各板块的过渡更自然。

邻近色中最为广泛使用的就是渐变色。渐变色能够较好的引导学生的思维，实现学生的潜意识跟随教师意愿的愿望。除了邻近色之外，色相性质相同，但明度不同的类似色，在视觉表现上也具有引导和过渡的作用，这两种色相关系应用在课堂设计中都可使整体达到和谐柔美的视觉效果。

（二）互补色的应用

在色相环中，处于直径两端位置的两色互为补色关系。红色与绿色、蓝色与橙色、紫色与黄色是三对补色的终极。色彩中的互补色相之间相互调和后，会使混色的纯度降低，变成灰色，因此通常情况下，在纯绘画的表现中慎用补色的调和。当补色各自所占面积达到强烈对比时，两色的搭配则可增强画面对比的突出效果，形成视觉上的震撼。根据补色间搭配呈现出强有力的视觉冲击这一显著特征，课堂中较适合运用在具有说明、强调意义的内容上，如课程中的重点知识、课程中对于知识的分类等都可通过补色的搭配运用，可有效吸引学生的视线及关注力。除此之外，补色间存有视觉上强烈的分离感，在适当的位置恰当地运用补色，不仅能加强色彩的对比，拉开距离感，且能迅速传递视觉上的对比与平衡效果。

与此同时，由于补色的对比是色彩对比的灵魂，倘若对其明度和纯度的调和不当，使用了补色的纯色搭配也会给人在视觉上造成混浊、肮脏的感觉，因此，在课程设计过程中也需要考虑到补色搭配所呈现出的负面效果，避免弄巧成拙。

（三）其他综合效果对比

通过色相所呈现出的轻重效果对比，同样是课程设计中重要的表现手法之一。色彩的轻重主要取决于色相的明度属性，通常情况下，色相的明度高有轻快的视觉感受，反之则有重量感。在网页设计用色中，往往是在轻淡素雅的底色上衬托出凝重深沉的主题图案，或在凝重深沉的主题图案中（多以色块图案为重）集中某一局部运用较为轻快的色相作为装饰，这种轻重对比的色相效果可产生稳重、衬托的视觉美感。除此之外，任何色彩的对比效果都是借助一定的面积和形状得以呈现的，伴随着面积及形状轮廓的不同，我们观察到了具体的色点、色块或者色面，课程设计中的色彩表现也不例外，因此，课程设计中各种用色的面积都严重影响着课堂整体色彩的对比效果和主题色调，任何配色效果离开了相互间的色彩面积比都将失去搭配的意义。应用属性反差较大的色彩效果体现在点与面的面积大小对比中，可起到有效的视觉冲击与视觉强调作用。在课程设计用色的过程中，整个课程设计运用统一色调，而在视觉中心或视觉注意力较为集中的区域，例如课程重点知识，出现反差较大的小面积色点或色块，使之出现"万花丛中一点红"的效果，这样所呈现的色彩面积特异效果在象征性的揭示主题的同时，也给学生带来明亮清晰、活泼跳跃的视觉感受。

　　色彩在课程设计中的科学运用是对色彩基础知识的升华，也是对色彩搭配能力的有效考证。透彻了解并认识色彩本质及其对学生产生的心理效应，是课程设计过程中色彩搭配的重要前提。课程设计效果中合理的运用色彩，既有利于学生的学习，也会提高学生的注意力，从而增强课堂中视觉表现效果的感染力，提升整堂课的艺术魅力。有感觉的色彩让课堂更精彩！

基于核心素养下的小学美术欣赏教学案例分析

北京市顺义区仓上小学　孔繁滨

在小学阶段的美术课上，落实美术核心素养目标，评价学生美术学习的主要指标是：学生面对美术学习主题时，能够初步建立起图像识读、美术表现、审美判断、创新能力、文化理解等能力。学生通过对大自然、美术作品、生活环境的感受、体验、想象、创造、理解和判断等一系列相互联系的心理活动，以达到以美促知、以美启智、以美怡情、以美促能的教育效果，从而获得终身的、可持续的审美创造力。

传统美术的教学过程是教师把知识教给学生的过程，教师对美术的教学主要停留在知识和技能的层面，学生是被动的接受者。而核心素养理念下的教学过程则是将学生变成主动的学习者，涉及态度、方法、认识，最终解决知识与技能、方法、心理品质等问题。在小学美术欣赏教学中，由于学生受到年龄特点和认知水平的限制，并缺乏必要的美术知识而不会欣赏，大部分学生的审美价值取向还建立在"真不真？""像不像？"的审美标准上，对于难以理解的、抽象的作品表现出一定的排斥态度。如毕加索的名作《格尔尼卡》，把具象的手法与立体主义的手法相结合，描绘了西班牙小镇格尔尼卡遭德军飞机轰炸后的惨状。但是很多学生嗤之以鼻，表示"不好看""看不明白"。又如徐悲鸿的国画作品《愚公移山》，用全裸体人物进行创作，独创了自己"中西合璧"的写实艺术风格。但是很多学生在看到裸体人像的时候，或哈哈大笑，或指指点点，对这种人体艺术表现出不理解、不喜欢。因此，教师应采用多种教学方法，加强美术与文化的联系，促进学生对不同国家、不同风格的艺术作品的认同感，不断提高他们的审美素养，这正是我们当下教育领域备受关注的"核心素养"理念的具体体现。

例如四年级美术"欣赏·评述"板块"画家梵·高"一课，旨在初步了解画家梵·高及其绘画艺术的特色，用简单的美术术语对作品的内容、形式与特点进行分析，学会从不同角度欣赏和认识美术作品，形成开放、包容的审美观念。我基于美术学科核心素养目标，具体落实的思路与做法如下。

1. 故事引入，激发学生学习兴趣。

我首先进行了课前调查，其中有 65% 的学生表示不喜欢他的作品，原因是看不懂；12% 的学生表示画面潦草，形象比较简单；只有 23% 的学生认为他的作品色彩很鲜艳，冲击力强，比较喜欢。针对这种情况，我认为让学生了解梵·高坎坷的一生，会有助于学生对作品的主题和风格的理解。于是，在导入环节，我用"讲故事 + 插图"的形式，声情并茂的讲述了梵·高受尽了人间歧视和冷遇，饱尝饥饿与孤独折磨的艺术之路。当学生听到梵·高一生几乎没有卖出一幅作品，但他不灰心、不放弃，仍然热爱生活，大胆地用鲜艳的色彩、热烈的笔触表达心中狂热的情感时，学生的眼神中充满了敬佩与赞赏；当大家听到 37 岁的梵·高在画完最后一幅作品《麦田上的乌鸦》后，举枪自杀时，大家一片唏嘘，目光中充满了同情与惋惜。也许是梵·高的生平太坎坷，也许是我的讲述太生动，学生聚精会神地听完我的讲述，对梵·高兴趣浓厚，为后面的主动学习与自主探究奠定了良好的基础。

2. 问题引领，引导学生深入学习

美术学科核心素养目标的落实，需要通过具体问题的情境，引发学生主动思考、质疑、分析和探究。我首先出示向日葵的实物照片和梵·高的油画作品《向日葵》，小组讨论问题：

（1）作品中的向日葵与生活中的向日葵有何不同？

（2）画面色彩给你什么样的感受？

（3）尝试用美术语言描述画面，并说一说梵·高作品最打动你的地方是什么？

通过对比分析和问题思考，让学生感受到作品中耀眼的黄色充斥整个画面，厚重的笔触使画面带有雕塑感，具有强烈的生命力。有的学生说："我不喜欢梵·高的向日葵，感觉花朵都扭曲变形了。"有的学生反驳道："我认为正是这些扭曲的线条才表达了画家对生活的热爱和他心中的狂热。"有的学生表示："画面色彩很鲜艳，对比强烈，值得我学习，但是我觉得画得有点粗糙不够细腻。"另一个学生立即发表不同见解："粗糙的笔触正是梵·高的艺术风格。"……听着孩子们的"唇枪舌剑"，我仿佛看到了孩子们的素养之花正在徐徐盛开。趁热打铁，我又引领孩子们欣赏梵·高不同时期的作品，《麦田上的乌鸦》《星月夜》《自画像》《鸢尾花》等代表作，大家几乎立刻就指出《麦田上的乌鸦》是他最后的作品，而且对画面中强烈的色彩、跳跃的笔触、大胆的构图有了非常深刻的理解。有的学生这样说："画面大量使用橙色和蓝色的对比色，单纯而鲜明，用深蓝色和黑色来表现天空，与一群从远处飞来的乌鸦相衬，给人压抑的感觉，并有不祥之兆。"其他学生补充说："画面中运用大量短线条，表现出了躁乱激烈的内心世界……"有的学生喜欢《鸢尾花》："这幅画以黄、蓝色为主色，笔触轻快、轻巧，显得整幅画活泼生动。"还有的学生喜欢《星月夜》："这幅画主要运用了蓝和黄两种颜色，由许多线条组成，给人一种精细、美观的感受。"另一位学生补充道："这个天空和生活中的天空不一样，它充满了动感，好像星星在动、云彩在旋转一样。"我被学生们真切而又精彩的评述深深打动，心中涌起阵阵暖流，他们真正走进了梵·高的画作中，并将自己的真实感受表达出来，这才是教育的真正目的所在，这也是核心素养中"学会学习"的内涵所在。

3. 实践体验，强化学生的审美体验

为了让学生对梵·高及其作品的创作技巧进行更全面和深入的了解，我又鼓励学生尝试用梵·高的这种风格来画一画，比如麦田、星空，或者向日葵，让学生亲身理解什么样的笔触是粗犷有力的，感受色彩的变化与对比。学生在临习、创作的过程中，对粗犷的笔触有了更直观的认识，如有的学生使用旋转的笔触，表现出动感十足、充满梦幻的天空景象；有的学生不拘泥于原作，大胆改变了背景色和花的颜色，把《向日葵》变成了蓝色调；还有的学生改变了花的方向、大小和遮挡关系，但笔触保留了梵·高的风格。在学生自由的体验与创新中，体现出对梵·高作品的深度理解，并逐渐建立起个人独特的思维方式，这种逐渐形成的自我学习的能力，是学生日后成长及发展所必备的能力基础。

总之，"核心素养"的提出对美术学科的教学提出了新的要求，教师应将课堂还给学生，营造一个自由、和谐的美术课堂。因为只有在与生对话的美术课堂里，才有生命的活力；只有在与美交融的美术课堂里，才有生命的智慧；只有在以文化育人的美术课堂里，才有生命的艺术。"心中有生，和谐育生，以美化生"，让美术核心素养花开有声，让美术课堂精彩绽放，应当成为我们的一种追求！

多元评价　提升学生核心素养

——小学美术课堂教学评价案例分析

北京市顺义区仓上小学　张明珠

　　当前，培养学生的核心素养已经成为我们教学的目标与追求。多元评价以促进学生全面发展为目的，保护学生自尊心、自信心，体现尊重与爱护，注重引导学生自主积累、体验和感悟，从而激发学生的学习兴趣，营造轻松和谐的课堂氛围，全面提高课堂教学效率。美术课的多元评价，紧紧围绕核心素养的理念，抓住"学生发展"这个关键，运用发展性教学评价，促进学生的全面发展。新课标中也指出，我们要全面了解学生的学习历程，激发学生的学习热情，注重对学生进行综合素质的考查，倡导运用发展性教学评价，促进学生的全面发展。所谓发展性评价是指评价的目的不是为了区分和选拔学生，而是促进学生在潜能、个性、创造力等方面的综合发展，使每一个学生具有自信心和持续发展的能力。结合自己的美术教学，我在实践中进行了有益的探索。

　　新学期开始，我送给学生每人一棵大树，告诉他们："这个学期，在美术课上，我们开展一个'比比谁得到的果实多'的竞赛活动。每一次课、每一件作品、每一个成功的表现都可以争取到一个果实，把它贴到这个大树上，一个学期下来，看看谁收获的果实最多。"这样的评价方式改变了以往以分数或以等级为标准的评价形式，而以获果实的多少来衡量，既简单又符合低年级学生的心理特点。另外，结合美术课的特点，我们又用不同颜色的果实来代表不同的评价内容，如红色代表纪律、绿色代表习惯、黄色代表作业、橙色代表合作、紫色代表创新等。通过这样新颖、趣味的评价方式，学生不仅学习热情高涨，而且，改变了以往单一的评价内容，注重了过程性评价，促进学生在各个方面都不断进步和发展。在学期末的时候，举行小小的"拍卖会"，即将果实折合成分值，一个果实代表100分。学生运用自己得到的分值拍卖老师准备的小礼物：一些小的学习用品，如尺子、橡皮、铅笔、记事本等。谁得到的分值多，谁就能更多地拍到自己喜欢的礼物。这样趣味的评价模式再结合小小的物质奖励，使学生在整个学期中的各个方面都在努力争取进步。教师从学生的思维过程、参与度、合作学习的意识和表现、合作能力等各个方面进行全面、客观评价，关注学生成长的每一个细节，从而使评价真正起到促进学生全面发展的作用。

一、课堂案例一

二年级美术课上，老师检查学生准备学具的情况，发现有 2 名学生忘记带水彩笔了。（在美术课上常会碰到这样的情况）

老师低声询问："为什么没有带水彩笔？"

学生甲："妈妈没有给放进去。"

学生乙："我忘记今天有美术课了。"

学生甲的回答反映了家长的过分包办及学生自理能力较差。学生乙则说明学习习惯较差，不能根据课程表准备第二天所需用具。针对这种情况，我发挥榜样的力量，先表扬了每次都能带齐学具的某同学："你一直都能带齐用具，能给大家说说自己是怎么做到的吗？"

学生丙："我每天晚上都对照课程表整理书包，第二天有什么课就把用具都装好。"

老师赞扬地摸摸她的头："你的学习习惯真好，而且很聪明，知道在家里放一张课程表。那你为什么不用爸爸妈妈帮你整理书包呢？"

学生丙："自己的事情要自己做啊，而且爸爸妈妈上班也很辛苦，为什么还要麻烦他们呢？"孩子扬着笑脸，天真地说。

老师那一刻很感动："你真是个懂事的孩子，能够自己的事情自己做，还能体谅父母，是同学们学习的榜样。老师要奖励你两个果实，一个是奖励你学习习惯好，一个是奖励你长大了，能心疼父母了！"老师在学生丙作业的大树上印上绿色和粉色的果实，全班同学都为她鼓掌。

老师笑着问学生甲和乙："你们两个同学应该怎么做呢？"

学生甲低着头小声说："以后自己整理书包，不用妈妈了。"

学生乙红着脸挠挠头："我下课就抄一张课程表，每天晚上自己整理书包，我保证下次课带齐用具。"

老师笑了，拍拍他们的肩膀，说："知错就改就是好孩子，老师相信你们。

那今天画画怎么办呢？"

他们旁边的同学立刻站起来，说："我借他吧。"老师点点头，对他竖起大拇指，表扬道："你是个助人为乐的好孩子，大家为他鼓掌！"这节美术课，在全班热烈的掌声中，在大家积极向上的情绪里开始了。

感悟

低年级的学生经常会犯一些小错误，老师应进行耐心、细致的教育，并通过恰当地、有效地评价帮助学生认识错误、改正错误。传统的课堂教学评价过分注重客观性，由冷静变为冷漠，学生不能从教师的语气、语调、神态、动作中感受到教师对自己的期待。而过程性的课堂教学评价则是在科学分析的基础上，注重鼓励性语言，强化情感的因素，学生能够从教师情感化的语言、丰富的面部表情和得体的态势语中，充分感受老师对他们的关怀和期望，从而乐于接受批评并积极改正错误。虽然以后的课堂上还会有一些学生偶尔忘记带学具，但都能积极认识错误，慢慢地改掉依赖心理，养成自己管理好自己文具的学习习惯，并学会关心他人，助人为乐，形成良好的学习氛围。

二、课堂案例二

在二年级"新颖的小钟表"一课中，老师组织两人合作，组装一个表盘，看哪组制作的又快又有创意。老师参与并辅导学生的活动，在巡视过程中注意观察学生的合作情况。

甲组：两人分工合作，先是一人剪表盘外形，一人制作表盘的数字；然后一人贴数字，一人剪表针；最后两人一起组装，但在安装表针时两人都发现没有带图钉，愁眉苦脸地不知所措。坐在旁边的其他组学生 ×× 看见了，立刻将自己多带的图钉借给他们。

乙组：两人制作速度比较慢，没有完成组装，但他们悄悄地把掉在地上的废纸屑捡起来放到了桌子上的废纸盒里。

老师：总结学生的合作情况，展示优秀的作品进行表扬。然后展示甲组同学的作品，问："能说说你们为什么能做得这么快、这么好吗？"

甲组："我们一人剪表盘，一人剪数字，然后再一人贴数字，一人做表针。"

老师："哦，原来你们分工合作非常合理，老师要奖励你们合作奖。"（印上橙色果实）

　　老师："你们忘记带图钉了，是怎么解决的？"

　　甲组："是××同学借给我们的。"

　　老师："看来你们的成功也有××同学的功劳，因为她的帮助才使你们这么快完成了作品，我们要评她为'爱心奖'。老师将'爱心卡'贴在她的胸前。"

　　老师表扬乙组同学："虽然他们组装得比较慢，但是，他们细心地将掉在地上的废纸屑捡起来，我要发给他们'环保'小奖章。老师还为他们拍照，把他们的照片贴到学校的'环保小卫士'橱窗里。"

　　在这一评价过程中，老师发现掉在地上的几个小纸屑突然"无影无踪"了！

感悟

　　传统的教学评价过分关注评价的结果，而忽视了评价过程本身的意义。过程性教学评价强调把教师与学生在教学组织、实施以及教学运行过程中的各种情况都纳入评价的范围，不仅关注学生知识、技能的掌握情况，而且关注学生在参与意识、分工合作、学习习惯、创新精神等方面的进步和变化。

　　在老师的评价引导下，孩子们在美术课上的合作学习越来越有效率。每次上课，同学们都能主动捡起地上的垃圾，维护教室环境；课余时间，大家能自觉收集废旧物品放到班级的"收纳箱"里，方便大家美术课上"变废为宝"……可见，只有关注学习过程的评价，才能及时了解学生在发展中遇到的问题、所做出的努力以及获得的进步，这样才能对学生的持续发展和提高进行有效的指导，才能使学生的综合素质得到发展。

　　课上课下，多元评价的应用使学生获得了成就感，促进了学生的全面发展。每一个孩子的成长都是不可复制的，每一个生命的绽放都有自己独特的魅力。丰满的人生需要用丰富的体验来装扮，丰厚的学科素养需要从根部浇灌多重营养。落实核心素养，探索多元评价，助力学生全面发展！

让美在体验浸润中育人

北京市顺义区建新小学　张春娟

在乡情的浸润与滋养中，以美育人。随着新课程改革的逐渐推进，将社会大课堂实践活动中的烙葫芦、陶艺、扎染、丝网版画等融入美育教学中。美术教师可以社会大课堂为载体，结合课堂教学内容，做出相应的实践教学，提高学生的创意实践能力以及美术综合能力，在进行实践的同时，以探究为目的，将美术课与大课堂完美结合，让美在体验浸润中育人。

一、综合多种媒材促学生创意实践

社会大课堂采用分层活动，对学生的艺术体验和学科认识都有很大帮助。这样的实践活动为学生提供了一个自主的学习环境，为每一位学生都提供了发挥想象力、发挥艺术创造力的学习空间，能按照学生自己的想法完成实践活动的课程。整个活动当中，老师充当的角色只是一个引导者、指导者、秩序维护者，甚至是一个旁观者，一切活动都由学生主导。如果在活动的进行中遇到问题，可以向老师咨询，老师针对学生出现的问题，进行相应的解答，做一个指路人，改变传统的教学模式。

例如，三年级的社会大课堂，我带领学生参观富国海底世界。富国海底世界，就像是浓缩的海洋世界，参观海洋馆可以近距离的欣赏海洋生物的神奇之美，同时，还能增长很多知识，关爱海洋生物就是保护我们的地球家园。回来后，我依据美术教材"参观海洋馆"一课，为学生安排了一次实践活动，学生们分组准备了丰富的制作材料：水彩、水粉、油彩、蜡笔、彩色铅笔、彩色纸、皱纹纸、布料、超轻黏土、胶水等。课上学生们自己展开想象力，在平面的纸板上或纸箱中创造出自己内心定义的海洋馆的样子，通过多种材料表现出不同的艺术效果，有平面的，也有立体的。老师可以在活动中为学生解决问题，帮助他们完成自己的作品。作品完成后，让学生针对自己的设计理念，以及关于海洋这个课题的认识，写出不限字数的创作说明，然后将文章与作品进行评比，选出优秀的作品进行展示。在整个活动的进行中，可以充分发挥学生的想象力，激发学生的创造力，同时对于提升学生的艺术审美也有很大帮助。

二、让学生在乡情浸润的艺术学习中感受文化的魅力

让学生在美术课程当中学会观察、鉴赏、感受，做到这三点就可以不单单从表面认识到艺术的美好，更让学生充分体会到美术这门学科的真谛，以及每样作品所想要表达的真正含义和内在情怀。每个学期的美术课都有泥塑这一内容，课堂上，学生不可能尽兴的玩泥巴，我们上课边讲边做，只学习了几种简单技法，没有更多的时间欣赏古代、现代的陶瓷艺术，领略我国陶艺的魅力，而社会大课堂为我们提供了这个机会，弥补了课堂教学的不足。在古朴的神笛陶艺村，学生们听着陶艺解说员精彩的讲解，欣赏着一个个精美的景泰蓝花瓶，参观充满创新的现代陶艺作品，无不赞叹祖国的文化传承令人陶醉。当学生们看到景泰蓝师傅们制作时娴熟的技艺，让柔软的泥巴，非常听话地待在飞速旋转的台子上，只一会儿工夫就做好了一个小碗、一个小花瓶时，学生们惊叹不已，一个个摩拳擦掌、跃跃欲试。终于轮到学生自己动手操作了，他们穿上衣服，俨然一副小工匠的模样，而加水多少、手劲大小，却非一时能掌握的，所以笑话百出：有的把泥抹在了脸上、身上，一张张小花脸，让人捧腹！经过师傅的教导，学生自身的努力，每个人都做出了自己满意的作品，只等烧制成功，发给每个孩子。这次社会大课堂活动，学生们虽然弄得满身满脸都是泥，但却是真心的喜爱和用心去感受了。陶艺的魅力在于此，社会大课堂的成果在于此，我们美术老师要善于抓住这个契机，变课堂上学知识，为课堂外长知识，多在各个时机整合美术课堂的知识，达到学以致用。

又如，带领二年级的学生去参观"葫芦艺术庄园"，学生亲手在小葫芦上烙上自己喜爱的图案，并觉得这么简单的小东西竟然这么可爱，比在纸上画画有意思多了。回来的课堂上，我就借助葫芦的多样性，让学生多多发挥想象力，让他们学会从不同角度看待艺术。课堂上我这样问学生："生活中都有哪些自然的艺术品？你喜欢它的理由是什么？"学生会有不同的认识，如会举出石头、蛋壳、树叶等。通过学生不同的见解和联想，如"石头彩绘""树叶贴画""绘彩蛋"等有趣的艺术活动，充分提高学生的创造力，让他们通过自己的判断和认识，达到美术学习的目的。让学生在课堂上通过交流来增长见识，互通情感，以此成为艺术欣赏的主题，用自己的情感、态度以及价值观来进行美术鉴赏和创造，同时获得知识。

三、与社会大课堂活动的整合让学生成为学习的主人

社会大课堂活动给了学生更多动手操作的机会，如扎染、石膏圆雕、工艺制作等。通过整合，我的课堂教学也有了新的血液。比如我在讲二年级头饰的制作过程时，我考虑首先要提供给学生参与的机会，让学生有参与的空间和时间，做到"学生能独立思考的教师不揭示，学生能独立操作的教师不替代，学生能独立解决的教师不示范"。我只向各组提出三个问题，然后就是学生们的自主探索阶段：

1. "你能把头饰全部拆散再重新组装上吗？"通过分组比赛拆装头饰，激发学生的研究兴趣，自主学习头饰的制作方法，并在比赛中培养小组成员间的合作精神。

2. "这些头饰美不美？有什么不足？怎么改进？"给出有问题的头饰，如头饰无颜色、颜色没涂匀、太小、不漂亮、脏等，调动学生以往的绘画、涂色的经验，找出不足，同时小组提出解决方案，教师相机点拨制作时应注意的问题。再以精品头饰的实物，让学生摸摸、看看、戴戴、互相说说，以亲身经历感受头饰的美，以此为范例，知道漂亮的头饰该如何绘制，可以让不同层次学生的需求得到满足。

3. "你能通过实践总结出头饰的制作方法吗？"在让学生充分感知、探索的基础上，总结出头饰的制作方法，水到渠成，学生很自然地总结出方法。

在这一过程中有的学生自己操作，独立思考；有的组展开激烈的讨论。教师自始至终没有直接告诉学生应该怎么做，但是每一位学生都通过自己的努力找到了答案。这节课，教师把大部分的时间都让给了学生，教师教得轻松，学生学得愉快。因此，这种空间的设置，不仅能满足学生探索知识的欲望，而且培养了学生主动探求知识的意识，真正体现出学生的主体性、主动性和参与性。

总之，大课堂实践活动与美术课堂教学的整合，提高了美术课程教学的综合性、实践性以及探究性。让学生在自主活动中学到教材上有的和没有的知识，它融合了多项实践活动，既提高学生的知识素养与艺术素养，还教会了学生积极主动的合作及创新的学习方法。更加注重让学生自己去尝试、发现、总结和感悟，那么他们学习的经历、创作的作品将更加独到。美育在乡土情怀的社会大课堂中浸润，艺术使生活变得更美好。

巧用手机 App 提升美术核心素养

北京市顺义区建新小学　曹艳丽

随着智能手机技术的发展，我国网民的上网设备正在向手机端集中，据调查，我国在线教育用户设备使用中移动设备占所有设备的 57%，其中手机用户占 38%，平板电脑用户占 19%。在移动互联网技术的支持下，人们的学习方式悄然发生了改变，承载优秀教育资源和智慧学习工具的教育 App 正飞速融入各种移动终端，在教育教学中被广泛应用，从而引起了教学模式上的变革，其应用软件的开发对于引导学生艺术创新，发展学生创造美，发掘学生的创新潜能，培育学生的创新意识，无疑会起到锦上添花的作用。

美术属于艺术类的学科，体现的是人们对于客观事物在造型和视觉上的主观反映，从而实现对客观事物基本元素的感知。传统的教学方式更多的是利用幻灯片的形式，将艺术作品展示给学生，事实上，这种方式已经丧失了视觉冲击，因此教师利用智能手机 App 对课堂进行了变革，逐渐成为一种新风尚，经过几年的大胆尝试，以下是我的几点粗略思考。

一、利用智能手机 App 培养学生的多元智能

在课堂教学中，App 可以把教学所需要的各种图像、语音、音乐、影像以及美术内容进行整合，并自然、快捷地让学生感受到美的氛围，更容易进入创新的情境中去。因此，在课程的设计中，可以同时刺激学生的视觉和听觉器官，渲染课堂气氛，达到美的和谐。在低段美术教学中，由于学生年龄小，手、眼、脑的协调能力整体偏低，对于美术工具和材料的使用不是很熟练，但在《义务教育美术课程标准》中要求学生要尝试使用各种色彩进行绘画表现活动，认识并清晰分辨不同的色彩，因此教师在课程中引入了"涂色花园""宝宝涂色"等 App，学生可以选择喜欢的图片，利用画笔工具，伴随着优美的讲解和背景音乐，进行识色和填充的练习。软件的一大亮点是，可以利用魔术笔，将所绘制的作品生成为动图，通过这种独特的游戏方式，用色彩抒发出学生内心的情感，活跃大脑的思维，从而推动学生的整体发展。课堂中所呈现出的作品也使

人惊讶不已，让人不由得感叹孩子们奇妙奔放的想象力，从而提升图像识读的能力。

二、利用智能手机 App 获取海量资源

传统课堂源于赫尔巴特的"五步教学法"，以"传递—接受"教学模式为主，忽略了学生的主体性和创造性，教师与学生之间缺乏交互，难以实现高效的教学。而美术课程中虽然注重图像识读、创意实践等核心素养的培养，但美术教材中的作品却是寥寥无几，难以打开学生的脑洞。因此在"画家梵·高"一课中，师生就进行了大胆的尝试。众所周知"欣赏·评述"学习领域的内容是枯燥的，学生对于美术作品的思想内涵、风格特征、相关历史等知识知之甚少。不能够快速的理解梵·高的大胆用色，以及极具运动感、连续不断、波浪般急速流动的笔触，因此教师在课堂中，引用了智能手机 App "名画滤镜"。课前，让学生准备一张自己拍的风景或者人像照片，在讲解梵·高的作品时，让学生使用 App 将照片转化为名画风格，学生们身临其境的感受梵·高的独特魅力，同时学生可以尝试转化为毕加索、蒙克、修拉等艺术家的作品风格。通过海量的图片对比、赏析，逐步形成了审美趣味和美术欣赏能力。课后，教师给学生推荐了一个微信公众号——《好好听画》，充分调动学生零散的碎片化时间，通过"听画"将文艺复兴、印象派、表现主义、抽象派等概念化的知识梳理成自己的理解。最终在文化情境中提高了学生的欣赏评述能力，从而理解了美术作品，涵养了人文精神。

"抖音"软件，是一个非常简单的备课神器，可以让教师的课堂千变万化。教师在讲解点、线、面时，可以通过"抖音"下载海量的相关视频，让学生自主选择感兴趣的视频观看，了解线描基础线的演变过程。随后大胆对水果、蔬菜等进行外表、横切面、纵切面等多角度的观察写生，提取生动的线条，集结成册，供全体师生学习拓展。随后加深难度，利用线条表现季节、情绪等。把"抖音"视频拿到课堂上来，让学生们讨论思辨，引发他们对艺术的探究兴趣。通过信息收集、形式探究，写生实践、分析辩论、观点表达等有趣的学生活动，层层递进，在自由、开放的艺术课堂中充分落实核心素养。

三、利用智能手机 App 提升美术核心素养

伴随着信息化教学的普及，在智能手机 App 市场中，涌现出很多操作简单、

易于使用、用户体验好的优秀产品，怎么将其合理使用，融入美术教学中，提升美术学科的核心素养呢？这恐怕是需要大家共同探讨的问题。

（一）深化认识表象拓展创新视野

通过手机 App 可以直观地感受美术绘画的脉络，促使学生掌握每节课的绘画技巧，有效培养学生快速图像识读、审美判断的核心素养，深化认识表象，拓展创新。其中一个非常成功的案例就是"美图秀秀"的引入。想起"美图秀秀"，恐怕大家脑海里立马想到的就是磨皮、瘦脸瘦身、眼睛放大等功能。恰巧在"肖像漫画"这节"造型·表现"领域的课程中，突出解决的重难点就是夸张和变形。教师引导学生打开"美图秀秀"中的"人像美容"，选取一张自拍照片，利用"瘦脸瘦身"功能将脸形、五官、发型进行重塑，此时，按下对比键，感受照片发生的神奇变化。简简单单的操作，却让学生立刻对夸张、变形有了深入的了解。从而更加准确地把握肖像漫画的特征。学生在边做边学中，提升了美术学科的核心素养。时代在变革，教师在黑板上画、学生在图画本上临摹的时代已经过去，美术课不再像以前一样死板，如今的课堂带给学生的是一个无限遐想的绘画空间。

（二）可使难点分散，增加学生自信心

多媒体技术图文并茂、声形兼备的技术优势，能有效强化视觉效果，将学生引入美妙意境，在一定程度上可以使难点分散，节省教学时间，真正实现精讲多练，有利于课堂教学效率的提高。例如在"百变团花"一课中，难点是纸张的不同折法、纹样的设计。此时教师巧妙引用"妙趣剪纸"App，将现代元素融入中国传统的剪纸艺术上，让体验和创作剪纸作品变得方便有趣。在软件中无须用剪刀和纸，只要几步就能创作出精美的剪纸画，还可以将作品分享到朋友圈进行展示评价，感受剪纸的无边乐趣。通过小小的 App 助力，学生不仅快速掌握了剪纸的重难点，还大大增强了创作的自信心。

综上所述，多媒体辅助教学在小学美术教学中的运用，能有效地实施愉快教育，让学生肯学、愿意学，并有利于学生身心发展和发散思维的开发，并提高审美能力，有利于推进素质教育的发展，为培养动手型、创新型人才提供了优良的环境。实践证明，多媒体技术与美术课教学的有效整合，为美术教学改革开辟了一条崭新的道路。在学校素质教育不断发展的今天，尤其现在的学校都提倡创新精神，所以多媒体的运用能够与美术课程碰撞出新的火花，出现新的创意和风格迥异的展现形式，因此信息技术可以在美术课堂得到更加广泛地应用。小学美术教师也需要不断学习新的教育思想和理论，不断更新观念、创新方法，从而推动小学美术教育向纵深发展，让多媒体教学能够更好的辅助美术教学，让美术课程更上一个阶梯，展现出一个崭新的面貌。

以学生学习活动为中心的美术课堂教学设计

北京市顺义区东风小学　任立良

传统的美术教学是以教师的讲授为主，轻视学生的主体活动。新课程标准则强调通过美术实践活动提高学生的整体素质，最终使学生学会合作、学会做人，终身受益。心理学研究也表明，学生往往是通过看、听、摸、嗅等一些初级认识手段来认识世界。因此，我们的美术课也应该顺着这些特征，以学生活动为中心，进行美术教学，使学习成为一种自发的行为，有利于小学生表现自我、发展个性、大胆创造。

一、抓住学生的关注点，设计活动

1. 选择与确定正确的关注点

美术课上我们经常会给学生讲各种形式的构图以及它给人的视觉感受，但每到此时教师经常用教条式的讲解与分析来灌输。如何改变这种情况呢？

如我在讲"月饼盒的设计"时，了解到小孩子对吃的东西最感兴趣，于是抓住这个关注点，让他们听一听、嗅一嗅。我出示一张全家围在桌前吃月饼的图片。让学生说说欣赏后，你想到了什么？闻到了什么？一个学生举手说："老师，我闻到画面上月饼的香味。"学生一下子哄堂大笑。又有一个举手说："老师我还闻到了鸭梨和苹果的香味。""老师你看，连主人身边的小狗都馋得想吃呢。""老师，我还听到他们嚼月饼的声音呢。真想和他们一起吃呀！"孩子们七嘴八舌的议论起来。我也没想到，这一问题竟引起了如此大的反响，索性让他们自由讨论。突然，一个角落爆发出一阵阵哄笑，我让学生停止讨论问其中原因，他说："老师您看，他都流口水了！"教室里又一阵哄笑。我说："我们不仅能从画中听到声音，还能闻到味道，看来这幅画让大家身临其境！后天就是中秋佳节，我们就可以痛痛快快地吃月饼了，如果能亲手制作月饼盒，装上美味的月饼送给你的家人，献上我们的一份孝心！岂不更好？""好！"学生们的回答既清脆又响亮。在这游戏般的课堂中，将学生的感官尽可能地调动起来，在不知不觉中培养了他们的审美能力与创造能力。

正是抓住了"中秋"这个特定的节日，抓住了学生关注的"吃月饼"这个点，将学生的多种感官充分调动起来，鼓励人人动手、动脑，积极参与，让每一个学生都能发自内心的进入课堂学习。激发每一个学生的丰富的视觉想象资源和创作元素，才能让课堂真正成为学生自我展示的大舞台。

2. 走出教室，感受美，创造美

现在的学生学习任务重，压力大。针对这一点，可以适时的设计带领学生走到教室外面去，让他们在愉快的心情下创作出一幅幅美丽的作品。

如"彩蝶"一课的教学内容很多，如果让他们在教室内凭空想象，效果不好，于是我决定带他们走出教室。课前布置预习作业，学生热情高涨，自行分组、上网查阅资料、写策划书、填备忘录。我带领学生到学校的大花园中观察蝴蝶，观察它们的颜色、身上的图案、扇动的翅膀、翩翩的舞姿。学生们结合资料，仔细观察分析蝴蝶的结构。经过探究，一步步地感到一只小小的蝴蝶身上丰富的色彩、无穷的奥妙。紧接着我引出了问题——如何折剪对称形？如何来装饰对称形？它们在你的生活中，在你的想象中，还可以用于美化哪里？学生们激烈地争论起来，探究的积极性被大大的调动起来。探究出蝴蝶的身体是对称的，于是有的学生折、有的拼、有的刻、有的画，干得热火朝天。结果更让人惊喜，头饰、窗花，书包上、台灯上的小装饰，琳琅满目。学生们为自己在生活中发现了美，并用双手创造了美而感到惊喜。

通过这次活动，不仅使学生的绘画基础知识技能有所提高，也使他们的团结、互助、意志力等综合素养得到的提升，是一次成功的实践活动。

二、充分利用范画，设计活动

美术课，不仅要学会欣赏，也需要我们在欣赏的基础上用自己的双手去造型。而我们有许多学生出现"眼高手低"的状况，这个时候，范画就可以帮上大忙了。怎样更好地利用范画，是让学生依葫芦画瓢吗？那是一种资源的极度浪费。孩子有着令人惊奇的想象力，范画的利用，就像一根导火索一样，可以引爆他们如烟花般绚烂的创造力。

1. 欣赏范画——激发兴趣

在我们的美术课本中，总会有一些指导作画或手工制作的方法步骤图，但局限于版面，往往比较简单，学生看过之后，跃跃欲试却无从下手。如"染纸"

一课，学生看着书上精美的范画，猜测制作的方法。我先是让他们说说他们认为的制作步骤，然后对学生的回答进行归纳，总结出：准备颜料—调色—折纸—染色，然后一步步进行示范，最后展示染纸效果。因为染纸的效果非常好，所以学生一下子记住了。而且稍加点拨，孩子们便加入了自己的想法，有了新的创意，收到了意想不到的效果。充分利用课本中的范画，采用让学生们猜一猜的方法，大大激发学习兴趣，比教师按部就班的讲解效果好的多。

2. 课堂范画——调动创作热情

好的范画，不仅能让学生在欣赏、观察、理解的过程中欣赏美、发现美，更能让学生从心底萌发试一试的念头。例如在上手工课"剪团花"时，笔者课前精心制作了几幅剪纸团花，上课时一经展示，学生的注意力一下子就被紧紧吸引住了。通过教师的引导，学生观察，发现团花的对称美。这时学生兴趣高涨，跃跃欲试，于是根据自己的喜好制作出各种各样的团花。有人物的、动物的、花卉的。学生看到自己也能做出美丽的团花时，备受鼓舞，更加热情地投入到团花的制作中去，创作出花样繁多的新奇的作品。这时，学生对剪纸艺术的美就有了更多的认识，就能够充分地发挥想象力和创造力，创作出更多更美的剪纸作品来。

3. 对比范画——加深理性认识

儿童绘画本没有对错，但却有合适不合适，有些表现方法虽适用于一类题材，但不适用于另一类题材。如"我的地图"一课，是让学生画出让自己印象深刻的地图，如果学生画的地图和我们平时见到的一样，就失去了绘画的意义。我在课前准备了两幅地图，一幅就像我们的行车地图一样，用文字来表现地点，线条表现马路；另一幅用画面代替文字，在马路上添加行人和车辆，学生们一下子就喜欢上了第二幅。用比较的方法根本不需要老师花上九牛二虎之力在讲台上反复强调作业要求，学生对于美的理解自然而然会引导他们选择更适合的表现方法。

在美术教学中，要激发学生浓厚的学习兴趣，设计学习活动显得尤为重要。而学生只有在他们乐于参与活动中，才自始至终是自觉主动的实践者，而不是被动的追随者。教师要善于抓住关注点，充分利用范画，及时引导，激活思维。同时，教师也要时刻注意唤醒学生的创作欲望，相机引导，及时点拨，给学生提供展现自己的平台，让学生怀着激情去创作，享受成功的喜悦。

　　总之，"以学生学习活动为中心的课堂教学设计"，强调通过学生的自我发现去掌握知识，培养学生对知识本身的兴趣与热爱，使学生把美术的学习看作为内在的需要，学生的角色从接受者转变为分析者、探究者。整个过程需要教师准确把握其节奏，精心设计各阶段的教学方法，因势利导，灵活运用，扎实各方面的基础，不断实践，从而使各层面的学生得到全面提高，达到对美术的喜爱和应用自如的目标。

美育浸润孩子核心素养

北京市顺义区教育研究和教师研修中心附属实验小学　徐妍彦

在读《走近陶行知·教师读本》的过程中，我对美育教学进行了深入研究。其实无论是对于学生还是对于老师而言，那都不是一个个简单的小互动，而是通过教育来引导孩子成长。"四块糖果"的故事耳熟能详，但水滴石穿，胜过暴雨的教育感悟，那种潜移默化的教育方式让我明白，孩子要的不是你的高声指责，不是你的责骂殴打，而是一种训导，是一种引领。我们致力于让孩子全面发展，让增进核心素养成为教育常态，但更多时候真正能够让孩子增进核心素养的方式是让学习引入思考，让教育引入爱。而从美育的层面上来讲让孩子明白教育的意义，发现学科的本质才是我们教育的出发点。

一、关于美育教学的研究

什么是美育？美育的教学本质是让学生去体会学科之美，包括基础课程和道理，因此我们需要细致的讲课方式。与粗犷的授课完全不同，美育是一种在课堂中激发学生潜在本能，提高学科辨识度的一种教育模式。让学生理解学科的内涵，也是让学习引入思考的一种教育方法。比如在书中，我们能够接触到这样的例子，小学生不能理解老师让跑直线的概念，于是老师在地上画出直线，让学生沿着这条线去跑步，那么这样的教学既增长了学生学习的空间立体感，增进学生对直线的辨识度。但是最主要的就是在这个过程中老师、学生与教学内容早就已经融为一体，成为一个和谐的整体，老师在欢乐的跑步冲刺中让学生明白学习并非枯燥之事，学生理解知识的同时也体验了师生交流、彼此沟通的乐趣。这就是美育教学的一种表现形式。

美育教育的意义即为和谐欢乐。上语文课的时候讲到杨梅，老师会在市场中购买一些，让学生亲自尝到这个味道，更能让学生对书中的描述有更深刻的认知，传递杨梅的过程也是增进和谐课堂的一个过程。而我在教学中针对美育教学所应用的就是让学生融入到课堂中，去激发学生的潜在思维，进行多元化思考，从多角度出发，达到快乐教学的目的。乐，则是体验的过程。美育，能够让学生在教学中不再被动，反而是主动迎合老师的教学观点。这是一种教学手段，也是我们积极营造的教育氛围。让学生切身融入课堂，主动学习知识，效果则事半功倍。美术课堂中想要让学生跟随老师的脚步走进美育的教学模式，就需要从多元化的角度出发，针对课堂内容进行提炼，然后融入不同的活动形式激发学生的学习兴趣，让美术教育成为一次有意义的课堂体验，这才能够在美中真正育人。

蔡元培注重美育教学，从他的教学方式中我们能够明白美育的更深层次是注重学生个人素养，而我认为生活就是教育，知行合一。所谓生活就是教育，本质内涵是生活中的小事情能够放大到道德学习的层面，知行合一就是你所知道的道理和你的行动要合二为一，学而不做将无法让你进步。如果知识在课堂中高谈阔论永远都是纸上谈兵，现在很多课堂都注重传统教育的学习，比如让孩子读《弟子规》，但如果不应用到生活中，不能去实践，所有的道理都是在纸上，所以很多老师会要求学生回到家中给母亲洗一个水果，给父亲按摩。这种小互动恰恰能够说明学生是真的明白其中的道理，也都参与到学习中去。学生的表现，一言一行，一份测试卷都能够代表他们对知识的吸收程度，对道理是否学懂弄通。我理解的美育是能够让课堂延伸到家庭中，延伸到孩子的生活中，无处不教育，无处不美德。

二、美育教育需要发现学生的心灵美

美育的本质不仅仅是让学生在学习体验中拥有鉴赏美和欣赏美的能力，更需要学生自身能够塑造美。美育最终是希望学生可以在德智体美劳全面发展中拥有一颗善良、刚正、懂是非的心，这也是在打造教育教学方法过程中，教师所一直想要去深入探讨的关键点。小学教师在美育教学中所赋予的意义与其他年段有所不同。因为小学是学生成长的重要阶段，很多习惯就是在这个时候养成，发现美、创造美、体验美等思维都是在这个阶段慢慢形成。可以说小学阶段是学生掌握学习方法与探索人性奥秘的一个根基。如果根基不牢，那么无论建造多高的摩天大楼都有可能倒塌。这是我们在进行小学美育教学中所需要注重的重要层面。不同于语文、数学学科，小学美术在进行美育教学中要更为直观，更为简单的让学生走进一个发现美、体验美的过程。不同的色彩、不同的视觉效果可以将学生带入一个美术的世界。而小学美术教师所真正要剖析的是如何让学生在美育教学中走进心灵美的层面,让他们拥有正义感,懂得分辨是非。这是美育教学最终想要达到的高度。因为美育无论对于创新还是传承都有着深入的影响,都能够起到引导和决定性的作用。未来的孩子属于国家的栋梁,是实现中华民族伟大复兴中国梦的前行者,他们身上所具有的特质将能够起到重要作用。所以,我们所需要的是让学生在美育中不断前行,不断积累,不断找到未来的目标和方向。打造让学引思的美育教学所需要的是融入多元化的角度,让课堂内容变得更加丰富,不是单纯的鉴赏,而是学会动手,学会创造美。从教育学的角度看,让学引思的教学要体现学生适应课堂的能力。从教育哲学的角度看,让学引思的教学要体现一个传授知识的过程。让学习引入思考,让沟通变得有效。学生和老师之间的沟通是促进美育发展的关键。这也是去融化学生内心的重要途径。学会沟通正确引导学生,将能促美育教学常态发展。

三、让学生自主学习知识

(一)如何激发学生学习的上进心

上善若水,厚德载物。我们在教育的道路上一直都致力于让学生德智体美劳全面发展,而如何在家庭教育上把握进程,让学生拥有一个良好的学习氛围就成为教师和家长应该掌握的事情。什么是教育?如何才能够真正地做到教书育人?在传授知识的过程中,我们更重要的是传递一种方式,教育根植于爱,只有用心引导学生,才能够让孩子在家庭中感悟什么是真正的学习脉络,用心付出才能够让学生感受到温暖,才能够引发学生的积极性。更多时候,我们的夸奖能够激发学生学习的动力。我们将用具体的事例来阐述如何用爱唤起学生的上进心,而提升学生的学科素养将从上进心开始。

每个人在心目中都会为自己的未来勾勒一个蓝图,作为教师也是如此,我们经常会在日常将自己的课程勾画出一个蓝图,比如我们进行备课,甚至是掌握一种基本的教学方式。每个学生都拥有自己的特点,作为奋斗在教育前线的教师我们可以发现,如今的孩子都非常贪玩好动,产生这种现象的根本原因就是他们接触的新鲜事物越来越多,因此在课堂上会不停地发问,甚至是去考验老师是否有他们懂得的知识多,那么在学生眼中,老师的博学能够带领他们前进,甚至是让他们崇拜,但如果老师对于很多他们比较熟悉的事情都并不是很了解的时候，那么这个老师就会被摒除在他们的世界之外，甚至会被划分到不喜欢、这个老师很老土的行列。作为人民教师，我们去传授知识，去开阔学生的视野，其根本目的就是为了让学生茁壮成长，能够不断吸取养分成为栋梁。在教育课堂中，我们能立足于思考与学习的发展来找到自己的授课方式，用有效的方式让学生能够充分吸收知识。"现在世界整个教育界关注的焦点之一就是'学生核心素养'，近九年关于素养的界定与选择专题研究，引起了世界各国和各地区的广泛关注，而立足于特色家庭教育的进程显然需要的是教师和家长自己来掌握，比如如何去丰富学生的知识含量。作为老师我们应该与家长进行积极的沟通，甚至是布置家长与学生共同完成的课业内容。

（二）家庭美育应与校园美育相结合

为什么让老师和家长积极沟通？其主要原因就是家庭教育也是美育的重要阵地。家庭教育时刻要应对的是孩子的突发奇想，甚至是孩子的反复追问，而在解答实质问题的过程中，我们要明白这个过程反而能够激发孩子的上进心。在进行特色家庭教育的拓展中曾经遇到过这么一个案例，学生对课堂知识的掌握非常差，甚至从来不复习不预习。因此我与家长进行沟通，在课堂中进行知识点的细化，因为该名学生的学习习惯存在问题，在家庭教育中我们与家长相互配合，增加学生在课本、书籍上的阅读量，首先开阔其视野。家长每天清晨给孩子进行读本阅读，然后晚上放学进行相应课本复习。在整个过程中，家长全程参与，学生在学习中循序渐进，成绩好转，这个过程中没有责骂，只是去引导孩子进行书本阅读，来让孩子成绩提高，家长和老师可以在教学过程中夸奖、鼓励孩子，因为这是一种爱的教学体验。在这教学体验中，我们所发现的是家长在结合老师的教育方法中融入了美育的观念，植入了美育教学的方法。在十年前，家长或许对于小学美术学科非常不重视，但是如今，家长会主动让学生去进行课外体验，去进行图画的绘制，甚至是去积极地配合老师所希望学生在课堂中展示的美术手工，这些都是因为家长们已经意识到美育教学可以促进学生发展，可以真正让学生适应社会。这样的转变是家庭教育和校园教育积极融合的结果。

其实在致力于家庭教育的研究中，真正想要做的是拓展美育的教学领域，不仅仅局限于课堂。我们的主要目的是思考究竟是为了什么去丰富孩子的视野、知识，归根结底是为了他们的未来，是为了他们今后的发展，而我们彼此都非常清楚一个人在社会上生存，在成长的道路上离不开一个字，那就是爱。因此我可以断言爱是教育的灵魂，没有爱就没有教育，教学过程中一定要有耐心，一定要让孩子学会思考。教育者教育学生，学生受教，反作用于教育者。这个过程中教育者与学生始终是学习的两个主体，教育者要引导学生主动探索，深入学习，让学习引入思考，教育就在生活中，生活的每件小事都能够让学生感悟真谛。因此，老师与家长的沟通，去进行实践，让学生在教学中感受爱，这才是美育的核心。

当下小学美术教学新方式的探讨

北京市牛栏山一中实验学校小学部　耿　晓

2020 年的春节不同于往年，伴随而来的春季学期也注定是不同的，这次突发的疫情改变了我们以往的传统教学模式，学生和教师转变学习及教学地点，由学校到网络，这突然的改变，对于学校、学生及教师来说都是一次考验。

作为教师，如何突破传统教学模式，合理引导学生在新方式下学习，在开始授课前我想了很多。网络教学对于美术学科来说，可以说是有利有弊，对于美术课不同的课程领域，像"设计·应用""综合·探索"等领域的课来说，学生在家学习，相对可以获取更多的创作素材，开阔思路。但不能直接面对学生及学生的作品来进行指导，示范也不能直面学生，效果肯定会大打折扣，包括评价反馈的跟进，这些都是要面对的问题。如何合理利用和把控呢？根据目前的小学美术授课情况，我有以下几点思考。

一、正确内驱力引导

（一）多样素材的加入

在家的网络教学，需要学生的自主学习，那就要提高学生的自主学习兴趣。对于美术课程，可以加强学生美术学习材料的准备工作，让多种多样的素材加入到课堂中来，提升学生学习内驱力，加强学生学习兴趣。就像"拼贴画"这一课，之前在班级教学时，虽然也布置了准备好需要用的材料用具，但课堂教学中可能会有新的思路及想法，这时就会遇到准备的材料不适合等问题，课堂上可能也不好收集。但对于网络授课来说，学生们就交上了特别有创意且贴合实际的实践创作作品。

究其原因，也是当新想法萌芽后，材料及用具能来支撑自己的创作理念，最终形成了新颖的创作作品。而这些随地可取的、不同以往的材料给学生们的创作带来了新鲜感，使学生真实感受到实际生活中物品的美感，促使学生对于动手实践更加感兴趣，也进一步增加学生的创作兴趣，唤醒主动学习意识，有利于教学的进行。

（二）合理的内容设置

对于学习内容的设置，也应以学生感兴趣的内容为主，以兴趣为导向，充分激发学生自主学习的积极性。比如当看到窗外马上就要迎来春暖花开的景象时，我设计了"拥抱春天"一课。课程通过对春天的景物、春天的颜色、春天的印象、回忆里的春天展开来感受春天，营造了向往春天的线上教学氛围，增强对大自然和社会的热爱，学生兴趣很高，置身于教师自主创设的课堂情境中，感受情境、感悟情境，与老师、同伴获得情感的共鸣，最终融入到创作实践中。

将创设内容与学生的生活实际相结合，更能激发学生的情感体验，进而辅助学生知识和技能方面的学习。

（三）评价反馈的及时跟进

我校美术学科一直使用档案袋的形式来记录学生创作学习的完成情况，这一点在线上学习期间也坚持了下来，学生还能将完成的作品拍照发给教师，教师再利用网络授课进行展示，引导学生评价，这样可以督促学生更好地完成创作实践，同时做好自己的美术档案袋的整理。

对于在家学习的学生，及时的评价反馈有利于增强学生成就感。利用电脑展示学生的美术作品，也能让学生更直观的观察和欣赏同龄学生的创作，激发创作欲望。同时，学生之间利用网络软件相互评价，可以拓宽课堂的界限，每个学生都能加入进来，激发学生主体意识，能够在评价活动中运用美术语言创造性的进行评价，提高评价能力，提升课堂参与感。评价活动也能及时反馈学生的学习态度和创作完成情况，推动学生及时调整。而且这种不间断的评价，也能在线上教学期间不断激励学生跟进学习，有利于促进学生之间的学习交流和相互监督，也有利于自身价值观的树立。

利用网上环境，科学评价学生创作的完成情况，有利于督促学习任务的完成和学习情况的交流，使学生获得积极的情感体验。在此基础上，强调创作活动为生活带来的美化作用，感受学以致用，加强学生对于美术学习的持久兴趣。

二、新技术手段的跟进

对于身为教师的我们来说，教学情况的转变也要求我们与时俱进，增加相关技能的学习，特别是与教学相关的技术手段。有的课程需要直播，有的课程需要录播，有的则需要直播、录播相结合的方式进行授课。

网上教学阶段，我使用过钉钉、腾讯会议及希沃白板里的知识胶囊等，每次开始上课前，会在班级微信群里通知，以便更好地引导学生进入网络课堂。不同的软件有不同的特点和针对性，形成的效果也是不同的，有的软件需要使用较多的文字回复，有的软件需要比较稳定的网络环境，我们需要区分不同的场景及形成效果来运用，找到适合自己教学的网络平台。在网络教学下，既要保证教学过程流畅，保证学生上课效果，又要保证教学内容高效输出。

作为一名美术教师，创作示范对于学生实践的掌握非常必要，而将示范操作转移到网络上进行也使我学习并掌握了视频录制及剪辑制作的相关技能，在尝试了很多软件后，找到了适合自己使用的视频编辑制作软件，这也必将有利于之后的学校教学。

三、积极的家校交流　学生情况及时获得

线上教学的开展突破了时间和空间的局限，学生可以多方面、多渠道获取学习资源，对于录播类型的课不明白，或者教学示范没看清的可以反复观看，许多教学平台也都有课堂回放功能，这些都是网络平台教学的优势。

但学生使用的手机、电脑里的各类软件也比较多，对学生自身的诱惑力比较大。作为一名小学美术教师，学生的情况也是需要掌握的，大部分小学生的自我管理能力比较差，没有时间管理能力，也没有掌握系统学习方法。所以，积极地争取家长的配合，关注学生学习习惯，管理学生学习行为，辅助教师的教学管理，对于美术学习也很必要，而且学生与家长的美术学习配合也有利于亲子间情感的流露及沟通。疫情期间，学生参赛作品的指导都是利用家长手机来进行的，很多学生都能在老师指导后，与家长沟通创作思路及修改方向，家长也能给出适时的评价和修改意见。

作为学科教师，非常有必要与学生所在班级班主任联系，加强学生管理及组织，随时取得学生各科的学习内容及占用的学习时间等情况，以便能够及时调整我的教学计划，在教学内容及实践时间上有所把控。

四、结语

美术课程是学校美育的重要组成部分，有助于学生健康心埋的建设，在促进学生全面发展方面也有着特殊影响，是疫情期间网络教学的大环境下必不可少的一环。同时，我们认识到这次网络教学是学校线下教育在短时间、特殊情

况下的一个替代。对于美术课程，激发学生的感知判断能力也需要观察实际存在的物象，看到的实际的东西能为学生创意思维能力提供营养，让学生与现实的物象相接触，置身于具体教学环境之中，更能提升学生综合探索及思维想象能力。

而相对的网络教育可以弥补线下教育的一些不足，对于一些视频类的课程，如微课、知识胶囊、市区级共享优质课等，通过不同的课型也会给予学生不同的课程体验，加深学生对课堂内容的印象，激发学生学习美术的兴趣，这些都可以加入到以后的教学中来，作为线下教育的有益补充，使线上线下较好地结合起来，共同助力于学生的学习。当然，这次大规模的线上教学是现阶段大环境的产物，进行得比较急迫，肯定也存在一些问题，需要我们之后总结经验，继续探索，使之能够更好地服务于我们的教育事业。

采用多种艺术实践方式　提高小学生的美术核心素养

北京市牛栏山一中实验学校小学部　曹　颖

小学美术课程具有很强的实践性，课程的大部分时间是留给学生的，学生在艺术实践环节可以发挥自己的想象，把属于自己的想法表现在画面中。在学生进行艺术实践的过程中，可以更加充分的培养学生关于美术学科的五个核心素养。

第一，学生可以在实践的过程中对教师讲授环节通过 PPT 呈现给学生的图片信息进行消化和吸收，甚至再加工，把停留在视觉层面的图像信息变成自己的理解。通过艺术实践过程而对学生进行的美术核心素养——图像识别的培养更具有深意。第二，艺术实践过程本身就是利用身边的素材与媒介，运用已经学过的美术语言和艺术方法去创造美术形象的过程，也就是说艺术实践过程是美术核心素养中的"美术表现"这一素养的集中体现。第三，学生进行艺术实践活动可以把自己的独特想法表现在画面中，学生的艺术作品呈现方式已经包含学生自己的审美判断在内了，教师可以从学生的美术作品中看出学生对课堂所学的美术知识和现象的感知、评价、判断与表达。所以，艺术实践活动是最能体现学生审美判断的活动。第四，学生进行的艺术实践活动是最能体现学生创新能力的活动设计。老师的讲授主要是对于基础知识和美术表现方法的讲授，而学生学到了多少，消化了多少只能在作业中呈现出来。学生可以把自己的独特想法表现在画面中，通过艺术实践而最终呈现的美术作业是学生发挥想象力的一方天地。艺术实践是美术学科核心素养中的"创意实践"这一素养的直接显现。第五，学生进行的艺术实践活动不只包括通过动手能力而呈现的美术作业，还包括通过口语或语言形式而呈现的对美术作品或美术现象的看法。尤其在"欣赏·评述"板块中对著名艺术家或画家的作品的欣赏与评价最能体现学生对文化的理解程度。学生表达对美术作品的看法，他所描述出的语言，是学生自己对作品的认识与理解，这里包含了学生对课堂所学知识的消化过程。所以说，学生的艺术实践活动能更深刻的体现美术核心素养中"文化理解"这一素养。

综上所述，学生的艺术实践活动能够充分体现美术学科核心素养的所有方面，包括图像识别、美术表现、审美判断、创意实践和文化理解这五个方面。而教师对于艺术实践的设计不仅影响着学生的学习动机和学习兴趣，还关乎着学生对美术学科核心素养的学习程度。如果教师能够采用多种实践方式，不仅能激发学生的创作欲望，更能提升学生的美术核心素养。

一、采用游戏的形式，让学生表述对所学知识的理解与判断，培养学生的图像识别与审美判断能力

美术课堂的艺术实践活动并不仅仅是需要学生花费大量时间完成的一幅完整的美术作品，还有美术专业知识的学习。对于美术专业知识的考查，教师可以利用游戏的方式，随堂考查学生对于美术知识的掌握情况。教师营造一个轻松欢快的游戏氛围，请小组同学回答教师提出的问题（问题的设定要依据课堂中讲授的美术知识）。小组内的同学接龙回答教师的提问，答对数量最多的小组即是优胜组，可获得相应的奖励。随着游戏的进行，学生迅速在自己的脑海中闪现课中与所学知识相关的图像信息，学生根据自己的审美判断，说出问题的答案。

如在五年级下册"色彩的明度练习（一）"这一课中，我利用一节课的最后十分钟时间用游戏的形式考查学生对于色彩明度知识的掌握程度。游戏中涉及的问题就是课堂上学习的关于色彩明度的知识，比如说：1.色彩的明度定义。2.红色和黄色这两个颜色，哪一个颜色的明度高？3.怎样改变一种颜色的明度？4.请你说出班里两位学生的衣服颜色，哪一个明度高？哪一个明度低？

学生在参与游戏的过程中必须认真听清教师的问题，然后在脑海中迅速搜集这节课所学的色彩明度知识，并在规定的时间内说出自己的答案。学生脑海中的这一系列运作过程正是对美术知识进行理解与判断的过程。学生在这一过程中潜移默化地培养了自己的"图像识别"与"审美判断"的能力。所以说，采用游戏的形式，教师能随时了解学生的学习情况，学生还能得到美术核心素养的培养与锻炼。

二、巧用学习单的形式，让学生描述对美术作品的欣赏与评价，培养学生的文化理解与美术表现能力

美术课程的学习，并不只是锻炼学生的绘画能力，在不同学科的融合趋势下，在美术课程中也可以体现语文学科中的语言书写能力。在美术课堂中，教师可以巧妙利用学习单的形式来考查学生对本节课的掌握情况。美术课程的学习，尤其"欣赏·评述"领域的学习中，学生经常会学到中国乃至世界上知名艺术家及其代表作品。在这种类型的课程学习中，教师在艺术实践环节可以设置学习单，以考查学生的课堂学习效果。

例如，人美版小学《美术教材》五年级下册第六课"画家徐悲鸿"中对于艺术实践的要求就是"参考本课所提供的提示，选择一幅你喜欢的徐悲鸿的作品，进行欣赏评述，并在小组中发言。"教师可以依据教材给出的艺术实践要求，进行有创造性的改变。例如，我在这节课中设计的学习单是三道关于本节课相关知识的题目，对学生提出的艺术实践要求是"请你在一张 A4 纸上完成老师给你的三道题目，并在纸张的空白部分用花边或是本课中你感兴趣的内容进行装饰，最后形成一幅让人赏心悦目的'画卷'。"

学生在完成学习单的过程中，会根据本课的学习内容把自己对于艺术家及其美术作品的认识与理解用文字的形式表述出来。在这一过程中包含了学生对知名艺术家在整个人类艺术史上的定位的理解与判断。学生在艺术实践的过程中也会潜移默化的对世界美术作品呈现的文化多样性增加了解，从而形成了尊重艺术家、设计师和手工艺者的优秀美德。而且，学生经过"用花边或是本课所感兴趣的内容来装饰纸张的空白部分"这一艺术实践要求，也会在理解文化多样性的同时，锻炼自己的美术表现能力。所以说，巧用学习单的形式而进行的艺术实践活动，可以锻炼学生的文化理解与美术表现能力。

三、采用绘画与剪贴相结合的方式，让学生把自己的独特想法展示在画面中，培养学生的创意实践与美术表现能力

教师在要求学生进行造型活动时不一定采用单一的绘画形式，还可以采用绘画与剪贴相结合的方式来进行美术作品的创作。《义务教育美术课程标准（2011 年版）》在课程总目标的阐述中就提到了"运用各种工具、媒材进行创作"。其中绘画与剪贴相结合的方式是其中的一种选择。比方说，在人美版

五年级下册第一课"动漫形象——孙悟空"一课中，教师可以让学生发挥自己的想象，把孙悟空的形象画好，并把它剪下来贴在刮画纸上，之后在刮画纸上用线条画出相应的背景图案。由两者相结合而形成一幅完整的美术作品，不仅兼备了两种材质的不同特点，而且在一定程度上节省了绘制背景图案的时间。它能锻炼学生的美术造型能力和色彩搭配能力，又能呈现绘画材料的多样性。

《美术课程标准》在"课程目标"中对"造型·表现"领域的目标阐述是"运用对称、均衡、重复、节奏、对比、变化、统一等形式原理进行造型活动，增进想象力和创新意识。"这一过程包含了对学生想象力和创新意识以及创新表现的培养。同样，学生在进行类似的艺术实践而完成的美术作业本身就包含了"美术表现"这一核心素养。所以说，采用绘画与剪贴相结合的实践方式，可以锻炼学生的创意实践与美术表现的能力。

其实，每一种实践方式都包含五种核心素养，只是以其中的一种或是两种为主，其他核心素养为辅。如果教师能够在一个学期或是一个学年综合运用以上几种艺术实践方式，我相信学生的五种核心素养都能在一定程度上有所提高。

不管教师采用哪种艺术实践方式，都要以学生的学习获得为最终目的。因为学生是学习的主体，教师所设计的各种实践活动都是围绕学生的学习而设计的。在美术课堂中，教师要为学生提供各种便利条件，目的是为了学生能够更好地学习，为了学生能够学有所成。教师可以根据学生在课程中的表现，灵活选择不同的艺术实践方式，以增加学生的学习兴趣和学习动机，最终让学生在课堂中有所收获。美术学科的五种核心素养是学生的学习获得的体现，学生在美术课上的学习获得不是简单的一幅美术作业，而应是扎根于内心的美术素养。教师能够灵活采取不同的实践方式去提高学生的美术核心素养，是我们教育工作者在课堂设计时需要考虑的重要一点。

继承博大精深的传统文化　创新意义非凡的美术教育

首都师范大学附属顺义实验小学　杨　爽

中华优秀传统文化是我们的祖先留给我们的宝贵财富，对于科技高速发展的今天，我们的生活变得越来越智能，时间也变得越来越快。我们每天都被各种综艺节目、短视频以及和各种游戏充斥、包围着，我们的思想被一些没有太多营养的东西禁锢着，而现在的小朋友也变得越来越不一样，两三岁的孩子就可以轻轻松松玩起电子产品，我们的学生每天都刷着短视频，熟练地玩着各类小游戏。而那些渐渐被人们淡忘了的传统文化和课本里讲到的古人，真的成为永久的过去，他们的精神离我们越来越远。作为一名美术教育工作者，我们需要依托优秀的传统文化，融入并创新美术课堂，让那些渐渐被淡忘了的传统重新被学生们认识，并需要被我们用创新的教学方法去让学生们去继承，创造出意义非凡的美术课堂。

一、美育传统文化，以自学为入口

现在的学生有很多途径去了解中国的传统文化，比如上网浏览、查阅图书、翻阅资料、参观博物馆等方式收集各方面的内容，我们的美术课堂在进行关于传统文化方面的授课时，可以以学生自学为主，让学生自主探究和了解中国的传统文化知识，这样也有利于学生对传统文化的探索。比如在执教"京剧脸谱"一课时，可以让学生在课前搜索关于京剧脸谱的资料，了解京剧脸谱的谱式以及色彩的象征意义，了解京剧文化，教师组织学生将自己搜集到的资料整理好和同学进行交流，这样既丰富了课堂教学内容，学生在自学中也对传统文化有了深入地了解。

二、美育传统文化，以感悟为契机

在美术课堂中，了解学习中国传统文化不只是学习那些知识、了解那些故事，更多的是需要教师在讲授过程中，引导学生感悟古人留给我们的那些工匠精神，体会古人的那种坚持不懈、勇于创新的毅力。每一位艺术家的成功都不是一蹴而就的，背后都有着他们非凡的努力。因此在美育传统文化的课堂中，我们要给学生渗透这些精神，从而实现升华教育，让学生由内而外地感悟到传统文化的魅力，为我们国家有着如此博大精深的传统文化而深感自豪。

三、美育传统文化，以观察为前提

中国传统文化艺术来源于生活，观察传统文化艺术的特征是研究和创新的前提。引导学生观察传统文化的艺术作品，在分析中了解传统文化的特点。如在赏析画家齐白石的《虾》时，教师可以用齐白石画的虾和真实的虾进行对比，让学生体会有什么不同，观察后再给学生讲解，这是齐白石通过日积月累的观察自己创作出来的虾，他画的虾会让你有一种虾在水中游的感觉，虽然画面中没有水，但通过观察齐白石画的虾须非常的灵动，从而产生正在水中游的感觉。教学中可以带着学生对艺术作品进行细致的观察，在观察后谈感受，然后再观察，学生会对作品记忆犹新。引导学生认识到古人的勤学苦练、善于观察是需要我们去学习的。

四、美育传统文化，以尝试练习为突破

以尝试练习为突破口，融入中国传统文化。比如在教授中国传统国画课程中，要注重学生的尝试练习。可以采用先让学生读大师和同龄人作品，通过观察比较，分析笔法和作画的先后顺序，再尝试练画。在课堂教学中可以多次设计一些小练笔的环节，让学生在不断尝试的过程中感受用笔的轻重缓急、用墨的干湿浓淡和在宣纸上表现出的不同效果，体会宣纸特殊的晕染效果。让学生在练习中领悟中国传统绘画的奇妙之处，体会古人在创作作品时的呕心沥血。

五、美育传统文化，以讨论合作为平台

在美育传统文化的课堂中，以讨论合作为平台，让每个学生都参与到学习中，借助他们已有知识，培养获取新知识的能力，并使学习成为一种思维活动。通过讨论，调动学生参与，加强师生之间的交流，促进思维火花的迸发。课堂中，可以采取全班讨论、师生讨论、同桌讨论、小组讨论等多种形式进行。如上"虎头装饰""北京的城楼""故宫的工艺珍品"这些课时，教师设计好方案登记卡，上课后发给每个学习小组，让小组成员根据各自搜集的资料，交流中国的虎头装饰花纹的文化、北京的城楼文化、故宫的工艺珍品文化，以及在

历史发展过程中的演变、新旧对比等。先进行小组讨论，再由组长填写具体的讨论稿，然后组织交流。使全体学生积极参与，讨论合作，在交流中加深对中国传统文化的了解。

六、美育传统文化，以学科综合为依托

中国传统文化元素融入在美术课教学中，要适应课程综合化的发展。教学中可以结合本学科特点，综合其他学科，开展有意义的中国传统文化教育，使学生在掌握美术知识和技能的过程中，提高综合的欣赏能力。利用美术与其他学科之间的联系，促进身体各感官协同合作，达到最佳效果。如可以联系文学、舞蹈、音乐等，将艺术语言和形象构成的规律加以比较、分析。比如执教"国粹京剧"一课中，可以联系音乐学科相关知识，声、形、色等全方位的形式让学生感受到国粹京剧的魅力。在上"快快乐乐扭秧歌"这一课时，了解秧歌文化，引导学生通过秧歌的艺术形式探究体验暖色审美感受，在舞动秧歌的过程中体会线条和动作的变化。

中国传统文化博大精深，它不仅仅是属于中国的也是属于世界的。在科技高速发展的今天，我们可以用自己的方式影响着我们的学生，让他们借助网络、借助短视频对传统文化有更深入的了解，而不是去看一些没有营养的东西。引导学生开始关注传统文化，让传统文化渗透到我们的生活中，这是我们每一位美术教育工作者需要去做的。除了了解文化，更重要的是传承工匠精神，让我们的美术教育变得更加有意义。尽我们的微薄之力去继承博大精深的传统文化，创新意义非凡的美术教育。

课堂扎出色彩新方式　浸染民族传统灵之美

北京教育科学研究院附属顺义实验小学　文　婷

中国文化博大精深，拥有丰富而富有民族特色的美术资源，具有独特的育人功能。义务教育阶段对美育相对更注重多元化的素质培养，我校以"各美其美，美美与共"为理念，聚焦美术学科核心素养，加强学生深度学习，传承优秀传统文化，创设带有温度的美术课堂。

一、趣味翻转课堂，浸润传统文化知识

将扎染民族艺术融入小学美术课堂教学之中。设置情境小任务，学生课前对扎染分小组收集资料，了解什么是扎染？扎染制作方法和扎染的步骤，没想到学生很感兴趣，在分组探究扎染中自主发现问题，由高年级学生带领低年级的学生一起完成。

接下来是小组进行的三分钟汇报：扎染是中华民族几千年积淀的文化艺术的结晶。早在东晋时，扎染这种工艺就已经成熟了。随着丝绸之路的开辟和纺织业的发展，扎染显示出浓郁的民间艺术风格，我国云南大理的白族扎染技艺就被文化部列入国家级非物质文化遗产。扎染也称作"绞染"，通过线缝、线捆绑、线扎的手法，结扎部分织物，在植物染缸里进行上色，这种独特的染色和捆绑工艺造就了扎染的艺术特殊美感，晕染肌理效果和朴素的自然纹样具有鲜明的民族特色。

本来以为学生查资料汇报的效果一般，没想到结合传统文化的扎染实物教学，激发了学生的求知欲。而如今，我们的生活充斥着工业制品，工业制品尽管绚丽，但人们很难从中感受到温情，很多学生在没自己查找扎染资料前觉得扎染很"土"，如何让古老的传统工艺重放异彩，让传统扎染结合美术学习让学生们"玩"起来，教师在此基础上再以欣赏、制作、评价、展示等方式进行教学设计。学生潜移默化地感受到扎染艺术的传统性和独特性，体验和传承优秀的民族传统文化，培养创新思维能力。最后将师生之间、生生之间平凡且持久的情感，艺术化地表现出来，不仅能教人以美，让人身心愉悦，还能增强民族自豪感，润泽核心素养。

二、动手创新巧思维，审美运用于生活

扎染艺术除了具有艺术美观性外，还具有实用性。在探究合作中，体验扎染工艺的过程，开始可以欣赏扎染实物作品、服饰鞋帽、围巾手帕等方式，引发学生产生色彩联想，找到其中的色彩浸染规律。同时教师在讲解中了解扎染手工制作的独特性，决定了每一件作品都是独一无二的。每一个扎染作品都凝结了作者的内心情感和独特的审美感受。

学生在探究合作中，提出问题：为什么没有画笔，却能扎染出这么丰富多彩的艺术图案来？教师引导学生主动说出：这就是扎染的独特艺术魅力。一方面是扎染的工艺手法的多样性，如缝、捆、绑、压、折叠等；另一方面是扎染艺术所表现的丰富内容，并且广泛应用到生活中，如民族服饰、鞋帽围巾、窗帘壁挂等。

（一）准备好制作材料和设计稿

准备材料：蒸锅、电磁炉、白棉布 T 恤、高温活性染料、固色剂、棉线、大号缝衣针、锅具（根据班级人数分组），学生需先设计好颜色和款式。

（二）掌握扎染制作的基本方法

教师示范：针缝、捆绑、布的折叠，注意安全使用工具。如针线作一定距离的串联，针距越大，花型模糊不清，针距越小，花型越清楚，将串联的线收紧。不同的扎法或捆绑的松紧程度，产生不同扎染效果。不同材质的面料也会产生不一样的美，如丝绸纱布之类，在浸染后出现朦胧意境美；而在粗糙麻布上染织，则出现乡土的厚重感。

同时利用多媒体，播放微格视频：在学生制作的时候循环播放示范教学步骤，对操作时遇到问题及时思考观看。另外教师也及时用 Pad 录下优秀的制作过程在线播放，引发学生思考，看到不同作品现场的制作过程，体验真实感，共同探究不同媒材与色彩间的碰撞的质感。

（三）活性染料配比进行捆绑染色

学生完成捆绑后，先用冷水将棉布完全浸湿，然后将高温活性染料按比例放入锅中烧开，同时放入固色剂。沸煮十分钟左右拿出，操作的时间和手法不同，因此每件作品都是个性化的。

考虑到小学生的安全和动手能力较弱，需要在教师的耐心指导下进行，保证制作过程的安全。通过亲自动手，在过程中培养发现问题、思考问题和思维

创新的能力，同时也锻炼了团队合作的能力。

利用扎染色彩多样的媒材特质，实现民族乡土元素题材在不同材质中的创意表现。学生在学会扎染基础的方法进行创意染色，提高色彩的感知能力，将内心的情感运用到扎染对象——T恤上。T恤色彩丰富，或冷色，或暖色，或冷暖交替，学生可以把内心情感在无拘无束的色彩世界畅想，将传统纹饰与现代染色完美结合，在传承文化的基础上进行创意表达，以细腻丰富的扎染技法让作品栩栩如生，装饰和美化我们多彩的童年生活。

三、巧用信息技术多元评价，让扎染成为有温度的艺术

扎染的艺术教学可以通过多主体的教学评价方式表扬和鼓励学生。首先教师的过程性鼓励能激发学生学习积极性，其次学生通过自主探究对自己的扎染作品做出评价，一方面肯定自己的学习成果，增加自信心，另一方面，有助于加深理解扎染技艺的步骤领悟其内涵。最后，相互评价也是教学过程的重要组成部分。学校聘请美术教育专家和艺术家，对学生作品和教师教学做出评价指导。多主体、多元的评价教学方式，有利于提高教师教学水平。

随着科技发展，家长善于利用钉钉、微信班级群等信息手段进行家校沟通。教师以班级群展示分组，以"扎染我精彩，感恩父母心"展览的教学活动，让学生以亲手制作礼物的方式将作品扎染画、扎染包、扎染灯罩等，送给父母，家长以此见证孩子的成长。有的家长通过信息化手段在群里反馈："没想到孩子居然能自己完成怎么富有艺术感和想象力的作品，让人眼前一亮！"通过钉钉直播展示，让家长看到孩子们认真学习、积极表达，利用家校合作，不仅培养了同学之间沟通和评价能力，也收获了老师和家长的各种建议，锻炼合作和沟通能力，促进互相的进步和发展。我们看到的不仅是视觉上的美，更是心灵文化上的美，让家校共育创新人才，让扎染成为有温度的艺术。

扎染是一朵盛开在我国优秀传统文化中的奇妙之花，对于基础教学而言，我们要站稳自己的脚跟，重视文化基因和生活民俗中的美。作为一名美术教师，应积极开展以传统文化为核心的美术综合实践活动，引导和培养学生对传统文化的关注、了解、传承和创新的意识，从而丰富和发展学生的核心素养。在课堂扎出色彩新方式，浸染民族传统灵之美，因为爱让传统文化焕发了新的生机。

【教学设计】

巧用对称形

教材来源：小学义务教育教科书《美术》第5册第17课
授课对象：小学三年级
设 计 者：王拥军（北京市顺义区仓上小学）

一、指导思想与理论依据

"巧用对称形"属于"设计·应用"学习领域。本设计以学生为中心，强调学生的主体作用，注重对学生学习兴趣的激发和学习方法的指导；依据建构主义关于儿童认知发展理论，注重教学活动的趣味性与体验性，通过"支架式"教学，给学生以适时、适当、适量的帮助，引导学生在交流与合作中，自主地发现问题、解决问题，最终完成对本课所学知识的意义建构，并从中体验设计制作活动的乐趣。

二、教学背景分析

（一）教材分析

本课旨在启发学生进行有目的的创意、设计和制作活动，发展创新意识和创造能力。引导学生围绕"巧"字，运用所学的对称知识和技能，尝试从形状与用途的关系，进行设计与应用，突出实用性、审美性和趣味性，提高学生善于发现问题和解决问题的能力。

（二）在全套教材体系中的地位和作用

学生在二年级学习了"彩蝶"和"百变团花"，对剪纸的基本方法有所了解，对对称形也有了浅显的认识。本课是在此基础上，着重学习轴对称知识，为学习对称与均衡的形式原理和设计法则做知识储备，因此本课具有承上启下的作用。

（三）学生情况分析

三年级学生已经学过"百变团花""雪花飘飘"，对对称形也有了初步的认识，因此，用剪刀剪出对称图案的难度并不是很大，但是要应用这种技巧服务于生活，即用对称形来装饰日常生活中的贺卡、年历片、花瓶、笔筒等就需要具备较高的美术素养，需要教师的巧妙启发与指导，这也是本课的难点。

（四）教学方式与教学手段

主要采用自主探究和小组合作的学习方式，在教师的引导下主动地、富有个性地学习。

（五）技术准备

实物投影、PPT课件、图片、视频等。

三、教学目标

（一）知识与技能

1.通过分析作品和演示，了解什么是对称形，学习对称形的装饰方法。

2.通过学生自主探究和教师演示，学习剪对称形的方法，并会运用对称形装饰生活中的物品，培养设计意识和实践能力。

（二）过程与方法

通过分析、探究与体验等活动，了解轴对称的概念及对称的形式美感；通过创设问题情境，引导学生根据物品的用途提出设计构思，培养设计意识。

（三）情感态度与价值观

了解艺术形式的美感与设计功能的统一，提高对生活物品的美化和评价能力，激发美化生活的愿望。

（四）教学重点

巧妙合理并富有美感地运用对称形进行设计。

（五）教学难点

对称形运用得巧妙、合适，体现装饰的美感。

四、教学过程

（一）导入新课

1.教师出示蝴蝶的剪纸作品，问："你们知道它是用什么方法剪制的吗？"

［预设］由于学生在二年级时已经学习"彩蝶"一课，所以能够顺利地回答出是用"对折"的方法表现的。

2.教师：游戏——考考你：下列图形中，哪些不能用对折方法剪出来？为什么？

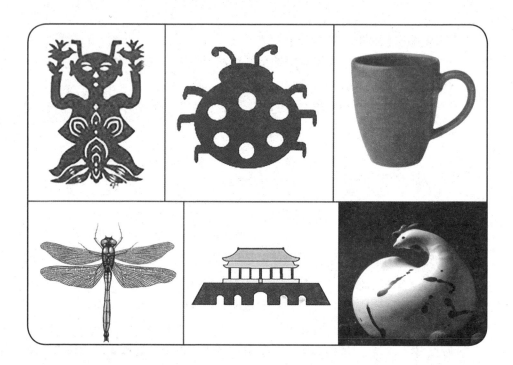

学生：举手自由发言。

3. 教师：课件演示对称的定义：图形沿一条直线对折，直线两侧的图形完全重合，这个图形就是轴对称图形，折痕所在的直线叫对称轴。

（板书课题："对称形"）

［设计意图］通过复习旧知识，使学生进一步了解什么是对称形，从而进入新课的学习。

（二）探究新知

1. 学习剪制对称形

（1）教师：课件出示剪纸作品：你能找出它们的对称轴吗？

学生：思考、交流，自由发言。

（2）学生探究活动：这些对称形是怎么剪出来的？两

人交流，动手尝试（2分钟）。

学生：小组探究，合作交流，动手尝试。

［预设］学生可能出现的问题——形象分开。教师提示并强调：以对折的一侧为中心线，画半个图形，再剪刻。

（3）教师：学生演示对折方法，教师进行画法和剪法演示，强调左右连接。

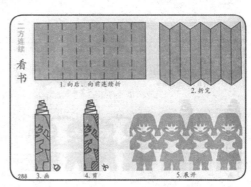

［设计意图］通过动手尝试，让学生复习以前学过的对折剪纸的方法，从中发现问题，提出问题，提高学生自主学习的能力和发现问题的能力。

2. 巧用对称形进行装饰和美化（难点）

（1）教师：PPT播放图片，生活中哪些地方运用到了对称？具有什么样的形式美感？

学生：欣赏，自由回答。

教师：对称形在生活中运用广泛，给人以稳定、秩序的美感。

［设计意图］欣赏生活中的对称图形，让学生感受对称图形规律、整齐的美，了解艺术与生活的关系，激发学生表现的欲望。

（2）教师：出示三组巧用对称形装饰的实物图片，交流：巧在哪里？用到了哪些技法？

71

学生：小组交流、分析，代表发言。

教师：讲解并演示装饰方法：

（1）平面装饰：可以将对称形装饰在壁挂、画盘、课程表、手提袋等平面物上。

（2）立体装饰：可以将对称形装饰在花瓶、灯笼、笔筒、水杯等立体物上。粘贴时注意黏牢固。

（3）组合装饰：直接将对称形用纸环或者纸条进行连接，做成装饰物美化我们的环境。

（3）分析实例：分析下图的对称形物品存在哪些问题？（突破难点）

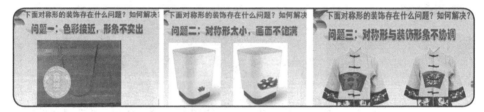

问题一：色彩接近，形象不突出。

解决办法：可以用深色线勾勒外轮廓或改用对比色进行装饰。

问题二：对称形太小，画面不够饱满。

解决办法：可以添加其他的对称形或把对称形改大。

问题三：对称形与装饰形象不协调。

解决办法：选择意义、形象统一、适合的对称形进行装饰。

［设计意图］通过创设问题情境，引导学生发现问题、解决问题，并学习巧用对称形美化生活，提高学生美化生活的能力，解决本课难点，为学生的创作奠定基础。

（4）游戏：用哪个对称图案装饰台灯更美观？说出你的理由。

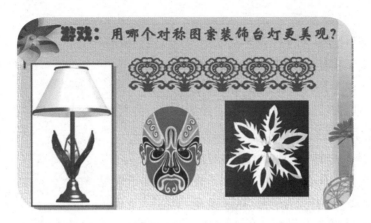

（5）学生看书分析作品是如何巧用对称形进行装饰的？说一说自己要如何巧用对称形美化生活？

（三）艺术实践

1.实践内容：巧用对称形制作小物件，美化我们的生活。

2.实践要求：（1）独立或合作，注意分工；

（2）对称形设计美观；

（3）巧妙运用对称形进行装饰；

（4）色彩鲜明，对比强烈。

3.教师辅导：重点在对称形的巧妙运用上给予学生启发和帮助。

［设计意图］丰富学生作业的层次性，发展个性，培养创造性。

（四）作业展示与评价

1.展示：组织学生把成功的作品进行展示。

2.互评：引导学生从形象、色彩和装饰上进行评价。

3.自评：说一说自己的体会或感受。

［设计意图］体现评价的多级性与多维性，提高学生的欣赏评价能力。以鼓励性评价为主，使学生体验成功的快乐。

（五）课后拓展

用课件出示对称形在生活中的运用，感受对称的美感——稳定、秩序的美感。

四、学习效果评价设计

（一）评价方式

1.随堂评价：对学生美术活动中的表现进行及时评价。

（1）学生是否对教学活动感兴趣；

（2）学生是否积极地参与到合作学习当中。

2.作业评价：根据学生艺术实践的作品有针对性地进行自我评价与他评，了解学生掌握知识的情况。

（1）学生能否表现出美观的对称形作品；

（2）学生能否巧妙运用对称形装饰各种生活物品；

（3）学生的作品是否实用、美观。

3.课后评价：通过与学生的交流，了解学生掌握知识的情况。

（二）评价量规

评价内容	很好	好	一般
1.学生参与课堂活动积极性高，合作有实效。			
2.学生能表现出美观的对称形作品。			
3.学生能巧妙运用对称形装饰生活物品。			

五、本教学设计与以往或其他教学设计相比的特点

本课主要通过创设问题情境，引导学生合作探究，培养学生发现问题、解决问题的能力。

问题一：导入新课环节，请同学分析图片并思考问题："哪些图形可以用对折的方法剪？"学生调动以往的知识经验，通过思考、归纳得出：凡是左右对称的图形都可以用对折的方法剪。从而引出本课的新授内容——对称形。

问题二：本课重点是剪制对称形，其中折是关键。我引导学生分析多种对称图形的对称轴，并组织学生合作探究问题：这些图形的对称轴在哪儿？它们是如何剪出来的？秘密在哪儿？这个问题接近学生的最近发展区，对学生来说有一定难度，需要动脑思考。但是因为有了问题一的铺垫，又有实物作品，学生通过观察、分析、思考，部分同学能分析出它们的对折方法。

问题三：本课的难点是如何巧妙地运用对称形进行装饰，我设计了"考眼

74

力"的游戏：根据对称形的形象、色彩、大小，出示了三个错误装饰图例并提问："作品运用对称形进行装饰存在哪些问题？应如何解决？"这样的问题就分解了难度，又通过游戏，充分调动了学生思维的积极性，最后在提出问题、解决问题的过程中突破了本课的重难点。

四季如画

教材来源：义务教育教科书《美术》第 5 册第 3 课

授课对象：小学三年级

设 计 者：王拥军（北京市顺义区仓上小学）

一、指导思想与理论依据

美术课程是以对视觉形象的感知、理解和创造为特征，是学校进行美育的主要途径。本课属"造型·表现"领域的学习内容，目的是让学生认识和感受四季的色彩特征，体验自然之美。因此，本设计以建构主义学习观为指导思想，以《义务教育美术课程标准》倡导的学生观为依据，注重发展学生的感知能力、观察能力和审美能力。结合三年级学生的身心特点，加强美术课程与学生生活的联系，突出美术教学的趣味性、视觉性和实践性的本位特征，注重培养学生发现美的眼睛和热爱自然的情感。

二、教学背景分析

（一）教材内容分析

本课属于教材色彩知识体系中的一课，通过以往的学习，学生知道了原色与间色的知识。本课是在此基础上对色彩的进一步理解和运用，将色彩与自然巧妙结合，充分感受四季的色彩特征，并学习运用水粉工具，初步认识和使用色谱，创作一幅表现四季的作品。在季节这一主题下，鼓励学生大胆表现与创新，在表现形式上可以是具象的，也可以是抽象的，既体现季节特点，又发展学生的个性。

（二）学情分析

三年级的学生对色彩的感受是感性而又敏锐的，但对于自然中的美还缺少主动的观察和发现，需要教师加强引导；通过以往的学习，学生知道了原色与间色的变化规律，具备了用色彩分析四季特点的能力，为学生的自主探究提供了可能；另外，学生第一次使用水粉工具，对于水粉的控制、色彩的调配都很陌生，需要加强教师的示范和讲解，让学生掌握色彩的调配方法，表现出丰富而有个性的画面。

（三）教学方式与教学手段

通过创设音乐情境，让学生在欢快的乐曲中联想春天。然后采用自主探究和小组合作的学习方式，感悟季节的景物和色彩特点；之后分析绘画作品，了解绘画作品不同的表现内容与方法，体悟到美术与生活的联系。

（四）技术准备

实物投影、PPT 课件、图片、视频等。

三、教学目标

（一）知识与技能

知识：初步了解不同季节的景物特征，知道四季的主要色彩。

技能：能运用色彩表现美丽的季节。

（二）过程与方法

通过观察、比较与探究，了解四季的色彩特点，并运用水粉表现出季节的主要颜色，感悟自然的色彩变化之美，提高色彩表现力。

（三）情感态度与价值观

学习在自然中捕捉美的信息的能力，培养学生发现美的眼睛，树立热爱自然的情感。

（四）教学重点

认识与感受四季的景物及色彩特点。

（五）教学难点

创作表现色彩丰富而准确，形式富有个性。

四、教学过程

（一）情境导入

（师运用课件播放意大利作曲家维瓦尔第的小提琴协奏曲《四季》）：仔细听你感受到的是什么季节？闭上眼，用心感受美丽的春天，说说你联想到了哪些景物？哪些色彩？

生：倾听、联想美丽的春天，自由发言。

（师小结并板书）：春天小草吐绿、百花盛开，一派生机勃勃的景象。春天的主要色彩是绿色，浅绿色、草绿色，还有黄色的迎春花，大片大片粉色的桃花。

生：从色相环中找出春天的主要色彩——贴出色卡

师：请你用一个词语、诗句或者歌曲来表达一下对春天的感受。

生：自由发言，用诗词或歌曲表达对春天的赞美。

（出示课题）

师：一年有四个季节，每个季节都有不同的美，今天我们就一起来感受四季，表现四季——板书课题《四季如画》

［设计意图］创设音乐情景，让学生在欢快的乐曲中感受春天，联系学生生活，激发学习兴趣。加强多学科的融合，培养学生的综合素养。

（二）探究新知

1.探究大自然四季的色彩特点

（1）师：组织学生自主探究与学习，完成任务单；两人合作选择一个喜欢的季节，进行交流与探究如下问题。

①分析其景物的特点

②画出主要的颜色

③想一想相关的诗句或词语进行描述。

生（互相交流与探究）：说说自然中四季的景物特征和主要色彩，给你带

来怎样的感受。

（2）师（运用课件，结合学生的探究情况，进行总结）：谁来分享一下你们探究的结果？

生：汇报总结——贴出色卡。

①夏天以深绿、墨绿为主，给人以凉爽的感觉。

②秋天以黄、红、橙色为主，给人以温暖、热闹的感觉。

③冬天以深蓝、浅蓝、白色为主，给人宁静、寒冷的感觉。

（3）师（游戏）：运用课件出示作品，根据其主要色彩判断是什么季节？给你什么样的感受？（如图3）

生：猜猜看，结合画面的主要色彩，判断季节。

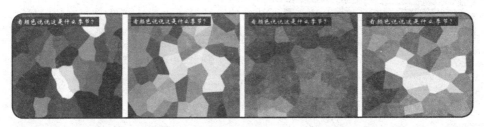

［设计意图］初步认识自然中四季的景物和色彩特点，感受自然的变化之美。运用游戏的方式，巩固所学知识，激发学习兴趣。

2. 分析绘画作品中四季的色彩和表现方法

（1）师：课件出示4幅作品《干草堆》，介绍画面的创作背景——这是法国著名的印象派画家莫奈的油画作品。一天，莫奈在散步时发现远处的麦草堆，在晨曦的照耀下光彩夺目，他赶快去取画具。等他回来却发现，草堆由于光线的变化而改变了形象，这引起了莫奈浓厚的兴趣，于是大师就对同一干草垛，分别在不同季节的早、午、傍晚的阳光下呈现出的不同色彩，绘制出系列组画《干草堆》。

教师提问：仔细观察画面中的色彩，你能猜出这四幅干草堆分别是哪个季节表现的吗？

生：观察、分析画面，体会画面中的色彩，回答问题。

师（小结）：大师从平凡的事物中发现美、创作美，我们要向大师学习，培养自己拥有一双发现美的眼睛，并大胆去表现出来。

（2）师（出示中国画作品《春天》）：这是中国的著名画家林风眠的彩

墨作品。大师巧妙运用中国的水墨与西方的水粉技法，形成中西融合的艺术风格。仔细观察作品，思考问题：

①画面表现的什么内容？

②根据画面的色彩，猜猜作品表现的是什么季节？

生：观察、分析画面的表现内容和色彩，说一说画面表现的季节。

师（小结）：作品表现了花园里生机勃勃的花草、树木，从作品中大片的黄色、绿色和粉色、紫色，让我们感受到一个五彩缤纷、欣欣向荣的春天。

（3）师（出示学生作品《秋实》）：画面没有具体的形象，主要运用点和线进行表现，你知道它表现的是哪个季节吗？为什么？

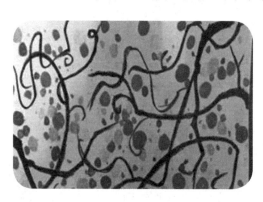

生：观察、分析画面中的点、线、面和色彩效果，进一步感受季节与色彩的关系，并尝试给作品起个好听的名字。

师（小结）：画面中长短不一、有粗有细的线条好像秋风里舞动的枝条，大量红色、黄色的点像树叶，也像果实，表现出秋天喜庆、温暖的感觉，具有抽象的艺术美。

（4）师（课件出示四季的绘画作品，并总结板书）：在创作四季的作品时，可以表现简单的、具体的景物，如树木、花草，还可以用点、线、面等绘画语言，创作出抽象的画面效果。

生：欣赏作品，交流，谈谈自己的感受和想法。

　　［设计意图］了解绘画作品中四季的色彩特点，体验艺术之美，涵养人文精神。培养学生的观察能力和分析能力，提高学生自主学习的能力。

　　3.学习水粉表现四季的方法

　　（1）师：课件出示水粉作品（干画法、湿画法、平涂法和点画法），观察、分析画面的效果，说说你更喜欢哪种效果？

　　生：观察、分析画面，谈谈自己的认识和感受。

　　（2）同学合作练习，尝试用水粉画一画，初步体验水粉的表现技法，说说自己的体会和发现的问题。

　　（3）师（演示）：结合学生的体验和问题，教师进行示范，重点讲解调色、水分的控制、平涂和点画。

　　生：观看老师的示范，学习、观察水粉的表现方法和技巧。

　　［设计意图］学习用水粉表现季节的方法，提高学生的绘画表现力。进一步了解色彩与季节的关系。

　　（三）艺术实践

　　（1）实践内容：用水粉表现自己喜欢的季节。

　　（2）实践要求：

　　①形象简单，可以是具象，也可以是抽象。

　　②要突出季节的色彩特点。

（3）教师巡视辅导，注意色彩的调配与运用。

［设计意图］运用色彩表现自己喜欢的季节，表现出季节的色彩之美，培养学生的绘画表现力。

（四）作业展示与评价

（1）作业评价

根据评价要点，进行互评：

①你喜欢谁的作品？美在哪里？

②值得你学习的地方是什么？

③你的建议是什么？

（2）学生自评

①你今天发现了哪些美好的景物？

②你给自己作业的等级是几颗星？

③你的收获是什么？

［设计意图］培养学生的欣赏、评述能力和审美能力。

（五）课后拓展

师：运用课件欣赏其他绘画方法表现的季节图片，如国画、水彩、油画、剪贴等。

生：欣赏不同表现形式的四季作品，谈谈感受。

［设计意图］感受不同的艺术作品的魅力，进一步体会季节的美，培养学生对美术的学习兴趣。

五、学习效果评价设计

（一）评价方式

1.随堂评价：对学生美术活动中的表现进行及时评价。

（1）学生是否对教学活动感兴趣；

（2）学生是否积极参与到探究与合作学习当中。

2.作业评价：根据学生艺术实践的作品有针对性地进行自我评价与他评，了解学生掌握知识的情况。

（1）学生能否表现出四季的景物和色彩特征；

（2）学生能否较好地掌握水粉的调色与表现方法；

（3）学生的作品构图是否合理，画面是否美观。

3. 课后评价。

（1）通过与学生的交流，了解学生掌握知识的情况；

（2）采用问卷法，设置3个问题：你最喜欢的季节有哪些特点？你掌握了哪种水粉的涂色方法？通过本课学习，你有哪些收获？

（二）评价量规

评价内容	很好	好	一般
1.学生参与课堂活动积极性高，合作有实效。			
2.学生能表现出季节的景物和色彩特征。			
3.学生能较好地运用水粉表现四季的特点。			
4.画面构图饱满、美观。			

六、本教学设计与以往或其他教学设计相比的特点

1. 通过本课的教学，培养学生良好的观察习惯，让学生拥有一双发现美的眼睛，从自然生活中发现美的事物并大胆地进行表现。

2. 通过欣赏中外大师的绘画作品，引导学生在广泛的文化情境中了解美术的多样性，了解艺术来源于生活又高于生活，涵养人文精神，培养学生的审美能力。

3. 通过多种体验与实践活动，营造宽松、愉悦的课堂氛围，引导学生充分感受自然之美、艺术之美，并从中感受到美术学习的快乐，培养学生表现美与创造美的能力。

画家徐悲鸿

教材来源：义务教育教科书《美术》第 10 册第 6 课

授课对象：小学五年级

设 计 者：崔芳（北京市顺义区牛栏山一中实验学校小学部）

一、指导思想与理论依据

（一）遵循美术课标中对于"欣赏·评述"领域的学习指导建议

美术课标中指出："学会从多角度欣赏与认识美术作品，逐步提高视觉感受、理解与评述能力。"我设计了好玩的课堂活动，使学生在有趣的活动中感受徐悲鸿作品的博大精深，在引导学生探究徐悲鸿作品的过程中感受其"中西合璧"的理念，在总结"欣赏·评述"技巧的过程中，引导学生深入理解徐悲鸿的伟大成就及贡献，在艺术实践中，引导学生灵活运用总结的技巧评述作品。

（二）以建构主义支架式学习理论为依据

维果斯基的支架式教学法强调："教师一步步为学生提供学习的线索，让学习者逐步发现和解决学习中的问题。" 因此本课利用任务驱动的形式并结合有趣的课堂活动，引导学生欣赏、对比、研究徐悲鸿的代表作品，搭建学生总结"欣赏·评述"技巧的脚手架，在学生具备了"欣赏·评述"技巧的前提下展开评述活动，使学习的过程转化为自主探究，创新能力培养，关注实际获得和提升美术核心素养的过程。

二、教学背景分析

（一）教学内容

本课通过描述、分析与讨论，感悟作品的艺术特点，用简单的美术术语，从多角度对美术作品的内容和形式进行分析，初步总结"欣赏·评述"作品的基本技巧。在深入探究作品表现技法的基础上，了解画家"古为今用、洋为中用"的创作风格。在欣赏评述《群马》《愚公移山》《田横五百士》等作品的过程中，深入理解画家的爱国情感和敏于思考、勤于探究的精神。

（二）在全套教材体系中的地位和作用

"画家徐悲鸿"一课具有衔接及升华的作用，它与四年级上册"画家齐白石"、五年级上册"国粹京剧"为一个系列。本课重在对徐悲鸿的经典代表作展开欣赏探究，在分析对比的过程中感受画家"中西合璧"的创作风格，在总结"欣赏·评述"技巧的过程中，大胆展开对作品的评述。在感受、分析、评述作品的过程中，进一步理解徐悲鸿的伟大成就及其艺术特点。

（三）学情分析

五年级下学期的学生可以用简单的美术语言对作品进行描述，但还不能用较专业系统的方法来评述作品，这就需要我们在课堂上给学生创造参与探索欣赏评述的机会。我校五年级的学生对徐悲鸿的马略知一二，而且很崇拜徐悲鸿画马的技法，本课可以从徐悲鸿的马入手结合一定的音频，激发学生的探索及欣赏感受兴趣。

（四）教学方式

讲授式、小组讨论式、游戏互动法、实践活动式

（五）教学手段

设计游戏"白板 PK 小游戏"，以合作竞赛模式导入，激发学生兴趣；利用白板软件特有的图片标注和放大功能引导学生欣赏徐悲鸿的代表作品；小组合作总结"四步评述"秘诀；利用微信语音及时反馈与分享成果；创设故事情境、设计小贺卡、"小小鉴赏家"等多种方式；设计小主持人随机抽取小贺卡进行展示互评，评价方式多元，关注到学生的全面发展和个性创新能力的培养。

（六）技术准备

希沃白板软件、网页版微信、希沃白板课件、小贺卡。

三、教学目标

（一）知识与技能

1. 了解徐悲鸿的生平，初步感受其作品的艺术风格；

2. 学习欣赏美术作品的方法，能用美术语言对徐悲鸿的作品进行描述，表达自己的感悟和理解。

（二）过程与方法

1. 通过视频欣赏、图片对比、小组讨论、游戏互动等多种教学方法，引导学生感受画家古为今用、洋为中用的艺术创作风格；

2.指导学生利用发现式、小组合作等学习方式感悟徐悲鸿作品的艺术魅力。

（三）情感态度与价值观

1.激发学生参与"欣赏·评述"活动的兴趣和对民族传统艺术的热爱之情，培养学生的爱国情感；

2.体会与他人合作、与人交流的乐趣，增强团队意识。

（四）教学重点

徐悲鸿的艺术成就、艺术特色，总结"欣赏·评述"小技巧。

（五）教学难点

能利用归纳总结的"四步评述"小技巧对作品进行欣赏评述。

四、教学过程

（一）游戏激趣，导入新课

1.教师：播放徐悲鸿生平视频，引导学生边看视频边完成学习单1的内容。

学生：边看视频边完成徐悲鸿生平小知识。

2.教师："白板PK小游戏"小组代表上台进行徐悲鸿生平相关知识的答题比赛，其他同学复核学习单内容是否填写准确。

学生：参与课前小游戏，复核答案。

3.教师：出示课题——画家徐悲鸿。

[设计意图]本环节主要通过PK小游戏来激发学生参与课堂的兴趣，复习徐悲鸿生平知识，集中学生注意力投入新知的学习，同时增强学生的审美判断能力。

（二）讲授新课

1. 利用白板特有的功能，在小组合作中探究"欣赏·评述"的方法

（1）教师：导入现实中群马的音频，引导学生说说自然界的群马给你怎样的第一印象。

学生：奔放、自由。

（2）教师（板书鉴赏步骤）：1. 第一印象

（3）教师：出示作品《前进》《群马》。请你以小组为单位结合学习单第2题，从画面的构图特点、主体特点、次主体特点三个方面来描述作品。1—4组描述《前进》，5—7组描述《群马》。

板书：2. 描述内容

学生：根据学习单上的提示和要求进行作品的描述。

教师：按组巡视辅导，利用微信语音功能将每组的评述成果进行收集。

利用微信语音功能展示每组的作品描述内容。

[设计意图] 小组合作分步学习"欣赏·探究"板块中评述作品的方法，分步解决本课的教学重点，增强学生的图像识读能力，利用微信语音展示成果，既节约时间，又引导学生尝试信息生活为我所用。

（4）教师：出示油画《马》、速写稿、《前进》，引导学生对比分析，这三幅作品给你怎样不同的感受？徐悲鸿的马是怎样将西方绘画技法融入到国画创作中的？

学生：西方的写实、透视、空间、结构。中国画的意境，用笔用墨。

（5）出示唐朝《游骑图》局部与《前

《马》油画

徐悲鸿速写稿

板书：3.风格特点

小结："洋为中用、古为今用"的创作理念。

进》做对比，引导学生分析：徐悲鸿的马与传统国画中的马有什么不同？说说徐悲鸿的马有什么特点？

学生：徐悲鸿的马是立体的、有透视感、有明暗对比，传统的马较平面化、注重笔墨。

［设计意图］通过对比分析，引导学生感受不同风格的表现方法，增强学生的图像识读能力和审美判断能力，加深理解"中西合璧"和"古为今用"的创作理念。

（6）教师：播放1937年历史背景的音频，引导学生结合作品的主题说说徐悲鸿通过画马表达了怎样的情感？

学生：体会画面中"自强不息、奋勇进取、爱国主义"情感。

教师（归纳并板书）：4.寓意情感

教师（小结）：与学生一起总结"四步欣赏评述"法口诀。

［设计意图］体会作者创作情感，"口诀法"便于学生理解和记忆。

2. 灵活运用多种教学方式，初步尝试欣赏评述作品，激发学习内驱力

（1）情景故事：请大家闭上眼睛，现在由老师带领大家来到徐悲鸿博物馆。老师来为大家讲讲《愚公移山》的创作故事。

教师：出示中国画作品《愚公移山》。

学生：静心聆听故事。

（2）教师：引导学生说说这幅作品的独特之处在哪里？

学生：大量的裸体形象。

《愚公移山》中国画 1940 长424CM 宽143CM

[设计意图] 以情景故事导入，使课堂氛围轻松愉悦，化解学生面对大量裸体的尴尬情绪，利于学生初步尝试评述活动的开展。

（3）用放大的局部裸体身体结构图和《愚公移山》局部做对比，引导学生分析画家是怎样将西方的速写、素描知识运用到自己的国画创作中的？

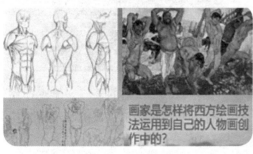

《愚公移山》局部

学生：西方绘画中的透视、骨骼、结构与中国画的白描相结合。

教师：引导学生根据学习单3中的提示，将本幅作品的评述内容讲给小组同学听。

学生：小组合作评述作品。

教师：小结"中西合璧、为我所用"的绘画创作理念。

　　[设计意图]进一步解决教学难点，引导学生将"中西合璧、为我所用"的创作理念进一步深入理解。

　　3. 师生协作解难答疑，争做小小鉴赏家

　　（1）教师：播放《田横五百士》视频，引导学生大致了解创作的历史背景和寓意。

　　学生：学生观看视频，了解《田横五百士》的历史故事及创作背景。

　　教师：画面中哪个是田横？画面怎样从人物造型、表情、色彩方面突出田横的？

　　学生：回答问题。

　　（2）教师：仔细观察田横和画面中人物的表情和动作，引导学生说出从哪里体现出"威武不能屈、贫富不能移"的气节？

　　学生：人物的表情坚定、自信，动作不同。

　　（3）教师：《风雨鸡鸣》结合它的主题，你觉得有哪些不合理的地方？表达了作者怎样的情感？

　　学生：大风雨的天气，雄鸡还站在石头上鸣叫，不畏风雨和艰难，抗战必胜。

　　（4）教师：小结"尽精微、致广大"的绘画创作理念。

　　[设计意图]师生一起解决教学难点，有利于学生鉴赏评述的顺利进行。帮助学生进一步理解作品寓意和作者创作情感，提升学生的文化理解力及创意实践能力。

（三）我是小小鉴赏家

1. 鉴赏内容及评述要求

（1）鉴赏内容

从《田横五百士》和《风雨鸡鸣》两幅作品中选择一幅进行鉴赏评述，完成鉴赏评述小贺卡。

（2）评述要求

提高表达能力及核心素养能力。

四、展示与评价

1. 我是鉴赏家

（1）自我评价：根据教师出示的评价量规进行自评。

①灵活运用本节课总结的"四步法"进行鉴赏评述作品；

②看谁对徐悲鸿的作品评述有自己独到的见解。

［设计意图］综合运用所学知识对作品进行鉴赏评述，学会与他人合作，

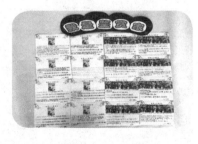

（2）同伴互评：小组成员交换评述小贺卡进行相互欣赏相互评价。

2. 抽签小游戏。

由主持人随意抽取粘贴于黑板上的小卡片，抽到的同学上台展示自己的评述小贺卡。

3. 教师评价。整体进行点评，对按照要求进行欣赏评述并书写认

真的同学进行表扬和展示，对存在的问题进行调整与指导。

4.学生：谈谈自己的体会或收获，自由发言。

［设计意图］运用学习评价策略，突出评价的综合性与发展性，体验成功的快乐，提高评价能力。

（五）课后拓展

教师：视频展示徐悲鸿的其他作品，激发学生参观徐悲鸿纪念馆的兴趣。

小结：　徐悲鸿纪念馆位于西城区新街口北大街，里面不仅有更多他的旷世奇作，而且还有丰厚的藏品，期待同学们走进展览馆，继续感受徐悲鸿作品中寄托的爱国情感，更希望你们具备"爱国、自强、创新"的核心素养。

［设计意图］引导学生走进徐悲鸿纪念馆，进一步了解他的更多作品和创作情感，关注学生核心素养的培养。

六、板书设计

七、学习效果评价设计

（一）评价方式

1.随堂评价：对学生美术活动中的表现进行及时评价

（1）学生是否对教学活动感兴趣；

（2）学生是否积极参与到学习当中；

（3）每个环节中的课程目标是否落实。

2.做问卷调查：根据学生欣赏评述的成果进行有针对性的自评与他评，了解学生掌握知识的情况

（1）学生是否掌握"四步欣赏评述"小秘诀；

（2）学生能否会运用"四步欣赏评述"小秘诀进行鉴赏评述作品；

（3）学生欣赏评述作品中是否能有自己独到的见解。

（二）评价量规

评价内容	成就指数
1.我能灵活运用总结的"四步评述"秘诀进行鉴赏评述作品。	
2.我能踏实认真地将评述内容写到鉴赏卡片上。	
3.我对徐悲鸿的作品有独到见解。	
4.我的学习过程感到愉悦。	

八、本教学设计与以往或其他教学设计相比的特点

1.重视"教与学的策略研究"，关注学生学法指导

本课结合高学段学生的特点，采用情感教学策略，如游戏激趣导入、小组合作、微信语音反馈、情景故事等有趣的课堂活动，集中学生的注意力，引导学生积极主动地进行欣赏评述方法的学习，突出了美术课堂的趣味性。

2.突出课堂趣味性，关注学生实际获得

为丰富学生的感性体验，我充分利用图片、白板的新奇功能及有吸引力的视频，更加关注和突出学生的感受和体验，引导学生在课前进行任务驱动，根据学习单任务自行查阅资料和关注身边对本课学习有用的材料。教学过程中设计有趣的游戏、合理利用微信语音功能、合理选取音频进行教学重难点的解决和突破。将课堂的大部分时间留给学生，留给小组合作。教师起到"引"和"导"的作用，更加关注学生的实际获得和欣赏感悟。

3.注重表现性评价，关注学生美术核心素养能力提升

在课堂评价展示环节，我采用学习评价策略，如语言评价、手势评价、自我评价、小组互评等评价方式，从学生回答问题情况、参与教学活动的积极性、小组合作情况以及最后的小贺卡展示等各个环节给予学生积极的、正确的评价。通过一系列行之有效的教学策略，学生的主动学习，实现了本课的教学目标，取得了很好的教学效果，同时注重提升学生的美术核心素养。

国粹——京剧

教材来源：义务教育教科书《美术》第 9 册第 19 课
授课对象：五年级学生
设 计 者：叶锦霞（北京顺义区教育研究和教师研修中心附属实验小学）

一、指导思想与理论依据

　　"国粹——京剧"属于"综合·探索"学习领域。本课以培养学生综合探索能力，热爱国粹京剧及中国传统文化的情感为指导思想。以《义务教育美术课程标准》为理论依据，引领学生从美术的视角全面探究京剧知识，通过观察、分析、欣赏、评述、合作探究等学习活动，提升学生的美术核心素养，逐步形成热爱中国优秀传统文化的价值观。

二、教学背景分析

　　（一）教学内容

　　本课的教学内容较多，开篇是对京剧的概念、特征和发展历史的简单概括，以及京剧的行当、戏楼、服装、道具、乐器等内容，必须认真研读、仔细揣摩教材中的每一幅图片、每一段文字，充分发挥教材的优势。让学生了解京剧，感受京剧方方面面与美术的联系，构建京剧文化知识，感受京剧艺术之美，宣传和弘扬国粹京剧，传承优秀传统文化。

　　（二）在全套教材体系中的地位和作用

　　本课与"京剧脸谱""京剧人物画"三课的教学内容，共同构成一个主题学习单元。在教材内容的设置上注重知识、技能的联系性与逻辑性。综观整个单元，从"国粹—— 京剧"中对京剧知识的综合探索、研究，拉开了培养学生热爱民族文化情感的帷幕，奏响了京剧主题"文化交流"活动的序曲，为后面两节"造型·表现"课程的学习奠定了知识基础。

　　（三）学情分析

　　五年级学生已经具备了通过多种渠道搜集资料和课前自学的能力、综合实践能力，团队合作意识；并掌握了多种形式的绘画技法，有一定的设计创意能力，具备较高的语言评述能力。通过课前的调查，发现学生对京剧的喜爱程度、京剧基本知识的了解参差不齐，有待进一步的深入探究。

（四）教学方式与教学手段

采取灵活多样的教学方法，以活动的方式贯穿整个教学过程，综合运用"小组合作""自主探究""综合实践"等教学方式。变教为学，引导学生积极参与学习活动，体验美术学习的乐趣，落实图像识读、审美判断、美术表现、创意实践、文化理解等学科核心素养。借助多媒体手段实施课堂教学，采用多元化的教学手段。

（五）技术准备

PPT 课件、图片、音视频、Pad 等互动媒体。

三、教学目标

（一）知识与技能

认识到京剧被誉为我国国粹的重要地位。了解京剧的历史、行当、服装、道具、乐器等一系列相关知识。体会京剧的方方面面都与美术存在着的密切关系。合作学习，以多种形式展示京剧文化，如手抄报、宣传画、儿童画等。

（二）过程与方法

引导学生通过多种形式、渠道综合探索京剧相关知识，体会京剧与美术之间的关系，提高观察、分析、欣赏、评述及综合探索能力。

（三）情感态度与价值观

认识到京剧被誉为我国国粹的重要地位，培养热爱国粹京剧及中国传统文化的情感。培养学生自主学习、合作探究的精神。

（四）教学重点

探索京剧相关知识，学习以手抄报、宣传画、儿童画等形式展示京剧的艺术魅力。

（五）教学难点

对京剧艺术的理解，体会京剧在方方面面与美术之间的密切联系。

四、教学过程

（一）课前准备

[设计意图] 了解学生已有戏曲知识情况。

教师：我国是一个戏剧大国，戏曲在我国有着悠久的历史，你知道哪些剧种？

学生：根据已有知识回答。

（二）创设情境，导入主题

[设计意图] 欣赏名剧选段，知识问答，发现知识误区，激发继续探究学习的兴趣，引出课题。

1. 教师：老师给大家带来一段戏曲，请你听一听是什么剧种？（播放视频《赤桑镇》）

请从以下剧种中选择正确答案：A. 黄梅戏 B. 评剧 C. 京剧 D. 豫剧

学生：欣赏视频，判断属于哪类剧种。

2. 游戏：快问快答！

（1）京剧是北京土生土长的戏曲吗？ A. 是 B. 不是

（2）京剧是中华优秀传统文化中一颗璀璨的明珠，京剧艺术表现的都是古代传统的故事题材吗？ A. 是 B. 不是

板书课题：国粹——京剧

小结：京剧被誉为国粹，让我们一起走进京剧艺术世界，领略它深厚的文化内涵。

（三）探究新知，感受京剧之美

1. 京剧的"前世今生"

[设计意图] 了解京剧的历史，感受京剧的传承与发展。

（1）京剧的起源

教师：在"快问快答"游戏中，同学们有不同的答案。谁才是正确的呢？现在我们通过一段小视频了解一下京剧的起源与发展。

学生：观看视频，获得游戏环节的正确答案。

小结：京剧并非北京土生土长的戏曲，而是清乾隆年间（1790 年），皇帝八十寿辰，安徽"四大徽班"进京演出，吸收了当时流行的多个剧种的长处

而形成的新剧种，迄今已有二百多年的历史。

（2）京剧的种类

教师：对比欣赏《霸王别姬》和《智取威虎山》选段。思考两者有什么区别？

学生：对比分析，小组讨论，总结不同之处，如服装、舞台、装扮等。

小结：这两段京剧分别是传统京剧和现代京剧，他们在题材、程式、服装、道具、唱腔、念白上都有不同。随着京剧艺术的发展，一些传统剧目得到了继承与发扬，如《秦香莲》《空城计》等，也涌现出一批优秀的现代京剧，如《红灯记》《智取威虎山》等深受观众欢迎。

（3）走向世界的京剧艺术

教师：京剧脸谱彩车行驶在法国巴黎街头。

学生：感受京剧文化的发展与传播。

小结：京剧成为一种中国文化符号，走出国门，受到越来越多外国朋友的喜爱。

2. 京剧的行当

[设计意图]培养学生自主探究、小组合作学习的意识。感受京剧行当的扮相美及人物的性格特征。

（1）探究京剧行当

教师：什么是京剧"行当"？京剧分哪些行当?

学生：结合课本内容，自主探究学习。

小结：京剧行当又称角色，主要分为生、旦、净、丑四大行当。

（2）分组探究

教师：根据课前查阅的资料，结合学习单中的阅读材料，进行分组探究。分析生、旦、净、丑四大行当中的角色细分及其特点。

一组：生　二组：旦　三组：净　四组：丑

学生：小组合作，总结行当划分及特点。

小结：根据学生的小组汇报进行补充。

"生"，即男子，饰演多种男性角色。与"净""丑"在装扮上的区别在于基本不画脸谱，称为"俊扮"。

"旦"，即女子，饰演所有女性角色。传统旦行仍由男性扮演，"四大名旦"梅兰芳、尚小云、程砚秋、荀慧生，艺绝当世，蜚声海外。

"净"，俗称"花脸"，以面部化妆运用各种色彩和图案勾勒脸谱为突出标志，饰演性格、气质、相貌上有特异之点的男性角色。

"丑"，因用白粉在鼻梁眼窝间勾画小块脸谱，俗称"小花脸"或"三花脸"，饰演喜剧性的男性角色。

（3）识别人物行当

教师：出示连线题，他们属于什么行当？

学生：根据所学知识进行角色判断。

3. 京剧的场面

［设计意图］使学生对京剧舞台艺术中的乐器有初步的了解。

（1）探究京剧"场面"

教师：何为京剧的"场面"？如何区分不同的"场面"？

学生：查阅资料，小组讨论。

小结：京剧的伴奏称为"场面"，按乐器的性能分为"文场"和"武场"。

（2）听音辨场面

教师：分别播放文场和武场的音频，请你听一听，猜一猜都有哪些乐器？

学生：聆听音频，辨别场景。

小结：文场的伴奏乐器主要有三大件，有京胡、京二胡、月琴。武场是以打击乐器为主，其中包括锣、镲、板鼓等。

4. 戏楼

［设计意图］感受京剧艺术中宫廷戏台的华丽及建筑特色。

教师：出示宫廷戏台和民间戏楼的图片，小组合作，完成以下探究内容。

（1）戏楼建筑样式有什么特点？

（2）运用了哪些装饰？

（3）宫廷戏台在色彩上有哪些美感？

学生：探究宫廷戏台和民间戏楼的不同。

小结：19世纪末到20世纪初，北京已是全国十分繁华的城市。京剧演出从皇宫和王府向民间发展。建筑样式不同的很多戏台、戏楼相继出现在皇宫、会馆、街巷等地方，为北京的建筑增添了新的形式。此为，京剧艺术的建筑美。

5. 京剧服饰、道具、脸谱、表演形式的艺术之美

［设计意图］小组合作，任务驱动探究京剧中的艺术美学，提高学生的审美判断、文化理解等核心素养。

教师：设计不同的主题，小组合作，探究Pad中的问题，结合课前搜集的资料，也可以上网查阅。

一组：探究服装

（1）京剧服装主要有哪些图案？

（2）在造型和色彩上有哪些特点？

（3）在舞台上有哪些美感？

学生：合作探究，说明装饰性花纹的特点，如花卉纹样、云纹、龙纹……

小结：京剧的服装色彩鲜艳、造型夸张，有丰富的图案，在舞台上光彩照人，艳丽华贵，令舞台熠熠生辉。

二组：探究道具

（1）你认识哪些道具？

（2）它们都有哪些图案？

（3）有哪些象征意义？

学生：一桌二椅、刀、剑、马鞭等及道具的寓意。

小结：京剧道具常用"写意"手法，室内主要以"一桌二椅"为主，骑马只用一根小马鞭作象征，各种道具都以生活中实物原形为基础而加以装饰、夸张和美化，显示出装饰美，并帮助演员动作的舞蹈化。此为，京剧艺术的舞台美。

三组：探究脸谱

（1）脸谱的色彩有什么特点？

（2）脸谱的线条有什么特点？

（3）你知道哪些脸谱的寓意？

学生：色彩对比鲜明，线条流畅柔美，用不同的色彩、图案寓意人物的性格品质。

小结：脸谱的美在于用夸张的线条和色彩画角色容貌。此为，京剧艺术的扮相美。

四组：探究表演形式

（1）京剧的五功是什么？

（2）京剧的五法是什么？

（3）请爱好京剧的同学，展示一小段京剧舞台表演。

学生：探究、汇报。五功：唱、念、做、打、舞。五法：手、眼、身、法、步。小组内会唱京剧的同学，为全班展示简短的京剧唱腔和舞台表演。

小结：演员通过唱、念、做、打、舞来刻画人物，叙演故事，表达人物"喜""怒""哀""乐""惊""恐""悲"的思想感情。"五法"是演员在舞台上展现戏曲意境和神韵的技法，手为势，眼为灵，身为主，法为源，步为根。此为，京剧艺术的唱腔美。

6. 京剧的美学

[设计意图]检验学习效果，总结京剧的美学特征，感受国粹京剧的艺术之美。

教师：京剧融文学、表演、音乐、唱腔、锣鼓、化妆等为一体的综合舞台艺术，将图片与美学特征相匹配。

学生：完成练习。

师（小结）：京剧的各方面与美术有着密切的联系，运用了美术的多种元素，使京剧大放光彩，被称为国粹。

表演形式美　　　　舞台道具　　　　服装美　　　　扮相美

（四）艺术实践

［设计意图］巩固所学知识，运用到艺术实践中，提升创意实践素养。

艺术综合实践背景：学校近期要举办一场"中德青少年儿童文化交流活动"。

实践内容：以小组为单位，整理自己搜集的图片、文字资料，以京剧为主题进行艺术创作，并在活动中向德国青少年介绍京剧。

实践形式：手抄报、宣传海报、宣传画、儿童画等。也可以用京剧表演的形式。

实践要求：图文并茂，可以使用中英文介绍。

学生：分工合作，完成实践任务。

教师辅导：个别辅导与集体辅导相结合。

（五）展示评价

［设计意图］展示学习成果，提高欣赏评述能力，在分享和评价中感受成功的喜悦。

教师：展示学生作品。

学生：介绍自己的作品，说出亮点。

互评：学生互相欣赏评述作品。

师评小结：从构图、色彩搭配、图文搭配、创意新颖等角度给予总结性评价。

（六）课后拓展

[设计意图]情感的升华，激发学生热爱国粹京剧，热爱中国传统文化的情感。

教师：出示课件，京剧造型元素在生活中的运用，如服装设计、包装设计、饰品设计、雕塑设计、邮票设计、纪念币设计，国际品牌在设计产品时使用的京剧符号。

教师：经过本课学习有哪些收获和感受，应该如何继承和发扬中华优秀传统文化？

学生：发表个人感受及收获。

五、学习效果评价设计

（一）评价方式

1.随堂评价

对学生参与学习活动的态度、完成情况、学习体验等方面及时进行评价，以鼓励性评价为主。

2.作业评价

进行自我评价与他评，了解学生掌握知识的情况；

（1）学生能否运用所学的京剧知识，宣传京剧文化；

（2）学生能否富有创意的表达方式进行创作；

（3）学生作品的内容、构图、版面设计、色彩搭配等是否内容充实、形式精美、图文并茂。

3. 课后评价

（1）通过交流，了解学生掌握知识的情况；

（2）问卷法，设置 3 个问题：你知道哪些经典的京剧唱段？京剧有哪些艺术之美？通过本课学习，你有哪些收获？

（二）评价量规

评价内容	很好	好	一般
1. 学生参与课堂活动积极性高，合作有实效。			
2. 学生能掌握京剧相关的基础知识。			
3. 学生能发现京剧中的艺术之美，感受京剧艺术魅力。			
4. 学生能用多种表现形式设计、宣传国粹京剧。			

六、本教学设计与以往或其他教学设计相比的特点

1. 注重文化的渗透

本课学习内容文化性较强，教学设计以活动贯穿始终，凸显京剧文化的丰富内涵，引导学生热爱中华优秀传统文化，提升艺术素养。

2. 以学生为主体，以任务为驱动

以学生为主体，教学过程凸显探究式学习方式，充分发挥学生的主观能动性和合作学习意识。引导学生利用一切可利用的方法，发掘一切可以发掘的资源，延伸课堂学习活动。在课前鼓励学生走访身边热爱京剧的亲友、收看戏曲频道的节目、查阅书籍，为课堂上的探究学习活动做好充分准备。

3. 整合各类资源优势

利用网络、音频、视频、图像资料等。结合 Pad 设备，辅助教学，充分发挥现代信息技术和网络资源的优势。借助学校"中德青少年儿童文化交流活动"的契机，调动学生创作的积极性，在文化交流展示的过程中，增强学生的民族自信和文化自信。

色彩滴染

教材来源：义务教育教科书《美术》第 5 册第 1 课

授课对象：小学三年级

设 计 者：李　京（北京市顺义区高丽营第二小学）

一、指导思想与理论依据

本课通过色彩滴染游戏，使学生在游戏中观察、探索、实验，体验色彩混合后的变化，认识红、黄、蓝是三原色，三原色中两种原色相混合就会形成橙、绿、紫三间色。认识这些色彩变化规律，并了解三原色是无法用其他颜色调和出来的，它们之间相互调和却可以产生出许许多多漂亮的颜色。激发学生探寻色彩奥秘的兴趣。学生通过自主探究学习，拓展出几种色彩滴染的表现方法，进而创造出美丽的滴染作品。培养学生的创新精神，体验造型表现的乐趣。

以美术学习活动方式加强综合性和探究性，根据学生的身心发展水平将课程活动进行一次推进、前后衔接的课程结构。

二、教学背景分析

（一）教学内容

本课属"造型·表现"学习领域，它与本册第 2 课"美丽的染纸"，第三课"四季如画"同属一个单元的色彩课。本课侧重于帮助学生掌握三原色、三间色的概念。探究各种滴染的效果，创作出美丽作品，感受色彩的魅力。

（二）在全套教材体系中的地位和作用

本课在编写中，既注重体现"造型·表现"的知识性，又注重体现了内容组织的趣味性、合理性。另外，在教材的设计上也凸显了学生自主学习、探究式学习方式。从而，力求让学生通过学习，体验造型活动的乐趣。激发学生敢于创新和表现，产生对美术学习的持久兴趣。

（三）学情分析

就色彩知识而言，一、二年级已经有所涉及，学生能够辨别出 12 种以上的颜色，而且在创作表现的过程中也始终在运用色彩。但本节课是进一步梳理学生对原有色彩的认知，把学生感性的色彩知识理性化。真正系统的学习色彩知识。

三、教学目标

（一）教学目标

1. 知识与技能

（1）知识

①通过学习明确红、黄、蓝是三原色，橙、绿、紫是三间色。

②明确两种原色相混合后的变化规律是：红色＋黄色＝橙色，黄色＋蓝色＝绿色；红色＋蓝色＝紫色。

（2）技能

运用书中提示或自己独创的色彩滴染方法创作美丽的作品。培养学生的观察能力、探究能力及创造能力。

2. 过程与方法

（1）通过自主探究学习，引发学生观察、思考、想象、自主探究并总结出三原色混合变化的规律。

（2）通过自主探究学习，拓展出几种色彩滴染的表现方法，进而创造出美丽的滴染作品，并把自己作品创作的方法及作品的题名介绍给同学们。

3. 情感、态度、价值观

（1）灵活多变教学的方法，激发学生的学习兴趣，从中体验造型表现的乐趣。

（2）在艺术实践活动中，发挥学生的个性，培养他们敢于创新与大胆表现。

（3）培养学生的自主探究意识与探究精神，进一步激发学生对色彩的兴趣，充分感受色彩的魅力。

（4）培养学生观察生活，热爱生活的情感。

（二）教学重点、难点

1. 教学重点

（1）运用不同的滴染方法进行创作，知道三原色、三间色的概念，了解三原色混合的变化规律；体验造型表现的乐趣。

（2）把自己创作作品的方法及作品的题名介绍给同学们。

2.教学难点

（1）运用不同的滴染方法有效地控制画面效果。

（2）能够独创出新的滴染的表现方法。

四、教学过程

教学环节	教师活动	学生活动	教学意图
"变魔术"导入	1.师：同学们，你们都喜欢看魔术表演吗？我给你们变个魔术，这里有一张薄薄的纸，附在一张图画纸上（用背板挡住），10秒钟，我将完成一件美术作品，你们信吗？ 2.教师：10秒钟快速滴染一幅作品。	学生：回答 思考 学生：数倒计时…… 欣赏	针对学生好奇心强的特点，运用"变魔术"的形式，激发学生的学习兴趣。
揭谜底	1.师：展示作品.你们有没有猜出这个魔术的秘密呢？ 2.师：这与我们平时的绘画创作有什么不同呢？ 3.老师使用的这种薄薄的纸是什么纸？你们知道它的特性吗？	1.学生思考回答。 2.学：平时是用笔画出来的，这件作品是用颜色滴出来的。 3.学生回答生宣纸 生宣纸的吸水性很强，当彩色墨水滴到这生宣纸上的时候，颜色很快渗透，被纸吸收，所以，老师能很快地完成一幅作品。	培养学生的观察与思考能力，了解生宣纸的特性。
讲授新课	1.师：你们想不想玩儿这个滴染游戏啊？ 2.我们今天就学习"色彩滴染"这一课。通过色彩滴染游戏了解有关色彩知识。 3.出示课题"色彩滴染"	回答 聆听	激发学生的学习兴趣。明确学习内容。
初步体验并探究	1.师：老师给你们准备了宣纸，你们想试试吗？给你们几分钟的时间用红、黄、蓝三种颜色滴染一幅作品，进行体验。 2.把你们的作品举起来展示一下。	1.学生：初步体验。 2.学生展示作品，相互观摩。	初步体验，实践中产生色彩的奇妙效果，为下一步探究做铺垫。

教学环节	教师活动	学生活动	教学意图
发现问题	1. 师：刚才我们染的时候，用了几种颜色？ 2. 师：黑板前出示——红、黄、蓝色块。 3. 教师展示身边学生的作品：可是，我却从同学们的作品中发现了绿颜色……（黑板上展示绿色块）。 4. 你们是不是也发现这种情况？你们还发现了哪些新颜色了？（黑板上展示——橙色、紫色的色块） 5. 师：这是怎么回事？这些奇妙的效果是怎样产生的？回忆一下你们的操作过程，小组讨论说一说——	学生回答：三种，红、黄、蓝。 思考 观察 分析 学生观察 思考 学生汇报： 1. 红色和黄色碰到了一起就变成了橙色。 2. 黄色和蓝色碰在了一起就变成了绿色。 3. 红色与蓝色相混就成了紫色。 4. 三个颜色混合在一起，就变成了黑色。	培养学生的观察能力及发现问题的能力。 培养学生分析问题，解决问题的能力。 激发学生的求知欲望。
师生通过实验共同探究色彩变化的规律	1. 教师：是如同你们所说的那样吗？ 这样，我们来做一个小实验，验证一下吧…… 2. 教师用透明的玻璃杯（为了方便学生观察颜色的变化，后面用白色的背板衬托）里面滴上黄颜色的墨水呈现出透明的黄色水，在此基础上用蓝色的墨水慢慢地滴入……用小勺搅拌，引导学生观察。 3. 如果我们再加多一些蓝色，你们看颜色还会有哪些变化呢？ 总结：颜色的用量不同，会关系到颜色的深浅变化。 从这个小实验中，你们能总结出色彩的变化吗？ 教师板书： 黄＋蓝＝绿 老师做的这个小实验成功了。 4. 接下来请学生到前面来继续做"实验"来验证色彩的奇妙变化吧。 板书：红＋黄＝橙 板书：蓝＋红＝紫	1. 观察教师的实验 分析 回答 2. 观察玻璃杯里面的颜色由黄色到绿色的变化的过程。 回答色彩的变化，变成了绿色。 3. 观察 回答：绿颜色越来越深了。 学生总结 黄＋蓝＝绿 请两位学生到前面做小实验—— 总结：红色和黄色碰到了一起就变成了橙色。 红＋黄＝橙 在透明的玻璃杯里面滴上蓝颜色的墨水呈现出透明的蓝色水，在此基础上用红色墨水慢慢滴入，小勺搅拌，呈现出紫色。 总结：红色和蓝色碰到了一起就变成了紫色。 蓝＋红＝紫	培养学生善于观察、勤于思考的好学风。 认识三原色。了解三原色的调配方法，体验配色的快乐。 培养学生合作学习能力和探究实验的能力。 激发学生的好奇心。 在观察、思考、分析、体验过程中，培养学生观察能力及概括的能力。 通过实践总结出滴染的方法，在介绍实验过程中，找出滴染规律。

教学环节	教师活动	学生活动	教学意图
师生通过实验共同探究色彩变化的规律	1.师总结：通过小实验让我们了解到： 红＋黄＝橙 黄＋蓝＝绿 红＋蓝＝紫 2.教师：看来这神奇的红黄蓝还是挺重要的颜色呢！它们到底是谁呢？我们看看教材上的小知识告诉我们什么了…… 教师板书： 三原色　三间色	学生汇报 红＋黄＝橙 黄＋蓝＝绿 红＋蓝＝紫 2.欣赏教材 齐读：在色彩世界里，红、黄、蓝被称为三原色，橙、绿、紫被称为三间色。	培养学生善于观察，勤于思考的好学风。 激发学生的求知欲，保持可贵的好奇心与创造天性。
做教材中的小练习	教师：通过我们的初次的滴染体验以及小实验，我们了解到两种原色相混合会产生奇妙的色彩变化。教材中"我的发现"左边的小方框里该填什么颜色呢？	学生做教材中的小练习。 红＋黄＝橙 黄＋蓝＝绿 红＋蓝＝紫	巩固新知识，了解色彩知识的相关概念。
加深对三原色的认识	展示课件： 在我们生活中到处都能看到三原色。自然界的花鸟鱼虫，动物的皮毛、衣饰、商品包装……这些为我们的生活增添了绚丽的色彩。 许多画家也非常喜欢这些颜色，我们看，他们用三原色创作的作品，这些作品给你们怎样的感受呢？ 师：希望同学们在今后的学习中试着用这些颜色表现你们的作品一定会收到同样的效果。	欣赏 思考 感悟 学生：色彩鲜艳 对比强烈	了解美术与现实生活紧密相连。 使学生感悟："让生活走进美术，让美术表现生活"。 提高学生的艺术素养。
欣赏美丽的滴染作品	教师展示课件：用三原色创作的滴染作品又带给我们哪些感受呢？	欣赏 思考 谈感受：这些作品有一种奇妙的效果，让我们产生无限的联想……	通过欣赏图片开阔学生视野，激发灵感，启迪智慧，拓展学生认知范围，增强创新意识。
教师演示	1.教师演示：用白色的垫板（方便学生观察色彩的变化）上面附上一张生宣纸，用红、黄、蓝彩色墨水进行滴染，尽量染出两种原色碰出间色的效果，引导学生欣赏。 2.展示作品 同学们，老师的作品效果怎么样？ 这幅作品让你联想到什么？你能帮助老师给它起个好听的名字吗？	欣赏 思考 了解用生宣纸滴染的方法。 观察色彩在生宣纸上发生的变化（纹理效果）。 欣赏 评价 思考 回答 给老师作品命名	丰富学生的感性材料。形成基本的造型能力。 引发学生产生联想，发挥他们的想象力。

教学环节	教师活动	学生活动	教学意图
探究运用玻璃板滴染的方法	1. 教师：刚才我们是用吸水的生宣纸创作的滴染作品。那么，不吸水的纸怎样滴染，会呈现出怎样的艺术效果呢？ 2. 组织学生欣赏教材中的用玻璃板滴染的步骤。 请一位学生到实物投影仪前尝试，教师给予指导。 教师强调注意事项：滴在玻璃板上的彩色墨水不要太多，颜色之间要有一定的距离。把不吸水的白纸附在上面，翻过来透过玻璃板观察，操作时可以用手推动颜色使原色碰在一起观察它们的变化。	聆听 思考 欣赏 欣赏教材中的用玻璃板滴染的步骤。 探究 学生到实物投影仪前尝试。	在了解新的滴染方法的同时，引发学生重视在实践过程中，从方法、材料、技能等方面大胆创新与表现。
合作探究 引发学生的思考	组织学生欣赏教材中的教师范作，说一说三幅作品是怎样创作出来的？ 组织学生进行探究 教师补充：《海岛》是借助于特殊材料（盐、洗衣粉或洗涤灵）在生宣纸上滴染的。大家也可以大胆的尝试。 除了这些滴染的方法，你还想到什么样的滴染方法呢？	学生合作探究 用的什么方法进行滴染的？ 用的什么材料（纸张） 回答 《火焰》是借助玻璃板进行滴染的《梦幻》是用生宣纸滴染而创作的。 思考	培养学生的发现问题和解决问题的能力。 拓展学生的视野，丰富他们的感知经验。 启发学生想象，鼓励他们大胆创新、并敢于尝试表现。
艺术实践	1. 布置作业：运用滴染的方法将原色混合，以拼贴画的形式小组完成一幅滴染作品。 2. 教师巡视辅导： （1）鼓励敢于创新，大胆表现的学生。 （2）提示学生要注意个人及环境卫生。	聆听 艺术实践活动 1. 滴色要适量。 2. 色彩之间的距离要适当。 3. 染色时注意颜色的渗透，观察色彩的变化。 4. 尝试滴染的不同方法。	培养学生的表现能力及创造能力。体验造型活动的乐趣。
教学评价	组织学生展示作品 1. 让学生说一说自己的作品是用什么方法滴染的？ 你有什么发现？ 2. 说说作品的名字 3. 学习本课后你有什么收获？	学生将自己的作品展示到展板前。 自评：谈一谈自己的收获。学到了哪些色彩知识。 1. 认识了三原色、三间色。知道两种原色加在一起形成新的颜色。	鼓励学生大胆的展现自我，增强自信心。 培养学生创新思维能力。 在欣赏中感受作品的色彩美，体验成功的喜悦。

续表

教学环节	教师活动	学生活动	教学意图
教学评价	4. 及时鼓励敢于创新、大胆表现的学生。 5. 鼓励学生说一说 谁做的滴染作品最好看，谁的方法有创新？	红 + 黄 = 橙 黄 + 蓝 = 绿 红 + 蓝 = 紫 学会了几种用滴染方法表现的美术作品。 4. 说一说谁做的滴染作品最好看。	巩固本课所学习的内容。
知识拓展 欣赏画家的作品	1. 今天我们学习了色彩知识，了解到三原色，知道两个原色碰在一起，就会形成新的颜色。 另外，我还要告诉你们一个小秘密：红、黄、蓝三原色是无法用其他颜色调和出来的，而它们之间相互调和却可以产生出许许多多漂亮的颜色。 2. 教师小结 课件展示：画家吴冠中先生的作品、画家波洛克的作品等。	学生欣赏 聆听 思考	开阔学生的眼界，拓展学生的思维。激发学生对新材料、新工具、新手段、新技法的探究欲望。
欣赏生活中的滴染物品	教师：其实这种滴染所产生的奇妙效果，还可以运用到我们的生活中。 展示生活中的滴染图片。（丝巾、装饰布）鼓励学生在今后的生活中，勤于观察、善于思考，用美丽的色彩挥洒出绚丽多彩的美丽画面。	欣赏 感悟	让学生感受生活中的美，培养学生发现美、创作美的能力。

五、学习效果评价设计

1. 随堂评价

对学生美术活动中的表现进行及时评价：

（1）学生是否认真听讲，回答的问题是否切题。

（2）学生是否能够按照老师要求做出相应滴染效果。

2. 作业评价

根据学生艺术实践的作品有针对性地进行自我评价与他评，了解学生掌握知识的情况：

（1）学生能否正确运用工具。

（2）学生能否恰当运用工具表现滴染效果。

（3）学生的作品是怎样用工具达到这样的效果的。

3. 评价体系

以小组为单位进行评价，对于回答正确、表现有求的小组奖以小印章。

课堂结束后各小组进行评比，小印章多者胜出并给予拼插玩具的奖励。

六、本教学设计与以往或其他教学设计相比的特点

1. 知识学习由浅入深、层次分明

本课是知识与技能较强的课，为了让学生更好地掌握新知，我在学习的处理上利用观察、辨别、尝试等方法，采用先学习一个动作人物的方法，再学习几个动作人物的表现方法进而添加相应的背景解决构图的知识等这一系列的学习活动，由浅入深，层层递进符合学生的认知规律与年龄特点，取得了较好的教学效果。

2. 将学生是课堂的主人发放在第一位

本课中将学生放在第一位，时时刻刻以学生为主，充分地让学生动手让孩子们充分感受学习的乐趣。课堂中孩子多次动手感受色彩融合后的效果，多次用工具感受滴染的神奇效果。无论是向瓶子里滴水还是运用瓶盖、牙刷还是纸、水等都是让学生们动手的。

运动场上

教材来源：义务教育教科书《美术》第8册第9课
授课对象：小学四年级
设 计 者：孔繁滨（北京市顺义区仓上小学）

一、指导思想与理论依据

"运动场上"属于"造型·表现"学习领域。以培养学生热爱运动，加强美术课程与学生生活经验的联系为指导思想，以《义务教育美术课程标准》为理论依据，注重教学活动的综合性与探究性，运用多种形式表现学生的所见所闻、所感所想，培养造型表现能力和创造能力。

二、教学背景分析

（一）教材分析

通过回顾上节课"精彩的瞬间"的学习内容并利用拍摄的运动照片，让学生通过多种形式表现运动场面的造型艺术实践，进而提高学生的造型表现能力。针对本课的学习内容与学生生活联系紧密、表现形式丰富多样的特点，运用合作学习、探究学习等形式，进行自主探究和大胆表现，并培养学生热爱运动、关注体育事业的情怀。

（二）在全套教材体系中的地位和作用

本课与前面的"精彩的瞬间"及后面的"我的老师"构成一个单元，本课是在摄影基础上，运用多种表现形式表现激烈的运动场面，侧重于多个人物的动态表现，而"我的老师"则侧重于单个形象的神态表现，因此本课具有承上启下的桥梁作用。

（三）学生情况分析

四年级的学生已经学习了多种表现形式，如泥塑、剪纸、水粉、刮画等，为本课的丰富表现奠定了基础；再有四年级的学生也了解了一些简单的人物动态的画法，具有一定的观察能力和造型能力，但较准确的表现运动中的人物动态仍有一定的难度。因此，运动中人物动态的表现仍是本课的重要学习内容，需要教师加强演示和辅导。

（四）教学方式与教学手段

主要采用自主探究和小组合作的学习方式，在教师的引导下进行主动地、个性化地学习。

（五）技术准备

实物投影、PPT课件、图片、视频等。

三、教学目标

（一）知识与技能

1. 初步了解人物运动时的动态特征，感受动态之美；

2. 运用不同的表现方法，生动地表现运动场面。

（二）过程与方法

1. 通过分析人物的动态，掌握人物运动时的动态特点，生动细致的刻画人物动态；

2. 通过巧妙的安排构图，表现生动的运动场景。

（三）情感态度与价值观

1. 学生选择适合自己的表现方式进行创作，培养学生自主学习、合作探究的精神；

2. 在创作中感受运动的魅力，培养学生热爱运动、关注体育事业的情怀。

（四）教学重点

运用多种表现形式表现运动场上激烈、动感的画面。

（五）教学难点

人物动作生动且构图美观。

四、教学过程

（一）情境导入

［设计意图］创设音乐情境，让学生回忆运动场上的情景，调动学生的已有经验。利用上节课"精彩的瞬间"的照片与绘画人物连线，初步感知运动中的人物动态特点，激发学生的兴趣。

1. 教师：播放音频《运动员进行曲》："听着这个熟悉的乐曲，它让你联想到什么样的场景？"

学生回答。

2.教师出示四幅上节课学生的摄影作品与相应的绘画人物动态：将相同的动态连在一起，说一说它们相同和不同的地方。

3.学生：连线并回答问题。

教师：小结并板书课题——《运动场上》

（二）探究新知

1.学习一个运动人物的画法

[设计意图]学会用易接受的方法表现运动中的人物，培养学生的观察与造型表现能力

（1）教师：课件出示摄影作品与绘画作品，提问：观察、比较，人物形象有什么不同？

学生：欣赏，自由发言。

（2）教师小结：表现人物动态时要运用概括、夸张的方法，去掉不必要的部分，如衣褶等。下面教师教大家两种表现方法：

方法一：骨式法与双勾法

a.教师利用课件演示：在图片上闪动人物动态骨式，用线条表示躯干和四肢，这种方法叫骨式法。

b.教师板演：利用骨式法抓住动态特点，在此基础上进行完善，用双勾法使形象更加丰满。

c.学生练习：请学生在准备好的动态图片上勾画相应的动态骨式。

教师巡视指导。

方法二：四肢变化法

a.学生小组尝试，运用活动模型拼摆人物动态。

b.教师利用模型演示几种人物动态，要强调四肢的变

化要协调。

2. 表现多个人运动应注意的问题

［设计意图］明确多个人物的表现方法，注意主次及空间关系，培养学生的艺术感受能力和审美能力。

（1）遮挡关系的处理

教师演示：以跑步为例，在画好的一个人物的后面添加一两个人物，强调人物的遮挡及大小，突出空间关系。

学生：观察、学习。

（2）突出主要人物

教师：出示正反两幅范画，提问：哪幅作品的主体更突出？为什么？

学生：观察、分析，自由回答。

教师小结：主体人物细致刻画，色彩丰富，背景人物简单，概括。

3. 场景环境的表现方法

［设计意图］组织画面，使运动场景更丰富、生动。

（1）添加适当的背景，如跑道、草坪、观众等。

（2）主体与背景的色彩搭配：通过作品分析，让学生了解主体色彩要丰富、鲜明，背景要单一。

4. 学习用多种表现形式表现运动场景

［设计意图］这是本课的另一个重点知识，我采用合作探究的学习方式，

让学生分析不同表现形式的艺术作品，从中分析出所用媒材及表现方法，为学生的创作奠定基础。

（1）教师：出示各种方法表现的作品，请小组选择自己喜欢的作品进行分析和探究。

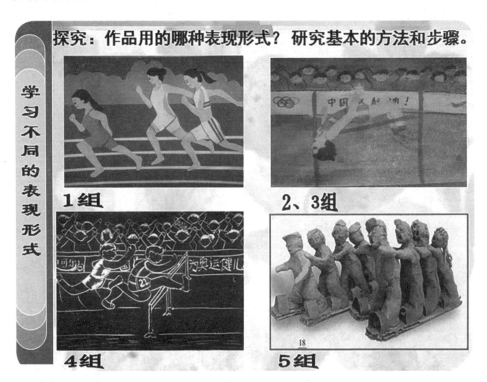

①作品表现的运动场面是什么？人物有哪些动态特点？

②用的哪种表现形式？需要什么工具和材料？

③研究基本的表现方法和步骤。

④在构图上是如何突出主体形象的？

学生：选择本组感兴趣的作品进行分析与探究。

教师：参与学生的探究，及时了解学生活动的情况，有针对性的进行启发和点拨。

（2）学生：小组代表汇报本组探究结果。

教师：结合学生回答，运用课件强调注意事项：

①泥塑作品：先整体在细部刻画，形象简练、概括、夸张。

②纸贴作品：注意人物各部分的衔接与色彩搭配。

③色彩作品：可以选择水彩笔、油画棒、水粉等工具，还可以用油水分离法表现。

④线描作品：可以用速写方式简单画出形象，动态夸张、概括；还可以用刮画的形式表现。

5. 欣赏书中作品

［设计意图］激发学生的表现欲望，拓宽学生思路。

欣赏要求：作品是用什么形式表现的，主体是如何突出的？

学生欣赏，小组交流。

（三）艺术实践

［设计意图］发展学生的个性，培养学生的造型能力。

实践内容：参考上节课拍摄的运动照片，选择自己喜欢的实践形式，表现运动场面。

实践形式：

实践一：泥塑组 实践二：线描组 实践三：色彩组 实践四：纸贴组

实践要求：

1. 人物动态生动，特点突出。

2. 构图饱满，主体突出，背景简练。

3. 色彩搭配美观，突出主要形象。

教师辅导：个别辅导与集体辅导相结合。

（四）作品展示与评价

［设计意图］突出评价的综合性，多角度评价学生的作品，促进学生的发展，体验成功的快乐。

1. 各组展示自己的作品，生生互评，说一说自己表现的是什么场景，用的什么表现形式。

2. 自评：介绍作品中最生动的地方，并说一说自己的体会。

3. 师评：结合教学目标，从作品人物的动态、构图和表现形式及色彩和创意等方面进行综合评价。

（五）课后拓展

［设计意图］情感的升华，培养学生热爱运动、关注体育事业的情怀，激发学生的爱国情感。

教师：用课件展示竞技场上的精彩场面，进而欣赏大师的作品。

五、学习效果评价设计

（一）评价方式

1. 随堂评价

对学生美术活动中的表现进行即时评价。

（1）学生是否对教学活动感兴趣；

（2）学生是否积极参与到合作学习当中；

2. 作业评价

根据学生艺术实践的作品有针对性地进行自我评价与他评，了解学生掌握知识的情况。

（1）学生能否表现出生动的人物动态；

（2）学生能否恰当运用多种表现形式进行创作；

（3）学生的作品构图是否合理，画面是否美观。

3. 课后评价

（1）通过与学生的交流，了解学生掌握知识的情况

（2）采用问卷法，设置3个问题：运动中人物动态有什么特点？如何突出运动场面中的主体？通过本课学习，你有哪些收获？

（二）评价量规

评价内容	很好	好	一般
1.学生参与课堂活动积极性高，合作有实效。			
2.学生能表现出生动的人物动态。			
3.学生采用的方法丰富、恰当。			
4.画面构图饱满、美观。			

六、本教学设计与以往或其他教学设计相比的特点

1. 知识学习由浅入深、层次分明

本课体现出较强的知识性与技能性，为了让学生更好地掌握新知，我在学

习的处理上利用观察、辨别、尝试等方法，采用先学习一个动作人物的方法，再学习几个动作人物的表现方法，进而添加相应的背景解决构图的知识等这一系列的学习活动，由浅入深，层层递进，符合学生的认知规律与年龄特点，取得了较好的教学效果。

2. 采用合作探究的方法解决本课的重点内容

利用不同的表现方法表现运动场景是本课的一个重点，为了能让学生在有限的时间内了解到不同表现技法，我在教学中采用小组合作探究的方法进行。在反馈交流、教师总结中，学生的资源达到共享，突出了本课的重点。

3. 利用活动人形解决人物动态规律

人物动态规律是本课的难点，我采用自制的活动人形教具，以直观形象并加以演示的方式解决，学生很容易掌握该难点，为学生表现人物形态打下良好的基础。

雪花飘飘

教材来源：义务教育教科书《美术》第 3 册第 10 课
授课对象：二年级学生
设 计 者：张明珠（北京市顺义区仓上小学）

一、指导思想与理论依据

"雪花飘飘"属于"造型·表现"学习领域。以培养学生热爱大自然赋予的美，加强美术课程与学生生活经验的联系为指导思想，以《义务教育美术课程标准》为理论依据，注重教学活动的创造性与探究性，运用多种形式表现学生的所见所闻、所感所想，培养造型表现能力和创造能力。

二、教学背景分析

（一）教学内容

本课既注重了学生学习活动方法的游戏性，又注重了学生学习过程的愉悦性和体验性。本课紧密围绕"雪花"这一主题，在感受雪花精美的同时，探究雪花的外形特点，培养学生的探索精神。本课我遵循"教为主导、学为主体"的教学思想，从学生兴趣入手，运用信息技术手段，通过大量的可视形象促进知识迁移。主要采用合作、探究等学习方式，通过看一看、说一说、撕一撕、贴一贴、折一折、剪一剪、评一评等活动形式，在情趣中激发学生的想象力和创造力，提高造型表现能力，激发创作热情。

（二）在全套教材体系中的地位和作用

学生在一年级下册学习过"撕纸真有趣"，已经会用撕纸的方法表现动物特征，二年级下册还会学习"百变团花"。本课的学习既要在"撕纸真有趣"的基础上继续探究用撕纸的方法制作雪花，又要侧重引导学生了解、表现雪花外形特点，尝试用剪纸的方法，表现雪花飘飘的场景，为以后学习"百变团花"打下基础。因此本课具有承上启下的桥梁作用。

（三）学情分析

学生在一年级下册学习过"撕纸真有趣"，已经会用撕纸的方法表现动物特征，对撕纸画有一定的基础。但折、剪对学生来说相对困难，需要重点教授过程。

（四）教学方式与教学手段

主要采用自主探究和小组合作的学习方式，在教师的引导下主动地、富有个性地学习。

（五）技术准备

实物投影、PPT课件、图片、视频等。

三、教学目标

（一）知识与技能

1.了解雪花的外形特点，感受雪花的美。

2.学习运用折、剪的方法创作雪花，表现雪花飘飘的场景。

（二）过程与方法

1.在引导学生体验、探究的过程中，培养他们观察、分析事物的能力以及探索精神；

2.通过学生小组合作学习和小组间的交流互动，培养学生的团结协作精神以及语言表达、聆听与交流的能力。

（三）情感态度与价值观

1.引导学生体验雪花的美感，培养他们认真观察生活的习惯、热爱生活的情感和美化生活的意识；

2.在小组合作的学习活动中，培养学生团结协作的群体意识。

（四）教学重点

感受雪花的美，学习表现雪花的方法。

（五）教学难点

折、剪雪花的方法。

四、教学过程

（一）情境导入

［设计意图］创设音乐情境，让学生联想下雪的场景，激发学生兴趣。

教师（播放音频《雪孩子》）：老师给你们带来了一首非常优美的歌曲，请你闭上眼睛静静地欣赏，告诉老师，你们听到了什么？

学生：回答问题。

教师（小结并板书课题——《雪花飘飘》）：下雪非常的美丽。这节课就让我们一起来营造雪花飘飘的世界！

（二）探究新知

1. 学习手撕画

[设计意图] 学会用手撕的方法表现雪花，培养学生的观察与动手造型能力。

（1）教师：出示手撕雪花的作品，观察雪花的样子，找出与花朵的相同之处。

学生：欣赏，自由发言。

教师小结：①引出雪花结构——花心花瓣；

②引出做法——手撕画。

2. 探究手撕画的方法、营造雪花氛围

[设计意图] 激发学生的表现欲望，拓宽学生思路。

教师：提问，手撕画的步骤是什么？

学生：打开课本，探究手撕雪花的做法并动手尝试。1分钟时间，学生撕出雪花瓣，两个学生一组，拼、粘贴，进行作品展示；

（教师巡视指导）

3. 使用折剪的方式创作雪花作品

[设计意图] 这是本课的一个重难点，折纸部分采取直接教授的方法。设计花纹部分运用合作探究的学习方式，让学生观察不同纹样的雪花作品，学习表现方法，为学生的创作奠定基础。

（1）第一步，折纸

教师（出示剪纸作品雪花，引发学生兴趣）：看老师这儿又飘来了一朵雪花，你们知道这幅作品什么怎么做出来的吗？

学生：回答问题——折剪。

教师：教授折纸方法，学生跟做。

（2）第二步，设计花纹

①观察雪花纹样

教师：出示剪纸作品雪花；

（A）以点为主　　　　（B）以线为主　　　　（C）点线结合

学生：观察、学习，并回答问题。

②设计雪花纹样

教师：播放视频，欣赏雪花的千姿百态。提出观看要求：仔细观看，并画下视频中任意一朵雪花的样子。

学生：1分钟时间，学生画雪花。

教师：展示学生作品，并评价。

教师：提出问题——如何将手绘雪花演变成剪纸作品呢？

学生：思考并回答问题。

教师：一遍示范一边讲解，只需把雪花其中一瓣的一半画在纸上。引导如何运用点、线面设计出新颖的雪花。

学生：欣赏剪纸雪花作品，将之前画下的雪花进行改进，设计在折纸上。

（三）艺术实践

[设计意图]发展学生的个性，培养学生的造型能力及合作精神。

1.一、二、三、四组做雪花头饰。

2.五、六、七组对折剪雪花，贴在黑板上。

教师辅导：个别辅导与集体辅导相结合。

（四）作品讲评

［设计意图］突出评价的综合性，多角度评价学生的作品，促进学生的发展，体验成功的快乐。

1.各组展示自己的作品，生生互评，说一说自己用的什么表现形式？

2.自评：介绍制作过程中让自己印象最深刻的地方，并说一说自己的体会。

3.师评：结合教学目标，从作品的花纹、色彩和创意等方面进行综合评价。

（五）课后拓展

［设计意图］情感的升华，培养学生拥有一双发现美的眼睛，激发学生发现身边的美。

教师：课件出示油画、国画、水粉、油画棒等雪景绘画作品，重点出示韦尔申的作品《我的冬天》，欣赏雪景的另外一种形式，感受美，引出第二课时。

五、学习效果评价设计

（一）评价方式

1.随堂评价

对学生美术活动中的表现进行及时评价：

（1）学生是否对教学活动感兴趣；

（2）学生是否积极地参与到合作学习当中。

2.作业评价

根据学生艺术实践的作品有针对性地进行自我评价与他评，了解学生掌握知识的情况：

（1）学生能否设计出新颖独特的雪花瓣；

（2）学生能表现完整的表现出六瓣雪花。

3.课后评价

（1）通过与学生的交流，了解学生掌握知识的情况；

（2）采用问卷法，设置3个问题：雪花有什么样的特点？如何将你设计的纹样画在折纸作品上？通过本课学习，你有哪些收获？

（二）评价量规

评价内容	很好	好	一般
1.学生参与课堂活动积极性高，合作有实效。			
2.学生能独立设计出雪花的纹样。			
3.学生采用的方法丰富、恰当。			
4.学生能表现完整的六瓣雪花。			

六、本教学设计与以往或其他教学设计相比的特点

本教学设计突出了趣味性和实践性，学生通过看一看、说一说、撕一撕、贴一贴、折一折、剪一剪、评一评等活动形式，在情趣中激发学生的想象力和创造力，提高造型表现能力，激发创作热情。

1.采用多种形式，激发学习兴趣

课堂伊始，我播放《雪孩子》音乐，优美的音乐把学生一下子带入到下雪的情景中去。紧接着，让学生自己去探索手撕雪花的做法，拼贴出雪花，从中发现规律，寻找乐趣。折剪雪花对学生来说是一个难点，所以我选用了直接教授的方法。在设计雪花的环节，首先让学生观察雪花，通过看视频、观察折纸雪花，让学生发现雪花的样子是千姿百态的，可以通过点、线、面去表现雪花的样子，在实践活动中，采用自己探索，学生积极主动地完成对本课知识点的掌握。

2.加强体验教学，突出学生主体

美术课堂的基本理念就是实践性和愉悦性。本节课，我加强了学生活动，通过撕一撕、拼一拼：了解雪花的结构，自己探索雪花的做法；看一看：欣赏视频，了解雪花的千姿百态；说一说：课前搜集的雪花的知识；画一画：学生尝试用点、线、点线结合的方法；剪一剪：用对折剪的方法，剪出雪花的花瓣；评一评：互评、自己学生作业等方式，调动学生全员参与，加强了学生多种感官的体验，使学生积极主动的学习，并在学习中体验成功的快乐。

有趣的刮画

教材来源：义务教育教科书《美术》第 3 册第 2 课

授课对象：小学二年级

设 计 者：张春娟（北京市顺义区建新小学）

一、指导思想与理论依据

本课以让美术与学生生活的联系为指导思想，确立学生的主体地位，创设生活情境，通过学生身边能够找到的媒材，体验造型活动的乐趣。

依据建构主义关于儿童认知发展理论及《义务教育美术课程标准》，本设计注重低年级教学活动的情景性、趣味性与体验性，运用多种媒材，培养学生的创造能力和动手能力，提高美术课堂实效性。

二、教学背景分析

（一）教学内容

本课属"造型·表现"学习领域，通过回顾上节课"有疏密变化的线条"的学习内容，让学生进行不同形式的造型艺术实践，进而提高学生的造型表现能力。学习内容贴近学生生活，学生兴趣会很浓厚。通过新的媒材让学生产生神秘感，激起学生强烈的好奇心和表现欲，培养学生的创新意识和动手能力。

（二）在全套教材体系中的地位和作用

本课与前面的"有疏密变化的线条"同属一个单元，本课是在画出线条疏密的基础上，运用多种工具完成一幅刮画，侧重于工具的灵活运用和线的粗细的表现，而后边的"小花猫在睡觉"则侧重于线的组合关系的表现，因此本课具有承上启下的桥梁作用。

（三）学情分析

低年级学生活泼好动，想象力丰富，对本课的学习兴趣会很浓厚。线的造型组合，需要教师的引导和启发，可以通过教师演示进行解决。

（四）教学方式与教学手段

体现"以人为本"的新课程理念，综合运用"小组合作式""小组体验式"及"讲授式"的教学方式进行教学。利用多媒体课件了解刮画，利用示范作品、图片学习刮画的表现方法，并通过教师的演示与启发性谈话，引导学生主动、个性化的学习。

（五）技术准备

多种质地较坚硬的材料、多媒体课件、示范作品。

三、教学目标

（一）知识与技能

了解刮画作品的特点和工具的使用方法，以各种粗细变化的线条为主，运用点、线相结合的方法表现不同题材的刮画作品。

（二）过程与方法

用线描方式或线、面结合的方式创作美化一个作品，也可以尝试用实验绘画的形式展示自己的作品。

（三）情感态度与价值观

培养学生创新意识、探究能力和感受线造型的美感，增强创造美的能力。

（四）教学重点

刮画的特点，运用不同的工具创作刮画的方法。

（五）教学难点

使用不同工具画出粗细不同的线，以及点、线、面的结合创作刮画作品。

四、教学过程

（一）视频导入

［设计意图］利用视频引出学生的好奇心，设疑激趣。

同学们，今天，我们将学习一种新的绘画形式，是什么呢？让我们从视频中找到答案。

（播放刮画纸制作视频）

视频里讲的什么内容？制作刮画纸。你学会了吗？说说他是怎么做的？好，有了这张刮画纸，我们一笔就能画出五颜六色的线条，非常神奇，刮画纸很神奇，一笔画下去，就像打开了色彩的魔法盒，每一笔都是五颜六色的，同学们，你们想不想体验这种美妙的感觉？

那，我们今天就一起来学习，"有趣的刮画"这一课。

（板书课题：有趣的刮画）

（二）探究新知

[设计意图]通过小游戏练习掌握工具的使用，通过对比观察，体会线条的粗细疏密变化，感受线条的美。

1. 认识工具，灵活画线

刮画纸制作，我们通过视频都学会了，时间关系，课上我们就不做了，今天老师给大家准备了现成的刮画纸，还有一些我和大家一起收集的工具。哪个组愿意展示一下你们收集的工具？

那这些工具是怎么用的？我们来研究一下。

（课件：不同工具使用，不同效果的呈现）

用工具可以刮出圆点、三角点、直线、曲线、色块等造型语言，由于使用工具不同，刮出来的效果也是不同的。

活动1：闯关游戏

那让我们来做个闯关游戏吧。下面跟我一起来画线，直线、交叉线、曲线都可以，感受一下线的效果，你觉得你的线，是粗还是细呢？如果你想让它变粗，该怎么办呢？如果你想画一条很细的线，像头发丝一样细的，该用什么工具呢？如果你想同时画出一大排并列的线呢？非常好，下面，我们来画点，圆点、三角点，如果你想画个方的点，什么工具又快又好用呢？

好，下面最难了，我们来画一个大苹果，要大，要红，看谁画得快。好，你用了什么工具，这么快？好，我们试着用工具刮出了点、线、面等造型语言。

活动2：点线面结合大闯关

好，现在，让我们用最快的速度画出一个小刺猬，要有点线面。谁画出来了？说说你在哪里用到了点、线、面？

好，游戏结束。

活动3：对比观察

导语：一幅好的刮画作品一定是点、线、面的完美结合，今天老师给大家带来了一幅画。同学们来分析一下，画中哪里用到了点、线、面？你觉得这张画，有什么需要改进的？想不出来的同学，来观察第2张画，两张对比一下，哪个更好，说说理由。

活动4：小组讨论

组内同学可以小声讨论一下，第2幅画比第1幅画，哪里画得好？

小结：在刮画作品中，由于第二张比第一张有粗细、疏密的变化，所以更好看。

而线条的粗细变化就是我们今天课程的重点，那么怎样画出粗细不同的线条呢？

生答：换工具、使劲刮。

小结：略。

2.分析线的组合运用

现在让我们欣赏书中的范画《飞鹤》，分析一下这幅画，是怎样体现线条的粗细变化的？是如何将点、线、面组合的这么漂亮的？

（1）分析构图首先看构图，作品名《飞鹤》，鹤在画面的哪里？

（2）作品中的线有哪些变化？

（3）点、线、面是怎样结合的？

分析《故乡的小河》中点、线、面的组合。

3.教师演示范画

同学们，这些作品这么漂亮，他是怎么画出来的呀？画的过程中要注意哪些细节呢？同学们想不想看看这个过程呢？

现在老师就给大家演示一幅完整的刮画作品，大家注意观察构图，作画步骤，点、线、面的组合，以及注意事项，画完，同学们要反馈给我。

（1）指导学生灵活运用工具画线

①先以较细的单线起稿刮画外形轮廓，做到形象简单，构图饱满。

②再刮画较粗的线，调整确定外形轮廓。

③后刮画丰富的点、线、面，丰富形象的内部空间。

这样学生头脑中先有一个较为完整的形象，再由简入繁、从虚到实进行刮画，最后使作品完整，体会到成功的乐趣。

（2）活动：谁的礼物最美

今天为了表扬你们认真学习的态度，老师每人送你们一个小礼物，由组长发一下，但是这个礼物老师还没有画完，只是一个图形，同学们，看看你的是一个什么图案？如果看不出来，就想象一下，然后图案上用点、线、面，装饰、美化一番，让它成为一个漂亮的小礼物送给自己。

画完的学生拿到前面给老师看一下。

说说你是怎么装饰的？

哪里表现出了线条的粗细变化？

有兴趣的话，同学们也可以用这些图形组织成一个新的画面。

（3）学生组合成了新画面

小结：同学们帮老师完成的这个礼物真不错，我觉得你们已经具备独立完成一幅作品的能力了，那么让我们再来欣赏一下同龄小朋友的刮画作品，看看你能不能从中体会一下他们是如何运用点、线、面的。

（三）艺术实践

［设计意图］在实践中，获得美术学习的持久乐趣。

明确创作具体要求，启发构思，大胆实践。

学习了这么多，也做了几个小练习，今天我们一起来吃顿大餐吧，也就是让我们用学过的实验绘画的方法，共同完成一件作品，它的名字叫"欢度国庆"。

实践要求：线条清晰；有粗细变化；线、面合理结合；合理使用工具；注意安全与卫生等。

（四）作品展评

［设计意图］提高学生的评价能力，培养审美能力。

学生自评：同学们分析一下作品中的点、线、面和线的粗细、疏密变化吧。
教师简要概括评价。

让学生谈谈今天的收获。

（五）课外拓展

［设计意图］与后面的教学内容相结合，欣赏生活中各种有创意的设计，让学生知道艺术服务于生活，并激发学生表现美、创造美的欲望。

教师：课件展示生活中与刮画有关的设计作品，如笔记本封面、镂空雕塑等。生活中的美无处不在。

课堂小结：今天我们通过"有趣的刮画"这一课的学习，学会了制作刮画纸，体验了不同工具的效果，着重掌握了线条的疏密、粗细变化的表现，点、线、面三种造型语言的组合运用带给我们的不同感受，让我们在以后的学习中，继续观察和感受不同的线的美，以及生活中能够找到的各种媒材的灵活应用，带给我们不一样的艺术享受。

五、学习效果评价设计

（一）评价方式

随堂评价：对学生美术活动中的表现进行及时评价。

（1）学生是否对教学活动感兴趣；

（2）学生是否积极参与到学习当中。

作业评价：根据学生实践的作品有针对性的进行自我评价与他评，了解学生掌握知识的情况。

（二）评价量规

评价内容	很好	好	一般
1.学生参与课堂活动积极性高			
2.学生能灵活使用工具			
3.学生合理组合点、线、面			

六、本教学设计与以往或其他教学设计相比的特点

1.采用多种有趣的教学手段，激发学习兴趣

低年级美术教学要求突出趣味性和创造性，因此，我抓住学生爱玩的天性，通过设计多种体验和游戏活动等教学手段，引导学生积极主动地学习与创作，突出了美术课堂的趣味性。

2.充分利用图片、示范作品及教师演示，加强教学的直观性

低年级学生以具象思维为主，他们的创造需要丰富的感性材料做基础。因此，本课我充分利用图片、视频，让学生直观地看到制作方法，从而为学生的创作奠定了基础。

3.注重多元评价，以鼓励性评价为主，发展学生个性

新课标中指出：要采用多种评价方式，了解学生的学习历程，激励学生的学习热情。因此，本课中，我从学生回答问题情况、参与教学活动的积极性、小组合作情况以及最后的艺术实践和作品展评等各个环节都注重了对学生的评价，并且以鼓励性评价为主，努力开发每个学生的潜力，使学生在正确的、综合的评价中，得到肯定，增强信心，不断发展自己的个性。

画蘑菇

教材来源：义务教育教科书《美术》第 2 册第 5 课
授课对象：一年级学生
设 计 者：曹艳丽（北京市顺义区建新小学）

一、指导思想与理论依据

（一）以美术课程标准为指导，培养学生美术核心素养

本课以《义务教育美术课程标准》为指导思想，在第一学段"造型·表现"学习领域有这样的论述："尝试不同工具，用纸以及容易找到的各种媒材，通过看看、画画、做做等方法大胆、自由地表现所见所闻、所感所想"。创新的运用"绘本"的艺术形式，以艺术独有的魅力激发学生学习兴趣；关注蘑菇与生活经验的紧密联系；意在凸显美术课程的视觉性；激发学生绘画创作的实践性；欣赏作品，涵养精神的人文性；抒发绘本故事情节的愉悦性。

众所周知，创意是社会发展的动力，创意实践是美术核心素养的重要组成部分。因此美术课程特别重视对学生个性与创新精神的培养，帮助学生学会运用美术的方法，将创意转化为具体成果。在学习过程中，强调以学生为中心，逐步培养学生的想象力，为实现创意实践素养而奠基，最终以培养学生的美术核心素养为目的。

（二）以布鲁纳的认知为理论依据，帮学生建构新的经验

依据布鲁纳的认知理论及对知识建构的认识。教学并不是把知识经验从外部生硬地装到学生的头脑中，而是要引导学生从原有的经验出发，生成建构起新的经验。学生在获得、转化、评价的认知过程中，主动参与自主建构知识体系。在学习的过程中强调以学生为中心，学生是认知的主体，学习是学生自主建构知识的过程。

二、教学背景分析

（一）教材分析

"画蘑菇"是人民美术出版社一年级下册第五课，本课所属的"造型·表现"领域。在教学中就更加强调造型能力的提升，造型的元素涉及线条、形状、颜色、空间、明暗、肌理等等。在本课教材中，与本册的"汽车的联想"和"漂亮的童话城堡"同属创新单元，都为本课提供了知识和技能的基础。

在一年级上册教材中，"多彩的秋天""找妈妈"等课也对层次、前后、大小虽有所渗透，但是第一次明确提出"遮挡"这个词，就是本课。所以本课的定位就是起始。结合教材分析，我发现教材中增设了绘本图片，绘本是用图画和文字共同叙述一个完整的故事。在绘本里，图画不再是文字的附庸，而是图书的生命。绘本不仅是在讲故事、学知识，而且可以全方面帮助学生，建构精神世界，培养多元智能。让学生融入故事中，拥有真实的生活体验，从而更加愿意与人分享他们创作的故事。

（二）学情分析

课前，对学生进行了有针对性的前测，我发现学生对蘑菇的造型、颜色等都有初步的了解，但学生的认知还有一定的欠缺。对于蘑菇的造型，有72%的学生第一反应都是由半圆形和长方形组合而成的，就连比例都是这样的不谋而合；对于蘑菇的颜色和花纹，有超过78%的学生第一印象都是圆点的花斑、红的颜色。通过观察学生的作品，也暴露了一些问题，具体如下：1.不懂得在画面中巧妙地运用遮挡关系，画面松散，没有层次的变化。2.作品内容表现单一，启蒙教育留下的固有思维太深刻，出现了很多重复的造型，认为今天是画蘑菇，就把所有东西都变成了蘑菇，导致作品表达烦琐。

（三）教学方式与教学手段

主要采用自主探究和小组合作的学习方式，在教师的引导下主动地进行学习。

（四）技术准备

实物投影、PPT 课件、道具、视频等。

三、教学目标

（一）知识与技能

1.通过本课的学习，了解蘑菇的种类，外形特点；

2.学习如何表现画面的前后遮挡关系，利用蘑菇形象进行联想。

（二）过程与方法

1.学生在探究活动中认识到物体前后遮挡的关系，表现出有层次的画面；

2.通过多种途径，了解蘑菇的形状等。

（三）情感态度和价值观

1.调动学习积极性，主动地参与课堂教学，通过体验探究、发现的愉悦，激发学生学习积极性；

2.加深学生对于自然界的探索，提高动手实践能力。

（四）教学重点

探究、了解蘑菇的外形特点，以蘑菇为原型展开联想。

（五）教学难点

利用前后遮挡的关系，表现出有层次的画面。

四、教学过程

（一）游戏导入，趣找形状

教师准备三个分别装有香菇、平菇、杏鲍菇的蘑菇宝盒，让学生通过摸宝贝的游戏，感知蘑菇的形状，并用基本型概括出来，从而引出今天的主题。随后头脑风暴、畅所欲言，邀请学生分享课前查阅的蘑菇资料，打开师生脑洞。

恶魔雪茄　　大脑蘑菇　　胡须齿菇　　荧光小菇　　天蓝蘑菇

［设计意图］从感官、视觉加深学生对蘑菇的认识。随后，学生根据课前探究的结果进行补充汇报，调动学生主动探究的欲望，吸引学生的注意力。引

导学生关注蘑菇的形状，为后期的创作进行铺垫。

（二）新授知识，巩固提升

1. 巧辨色彩

老师提问学生，蘑菇都有什么颜色？由学生进行自主汇报。第一组学生发现市场中的蘑菇大多数都是白色、棕色等，颜色比较单一。第二组上网查阅的学生发现蘑菇有红、绿、紫等各种颜色。教师出示两类图片，学生通过对比，发现大多数鲜艳的蘑菇都是有毒的，加强对学生的安全教育。

对

比

2. 乐穿花衣

教师出示课前制作的"蘑菇头"镂空的道具、通过抽出色卡，变换蘑菇头的色彩。从点、线、面多种方法冲击学生的视觉，让学生深刻认识生活中各种各样的图形都可以作为蘑菇花纹的元素。

［设计意图］根据学生的喜好进行分层教学，引导学生对蘑菇的形象进行全面认识，解决前测中出现的问题，激发学生对自然的热爱。

3. 学会遮挡

教师提问：根据你们之前的观察，蘑菇都有哪些生长的特点？学生回答：蘑菇喜欢聚在一起生长。紧接着出示图片，让学生找出1、2、3号蘑菇哪个在前边，哪个在后边。从而引出遮挡关系。此时，邀请学生体验拼

摆游戏，通过摆一摆，总结出画面中要有层次的变化。

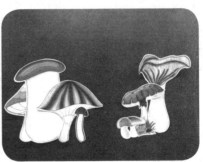

[设计意图]用有趣的胖瘦高矮语言，切实可行地为学生创设情境，引导学生感受没遮挡的画面虽然醒目，但是它的表现力不够丰富，画面缺乏层析变化的美感，通过拼摆游戏的设计，让学生深入了解遮挡关系，感受画面近、中、远的变化。

4.妙用联想

之后，教师出示蘑菇实物，问学生它的名字，学生们大呼金针菇，由此推问名字的由来。学生们说因为像"金针"，此时得出一个新的概念叫作联想。由某种事物而想起与其相关的事物，我们管这种方法叫作联想。教师立刻追问，金针菇的造型能让你联想到什么？学生脑洞大开，说出梯子、路灯、小蛇等。教师根据学生的联想迅速进行板演。

随后，请学生以小组合作的形式进行探究，结合其他蘑菇的形状进行联想再创造，学生呈现的回答异彩纷呈，有房子、路灯、梯子、热气球等，并且演示旋转一下，还可以得到大的惊喜。进一步打破学生的固有思维，提高想象力。

[设计意图]课前已经让学生寻找了"蘑菇"的造型，此时逆向反推帮助

学生简化联想的模糊概念，强调适形联想的这种思考方法。学生在小组合作探究、交流活动中完善自己对蘑菇外形的认识。通过旋转，发散思维。

5.加画灵感

接着教师进行示范，以蘑菇小Q历险为主题，带领学生走进蘑菇的王国，感受

蘑菇小 Q 的奇妙旅行。通过简单的添加，打开了学生的思路。让学生明确只要你肯动脑，用一点添加和联想的方法，你都会画出优秀的作品。

［设计意图］教师的范画强化了遮挡和联想的重点。让学生形成整体的意识，乐学乐思。故事的创编，把学生带进梦乡，渗透绘本意识。

6. 创建乐园

随后，以《蘑菇小 Q 历险记》为绘本主题，提出今天的艺术实践要求：根据蘑菇的形状进行联想，画一幅有前后遮挡关系的创作画，并讲一讲蘑菇小 Q 发生的有趣的故事。

［设计意图］让学生在情境中创建属于自己的乐园，明确艺术实践要求。

（三）灵动创作，异彩纷呈

学生进行自由创作，教师进行有针对性的指导，并鼓励学生进行对《蘑菇小 Q 历险记》的故事创编。

（四）大胆表达，畅所欲言

教师组织学生展示课堂艺术实践作品，让学生围绕《蘑菇小 Q 历险记》展开交流，从而进行自评和互评。在简单的绘本插图里，感受图画和文字的重要，让学生融入在故事中，拥有真实的生活体验，从而更加愿意与人分享他们创作的故事。

评价要点：

1. 各组展示自己的作品，生生互评，说一说蘑菇小 Q 的故事及使用的表现形式。

2. 自评：介绍作品中最生动的地方，并说一说自己的体会。

3. 师评：结合教学目标，从作品人物的动态、构图和表现形式及色彩和创意等方面进行综合评价。

［设计意图］学生在创作的过程中，创编了《蘑菇小 Q 历险记》，加强了绘本意识。在分享的过程中，全方面帮助学生，建构精神，培养多元智能。让学生融入在故事中，拥有真实的生活体验，从而更加愿意与人分享他们创作的故事。

（五）课后拓展，黏土还原

课后，邀请学生利用纸黏土，把自己创作的蘑菇造型进行还原，实现了从二维到三维的转变，最终巧妙地解决遮挡的问题。

[设计意图]巧妙的立体转化，让学生充分认识联想的重要性。巧妙的还原，加强了遮挡的真实性。最终实现了创意实践美术核心素养。

五、学习效果评价设计

（一）评价方式

1. 随堂评价

对学生美术活动中的表现进行及时评价。

（1）学生是否对教学活动感兴趣；

（2）学生是否积极参与到合作学习当中。

2. 作业评价

根据学生艺术实践的作品有针对性地进行自我评价与他评，了解学生掌握知识的情况。

（1）能否利用遮挡画出有创意的作品；

（2）能否围绕《蘑菇小Q历险记》，表达自己的所感所想，感受文字和图画的有机结合。

3. 课后评价

（1）通过与学生的交流，了解学生掌握知识的情况；

（2）将每组的作品发到班级微信群里，让家长参与其中进行评价完善，形成多元化的评价体系。

（二）评价量规

评价内容	成就指数
1. 我了解了蘑菇的相关知识，非常有收获。	☆☆☆☆☆
2. 我知道了怎么画遮挡的蘑菇作品。	☆☆☆☆☆
3. 我画的蘑菇作品非常有创意，构图饱满美观。	☆☆☆☆☆
4. 我积极参与课堂活动，能够很好地和同学进行合作。	☆☆☆☆☆

六、本教学设计与以往其他教学设计相比的特点

1. 思索。所谓思索就是珍视作品，常思求索。一切的教学设计从思索中来，到实践中去，做到以学生为主体。教师能够看到学生对于班级绘本的珍视，也能感受到对于大自然和生活的热爱，可谓美育和情感教育的并存。

2. 合作。在本节课中，家长和学生的合作探究、生生之间的合作讨论，无

时无刻不在改变着传统课堂信息的单一化，通过相互激发和帮助，增强学生的主动性和创造性。其实在合作的过程中也是一次很好的分层教学，合作学习延伸为社会责任素养就是"合作担当"。我希望我的学生有长足的发展和定位。在这种自主探究的学习氛围中，自然而然地就发展了学生的语言表达能力、形象思维能力、艺术鉴赏能力，从而彰显出美在智育中的激发功能。

3. 美育。美育的主要任务就是培养学生健康的审美观，发展学生鉴赏美和创造美的能力。本节课教师选取了情景学习、探究学习、合作学习这三种最有利于形成美育的方式，知识和技能在问题的情境中就转化为了美育的核心。不仅加强了学生对于艺术修养的熏陶，还助力心灵的启迪和对自然界中美好事物的认知，这种对于真善美的探求和感知，转化成美育的种子，在学生心里生根发芽。

生活中的标志

教材来源：义务教育教科书《美术》第 10 册第 10 课

授课对象：小学五年级

设 计 者：任立良（北京市顺义区东风小学）

一、指导思想与理论依据

《义务教育美术课程标准（2011 年版）》指出："现代社会需要充分发挥每个人的主体性和创造性，因此，美术课程特别重视对学生个体与创新精神的培养，采取多种方法，帮助学生学会运用美术的方法，将创意转化为具体成果。通过综合学习和探究学习，引导学生在具体情境中探究与发现，找到不同知识之间的关联，发展综合实践能力，创造地解决问题。"

本节课以学生为主体，让学生充分了解到生活中的标志艺术特点及相关知识。开拓他们的视野，拓展他们的想象空间，使其创造出形式多样的生活中的标志作品，激发学生的探索欲望，体验探究的愉悦和成功的快感。

二、教学背景分析

（一）教学内容

本课教材的编写，属于"设计·应用"学习领域，旨在充分开拓学生思维，培养学生想象力、创造力及动手实践能力。同时，让学生充分了解生活中的标志特点及相关知识。激发学生创新精神及热爱生活的情感。教材中安排了丰富的实物照片和仿生学的相关知识，能充分辅助教师的教学。

（二）学情分析

五年级学生已有一定的动手实践能力，但对生活中标志设计的相关知识不太了解，对生活中的标志感到陌生，但是又很好奇。生活中标志处处可见，标志与他们的生活联系紧密，学生容易对其产生浓厚的学习兴趣。

（三）教学方式与教学手段

主要采用探究式、讲授式、启发式学习方式，在教师的引导下以小组为单位尝试探究标志的设计与制作。

（四）技术准备

PPT课件、网络资源、图片、视频。

三、教学目标

（一）知识与技能

1. 了解标志的种类，感悟美术设计与生活的关系。

2. 探究标志的功能特点，能为学校生活场所设计一个醒目的标志。

（二）过程与方法

1. 学生在小组体验、探究活动中，了解标志的组成部分，以及图形、文字符号的特点，让学生感受到标志设计的快乐，培养探索精神。

2. 学生通过动手实践，设计出适用于校园的标志，培养他们的创新精神。

（三）情感态度与价值观

1. 欣赏生活中的标志，体会标志的形式美感，树立公德意识，感受美术与生活的关系。

2. 在创作中感受设计的魅力，培养学生热爱生活、关注生活、服务生活的情怀。

（四）教学重点

了解标志的种类，认识标志在生活中的应用及其特点。

（五）教学难点

标志设计的构思创意，体现标志的功能特点。

四、教学过程

（一）情境导入

1. 教师：播放课件出示图片，请学生带着问题观看：你们都看到了什么公共设施？画面中是什么标志？

学生：自由发言，教师小结。

2. 教师小结板书——《生活中的标志》

［设计意图］初步了解生活中的标志设计，培养学生的学习兴趣。

（二）探究新知

1. 认识标志

（1）教师：课件出示标志（logo），是表明事物特征的记号。它以单纯、显著、易识别的物象、图形或文字符号为直观语言，除标志是什么、代替什么之外，还具有表达意义、情感和指令行动等作用。

（2）欣赏标志的历史（视频欣赏）

欣赏生活中的标志，并分类：文字标志、图形标志、文字与图形相结合的标志。

学生：认识标志，了解标志的历史，分析生活中的标志。

教师小结：标志的特点概括、夸张的表现方法，生活中的标志可采用文字标志、图形标志、文字与图形相结合的标志。

［设计意图］学习生活中的标志的相关知识，培养学生的自主学习能力以及发现问题、解决问题的能力。

2. 分析生活中的标志知识

（1）分组自主探究（教师分工，每组选任务）

一组：研究我们的校园都有哪些地方需要标志。

二组：研究文字标志的特点。

三组：研究图形标志的造型特点。

四组：研究文字与图形相结合的标志的特点。

（2）学生汇报，教师利用课件进行小结

教师：出示小组学习报告单，认识标志的设计方法，并启发实践连线练习。

学生：小组内探究知识并连线答题，并向班级汇报学习内容。

教师小结：（1）文字标志。文字标志利用宽体美术字，大胆的夸张和变形，具有生动、形象、幽默大方的特点。（2）图形标志。以人物、动物、植物等象征图形加以简化进行标志设计。（3）文字与图形相结合的标志。徽标充分体现出某个国家、某个政府或某个组织的人文风情，特殊的位置，丰富的精神内涵。

［设计意图］培养学生观察分析的能力和自主学习的能力。

3. 解决图形和色彩在标志设计中的应用

（1）符号简练、概括的特点学习，解决生活温馨提示和警告警示两种标志的基本图形规律。

（2）色彩：单纯、强烈、醒目。认识黄、红、绿蓝不同色彩标志的特点。

学生：课件欣赏认识，并以中国银行标志为分析讲解。由结了红绳的古钱启发出创意，作者利用圆形方孔的古钱币外形，将钱孔与红绳构成了"中"字，图案现代、简洁，具有浓厚的民族特色。

［设计意图］组织画面，培养分析问题和解决问题的能力。

4.学习用多种表现形式设计标志，结合色彩、造型和创意请同学向大家介绍

（1）教师：看书第20页，小组讨论，你喜欢哪个标志设计作品？为什么？

学生：选择自己感兴趣的作品进行分析与探究。

教师：参与学生的探究，及时了解学生活动的情况。

（2）学生：小组代表汇报本组探究结果。

教师：结合学生回答，强调注意事项：

①图形：符号简练、概括。

②色彩：单纯、强烈、醒目。

③识别、指示、引导、传达信息功能，生活温馨提示、警告警示两种标志，在造型和色彩上的注意事项。

④选择水彩笔、油画棒、水粉等工具，还可以用油水分离法表现。

［设计意图］这是本课的另一个重点知识，采用合作探究的学习方式，让学生分析教材当中的标志作品，从中分析出表现方法，为学生的创作奠定基础。

5.欣赏教师演示标志设计作品

（1）教师范作，示范以博爱为主题的公益性标志的设计。

（2）课件出示博爱的标志设计，并出示推广方案。

学生欣赏，小组交流。

［设计意图］激发学生的表现欲望，拓宽学生思路。

（三）艺术实践

实践内容：请你选择最适合的颜色和图形为校园设计一个标志。

设计标志要体现它的作用和特点。

校园树木花草、公共卫生间、水池、楼道轻声慢步、严禁喧闹、安全设备。

实践要求：

1. 标志生动醒目，特点突出。

2. 构图饱满，背景简练。

3. 色彩搭配合理，突出主要形象。

教师辅导：个别辅导与集体辅导相结合。

［设计意图］发展学生的个性，培养学生的设计能力。

（四）作品讲评

1. 各组展示自己的作品，生生互评，说一说自己表现的什么场景？用的什么表现形式？

2. 自评：介绍作品中最生动的地方，并说一说自己的体会。

3. 师评：结合教学目标，从作品构图和表现形式及色彩和创意等方面进行综合评价。

［设计意图］突出评价的综合性，多角度评价学生的作品，促进学生的发展，体验成功的快乐。

（五）课后拓展

课件：欣赏生活中的各类专业教室的标志，以及校园外商标、自己家乡喜闻乐见的标志，进而欣赏大师的作品。

［设计意图］拓展学生的知识视野，并使兴趣延伸。激发学生创新精神及热爱生活的情感。

五、学习效果评价设计

（一）评价方式

学生自评、学生互评、教师点评围绕标志的艺术性、创造性制作和小组合作效果上进行评价。

（二）评价量规

1. 情感价值的评价，即：学习兴趣、注重观察生活、热爱服务、服务生活的设计意识。

2. 主动探究，开展学习活动情况，如质疑与深入学习情况；小组合作学习，共同交流的情况，如参与意识和动手制作情况等。

3. 学习中有个性化、有特色的表现，如在设计和制作上的表现等。

六、本教学设计与以往或其他教学设计相比的特点

"生活中的标志"一课，我本着知识性和实用性相结合、提高审美能力与掌握基本技能相结合的原则，在教学结构设置上采用了环环相扣的方式，最终使学生对生活中的标志有了深刻的了解。

课上，利用现代化教学手段，从生活中常见的场景图片导入，通过观赏视频，让学生了解标志的历史，可追溯到上古时代的"图腾"。这对调动学生的学习兴趣和注意力，强化教学效果起到明显的作用。

其次，让学生主动发现，主动感受。以小组为单位带有目的的欣赏大量的图片，解决标志的相关知识，即"文字标志的特点""图形标志造型特点""文字与图形标志相结合的特点"。通过发现、探讨、想象，明确文字标志，利用宽体美术字大胆的夸张和变形，具有生动、形象、幽默大方的特点；我争取创设平等、宽松的学习氛围，以尊重学生，培养学生发散思维和激发学生创造能力及语言表达能力为宗旨。

接着，教师示范引领。绘制出"博爱"的标志。标志的主要特点呈现在眼前，完成了由理论到实践的转换，并策划推广，同时激发学生的公德意识。

最后，学生艺术实践。学生或以小组为单位，或单独完成，采用最适合的颜色和图形为校园设计一个标志，并完成展示评价，激发学生对生活的热爱。

本节课也存在需要提升的地方，如学生的自由思维的发挥受到一定的限制，这些反思对我以后的教学思路、教学方法和教学规律的总结和把握都将产生巨大的促进作用。

虎头装饰

教材来源：义务教育教科书《美术》第 8 册第 17 课
授课对象：小学四年级
设 计 者：徐妍彦（北京市顺义区教育研究和教师研修中心附属实验小学）

一、指导思想与理论依据

依据《义务教育美术课程标准（2011 年版）》"设计·应用"领域的指导思想，围绕一定目的和用途进行设计与制作，传递交流信息，美化生活及环境，让学生在广泛的文化情境中认识了解虎文化，认识设计的造型、色彩、媒材，掌握基本的制作方法，表达自己的设计构想，体验想象与设计的乐趣。

以建构主义学习观和教学观作为理论支撑，主要采用抛锚式教学方法，教师搭建知识框架创设情境，抛出问题，确定问题，进而引导学生合作探究，通过协作学习构建新知，最后通过多元评价体现意义建构。

二、教学背景分析

（一）教学内容

本课属于"设计·应用"学习领域，与本册第 16 课"走访民间艺人"同属以民间美术为题材内容。在我国民间，老虎被视为驱除邪恶、保佑平安幸福的吉祥物，因此，有众多的与生活密切关联的以虎为题材的民间艺术品流传于世。本课主要引导学生用纸、废弃物等多种材料进行虎头装饰，既可以培养学生大胆创新的意识，提高动手及设计能力，增强审美情趣，又可以培养学生继承与发扬民间传统艺术，增强对祖国民间艺术的热爱之情。

（二）在全套教材体系中的地位和作用

本课与"刻纸""点彩刻纸"和"走访民间艺人"构成一个民间工艺单元，本课在了解民间玩具的造型特点和色彩特点的基础上，侧重了解民间艺术中虎头装饰的相关知识，学习利用多种材料设计制作虎头装饰，而"走访民间艺人"则侧重民间艺术品在色彩、造型和材料上的特点及美好寓意，因此本课具有承上启下的桥梁作用。

（三）学情分析

四年级学生对虎的文化和寓意有初步的认识，在三年级"画民间玩具"一课中初步有所接触，但在装饰方法上没有学习，在剪、粘方法上的运用较为熟练，对设计应用课例很感兴趣。

（四）教学方式与教学手段

整个教学过程体现"以学生为主体"的新课程教学理念，综合运用"小组合作式""小组探究式"等教学方式进行教学。教学过程中注重引导学生进行自我探究，发现问题，解决问题，学生快乐的自主学习。

（五）技术准备

实物投影、PPT课件、图片、视频等。

三、教学目标

（一）知识与技能

1. 了解民间艺术中的虎头装饰是对现实生活中的老虎进行创造性地夸张、变形的结果，集中了民间艺人的智慧，包含了数千年的文化积淀。

2. 学习设计制作民间艺术中虎头装饰的概括、夸张、变形、添加的表现方法。

3. 利用彩纸、废旧材料及其他多种材料进行虎头装饰的设计制作。培养学生形成设计意识和"物以致用"的设计理念，提高动手能力。

（二）过程与方法

1. 通过小组合作、探究学习，了解民间老虎艺术作品的表现方法。

2. 在设计制作平面、立体的虎头装饰作品（包含材料选用）的艺术实践过程中，感悟对比与和谐、对称与均衡的形式原理，体验设计制作的过程。

（三）情感态度与价值观

1. 通过对民间虎头装饰的了解与设计，感悟"物以致用"的设计思想，养成善于发现、勤于思考、大胆想象、追求创意的良好习惯。

2. 增强学生对民间美术的了解及对传统文化热爱的情感。

（四）教学重点

了解民间艺术中虎头装饰的相关知识，学习利用多种材料设计制作虎头装饰的方法。

（五）教学难点

巧妙运用身边的材料，设计制作出新颖实用、做工精致、富有创意的虎头装饰作品。

四、教学过程

（一）情境导入

［设计意图］让学生了解自然界老虎及凶猛、恐怖的感受以及民间艺术品"挂虎"的可爱、憨厚，从而引出本课的课题。

1. 欣赏老虎视频

教师：观看视频中的老虎，引导学生了解老虎，并思考：老虎给你什么样的感觉？

学生回答：凶猛、恐怖……

2. 欣赏民间艺术品"挂虎"

教师：看老师手里面有一件民间艺术作品，你能看出它是什么动物吗？它给你什么感觉？

学生回答：老虎；可爱憨厚的感觉。

3. 揭示课题，学生明确学习内容

教师：为什么老师手中的老虎和自然界中的老虎不一样呢？今天我们就来学习"虎头装饰"，动手制作一件虎头装饰作品。

（二）探究新知

1. 欣赏更多以老虎为原型的民间美术艺术品

［设计意图］了解民间美术艺术品的表现特征，培养学生敏锐细致的观察能力。

教师：原来有很多的艺术品，都是以老虎为原形设计出来的，而且它们看上去都非常的可爱有趣。谁能试着说一说艺术品的"老虎"和自然界中的老虎有什么不同？

学生：认真观察后，小组讨论探究，得出：五官造型、颜色、花纹不同。

教师总结：艺术品的老虎形象是设计者通过对自然界老虎夸张、变形、概括和想象设计出来的。从而我们得出民间美术品的特点是：造型，夸张、概括；色彩，艳丽、对比强烈。

出示板书：造型——夸张、概括。色彩——艳丽、对比强烈。

2.再次欣赏挂虎图片，分析花纹，了解传统文化

[设计意图] 在分析挂虎花纹的同时，了解我国优秀民间传统文化，增强热爱民间艺术情感。

教师：虎是兽中之王。在我国民间，虎头装饰品是最具特色的民间艺术品之一。它是驱除邪恶、保佑平安的吉祥物。民间创作的老虎形象千姿百态，充满了丰富的想象力，表达了人们对美好生活的向往。我们认真观察挂虎的花纹，你都发现了哪些图案和形象？

学生：桃子、牡丹花、钱纹、祥云……

教师总结：《挂虎》是由许多吉祥图案组成的，其中蕴藏着丰富的内涵，有着特殊的寓意：牡丹花——吉祥、石榴——多子多福、钱纹——财源广进、桃子——福寿延年、祥云——吉祥如意。

出示板书：图案——丰富，象征性。

3. 学生欣赏自然界中的老虎和虎头装饰的五官局部对比图

教师：请你通过对比找出装饰品中的老虎五官是如何夸张、变形的？

学生：眼睛——又圆又大；嘴巴——又大又宽；耳朵——又圆又大；鼻子——有很多花纹；脸外形——添加花纹等。

小组探究

（1）小组合作，用老师提供的老虎五官在纸盘上拼贴出虎头装饰。

［设计意图］学生初次体验制作虎头装饰，在动手实践中发现存在的问题。

教师：通过学生的动手实践，老师发现了一些问题如颜色搭配不合理、粘贴顺序有问题、五官比例不协调等。

（2）用彩纸给做好的虎头装饰添加花纹。

［设计意图］学生会合理使用剪刀剪出花纹装饰虎头，培养学生小组合作探究和创新的能力。

教师：请你尝试使用剪刀和彩纸剪出有寓意的吉祥纹样，继续装饰你们的作品吧。

学生：剪出花纹装饰。

教师展示完成作品好的小组。

（三）教师示范

1. 欣赏教师用废旧材料制作的平面、立体的虎头装饰品。

［设计意图］通过教师的示范，解决刚刚学生在实践中出的问题。学习利用多种材料设计制作虎头装饰的方法和步骤。

教师：一剪（外形、五官、花纹）、二摆：摆位置、三粘贴（从最底层向上分层次粘贴）。强调：五官对称有创意、色彩鲜艳有对比。

学生：认真观看，学习制作步骤。

（四）作品欣赏

1.欣赏教师用废旧材料制作的平面、立体的虎头装饰品

［设计意图］学习如何巧妙运用身边材料，培养学生"物以致用"的精神。

教师：看老师手里的这两件虎头装饰物品，既实用又美观，它们都是用我们生活中的废旧材料和彩纸结合在一起完成的。

2.欣赏书中的学生作品

［设计意图］通过欣赏学生作品拓宽学生思路，帮助学生设计出新颖的作品。

教师：认真欣赏书中的作品，说一说你喜欢哪一个作品？为什么喜欢？怎样才能让自己的作品有创意、设计新颖、实用？

学生：认真思考，回答问题。

教师总结：我们可以通过添加表情、纹样丰富、形状丰富、层次丰富等方法让我们的作品更新颖实用、更精致。

（五）艺术实践

［设计意图］明确作业要求，在设计制作过程中，发展学生的创新精神、实践能力和小组合作能力。

实践内容：1、3、5组每人制作一个平面虎头装饰，最后连接起来组合到一起。2、4、6组合作完成一件立体的、美观的虎头装饰的实用品。

实践要求：充分利用教师提供的废旧材料和彩泥、彩纸结合制作，完成一件富有情趣的虎头装饰作品。

（六）展示评价

［设计意图］提高学生的审美能力及自信心，使他们享受设计带来的快乐。培养学生的语言表达能力和鉴赏能力。

1.各小组展示作品，欣赏并交流经验。说说自己设计的特色。

2.评一评哪个小组的作品既美观又有趣。

（七）课后拓展

欣赏更多的民间艺术品。

［设计意图］学生进一步理解中国传统民间艺术的博大精深，同时也开阔了学生视野、培养学生热爱和传承民间美术的情感。

五、学习效果评价设计

（一）评价方式

1.随堂评价

对学生美术活动中的表现进行及时评价：

（1）学生是否对教学活动感兴趣；

（2）学生是否积极参与到合作学习当中。

2.作业评价

根据学生艺术实践的作品有针对性地进行自我评价与他评，了解学生掌握知识的情况：

（1）学生制作的虎头装饰色彩是否鲜艳有对比；

（2）学生能否运用夸张、变形、添加和简化等表现手法；

（3）学生能否恰当运用多种表现形式进行创作。

3.课后评价

本课学生能够从始至终积极投身到学习中，学习兴趣浓厚，在学习过程中形象思维和创新思维得到了锻炼，使学生的表现能力得到提高，也激发了学生对民间艺术品的热爱。学生通过观看介绍老虎的视频，了解到老虎相关知识，通过教师的介绍了解了民间艺术虎头装饰的相关知识。在欣赏分析虎头装饰、小组动手艺术实践过程和精美的作品展示中，可以知道学生已经掌握了虎头装饰的装饰方法和制作步骤。

（二）评价量规

评价内容	很好	好	一般
1.学生参与课堂活动积极性高，合作有实效。			
2.学生能表现出生动的人物动态。			
3.学生采用的方法丰富、恰当。			
4.画面构图饱满、美观。			

六、本教学设计与以往或其他教学设计相比的特点

1.知识学习由浅入深、层次分明

本课力求探索新的学习方式，充分体现美术课的审美元素，在观察中去发现、感受、体验、研究和创造。拉近与生活的联系，用问题链一步步由浅入深的引导学生思考、发现、获得知识。我精心设计引导启发，以学生小组探究的

形式探究问题、艺术实践。体现学生是整个课堂的教学主体，让学生主动地学、学有所思、学有所得。

2. 采用合作探究的方法解决本课的重点内容

本节课中，在虎头装饰方法上让学生去对比分析，总结方法，从而突破本课的重点。在欣赏书中的作品，思考如何使作品更新颖、更有创意这一环节，学生通过自己的研究和小组探讨发现总结，可以给虎头添加表情、颜色丰富、花纹丰富、层次丰富……充分发挥学生的主动探究意识，让学生在动手实践练习过程中探究学习。

3. 作业形式多样，体现学生个性发展

本节课不仅让学生利用彩色纸进行粘贴，还力求在环保理念下利用废旧的纸盘、瓶子、纸杯等大胆创新，结合彩泥、彩纸进行装饰，给使学生自主选择材料的权利，制作出不同的新颖的虎头装饰，充分发挥学生的想象与创新，使作品呈现多样性，渗透物以致用的思想。

剪挂笺　过新年

教材来源：义务教育教科书《美术》第 7 册第 18 课
授课对象：小学四年级
设 计 者：耿　晓（北京市牛栏山一中实验学校小学部）

一、指导思想与理论依据

　　"剪挂笺　过新年"是一节"设计·应用"课，本着"教为主导、学为主体"的指导思想，通过多种探究实践活动，启发学生创意思维。渗透《义务教育美术课程标准（2011 年版）》中激发学生学习美术的兴趣及在广泛的文化情境中认识美术的理论依据，激发学生的想象力及创作热情。

二、教学背景分析

　　（一）教学内容

　　本课是人美版《美术》四年级上册第 18 课的教学内容，属于"设计·应用"学习领域。剪纸是学生非常感兴趣的动手实践活动，过新年时也会参与大扫除和装饰房屋，从熟悉的新年准备入手，结合已学过的剪纸知识，加上这节课的学习内容能在实际中应用起来，与生活联系紧密，因此这节课很容易引发学生的动手欲望，激发学生的学习兴趣。

　　（二）在全套教材体系中的地位和作用

　　本课与以往的"会动的纸造型"及后面的"课本剧"构成一个单元，在熟悉剪、刻、折等基本技法和简单设计制作的基础上，学习挂笺知识后设计制作作品，侧重于挂笺的认识与设计剪制，而"课本剧"则侧重于运用多种材料设计制作简单的课本剧道具，因此本课具有承上启下的桥梁作用。

　　（三）学情分析

　　本课教学对象是小学四年级学生，学生对剪纸有了初步的学习，已经掌握了基本的剪、刻、折等技法，动手能力较强，具有一定的理解记忆、抽象思维和创造性想象的能力，模仿能力、设计创造能力都有了很大提高。新年挂笺对于他们来说是一种熟悉但不十分了解的知识，而且它贴近生活实际，学生对此有浓厚的学习兴趣和强烈的表现欲望。

（四）教学方式与教学手段

运用探究学习和观察演示来引导学生化被动为主动地进行探究认识，进而创作实践。

（五）技术准备

实物投影、PPT 课件、图片、视频、挂笺成品、材料用具等。

三、教学目标

（一）知识与技能

1. 学习挂笺的相关知识，了解挂笺的各部分组成；

2. 体会挂笺的寓意；

3. 学会自己设计剪刻挂笺。

（二）过程与方法

1. 通过观察、分析挂笺的结构和功能，培养概括能力；

2. 通过学习设计挂笺，进一步提高设计与创作能力；

3. 通过教师的讲解、示范，学生作品的展示评价，培养艺术语言表达能力。

（三）情感态度与价值观

1. 体验剪制过程的乐趣，感受中国传统文化的魅力，养成对中国传统民间工艺的喜爱之情；

2. 在创作过程中，能将挂笺赋予新年的吉祥寓意，并能将所学知识应用于实际生活与创作中。

（四）教学重点

学习挂笺的相关知识——各部分构成与寓意，探索设计和剪刻挂笺的基本方法。

（五）教学难点

有创意的设计新颖、实用的挂笺作品。

四、教学过程

（一）问题导入，引出新课

［设计意图］设疑启发导入新课。利用多个问题、图片和短片等形式导入，

创设情境，营造新年的氛围，引导学生在头脑中主动创建出新年的景象，进而激发学生学习挂笺的动力和创作热情，使学生快速进入该课的学习。

1. 问题导入

（出示图片）

教师：猜一猜，这是什么日子？

学生：春节，新年。

教师：新年时有许多好玩的事情做，像放鞭炮、走亲戚等，那么春节前，你和爸爸妈妈都为过春节做了哪些准备？

（教师出示为春节做准备的图片，如：大扫除、备年货等，引导学生回答）

教师：春节前，你们装饰房门吗？怎样装饰呢？

学生：挂灯笼、贴福字、贴春联。

2. 适当给予学生点评，肯定学生的积极回答并引导学生发现这节课的学习内容。

教师：这是我们装饰好的房门，看一看，还缺什么呢？我们先看一段小视频，看能不能从里面找到答案。

（播放视频。给图片上相应位置贴入挂笺，提示——挂笺）

3. 展示教师及学生创作的挂笺作品，明确学习任务。

教师板书课题——《剪挂笺 过新年》

（二）探究分析，掌握新知

1. 了解挂笺这一民俗文化及其结构组成

[设计意图]感受民间工艺挂笺的艺术魅力，通过观察、分析挂笺图片，培养学生观察和分析能力。

（1）什么是挂笺

（课件出示图片）

教师：老北京历来就有剪挂笺，过新年的习俗，那什么是挂笺呢？

有人知道吗？抓紧时间看书，看能不能从书本中找出答案。

（学生回答。课件出示并小结）

（2）挂笺的组成

教师：初步了解了挂笺后，那挂笺又是由什么组成的呢？

课件出示看图探究。

边分析边重点指示：最外围——边框；下部——穗子；中间部分——膛子。

（3）挂笺的颜色

教师：我们的彩纸有很多颜色，挂笺都是什么颜色呢？

（课件出示图片）

学生边回答，教师边出示——头红、二绿、三黄、四水（小红）、五蓝。

教师：请同学们猜一猜这五种颜色代表了什么意思？

学生：五福临门。

2. 探究挂笺的设计

［设计意图］培养自主探究的意识与能力，鼓励学生自我发挥，激发学生的内在动力，使学生始终保持主体地位并贯彻始终，初步解决教学重难点。

（1）挂笺——膛子

①课件出示不同类型膛子的挂笺。

教师：挂笺的膛子图案多样，都有什么类型？各有什么寓意？

学生分析，小组讨论回答：

财神（人物）——招财进宝

鱼（动物）——年年有余

桃花、喜鹊（风景）——春暖花开

春字、福字（文字）——春节福来

②对称设计。

展示教师设计的挂笺作品。

教师：这个挂笺的膛子是什么图案？有什么寓意呢？

学生：两只喜鹊，寓意喜事连连。

教师：那这个挂笺的膛子是怎样设计的呢？运用了剪纸的什么技法？

学生：对称。

（教师小结）

（2）挂笺——穗子

教师：穗子纹样有方孔钱纹、花瓣纹、菱形纹、网格纹、万字纹、水波纹等，大家注意观察这些纹样有什么特点？

学生观察思考，回答：对称的。

教师：穗子同样可以运用对称的技法来设计。

（3）挂笺——边框

（课件出示图片）

教师：挂笺和窗花在张贴上有什么特点？

窗花——贴四角

挂笺——贴上边框

小口诀：设计挂笺要注意，边框切记要留意。

3. 探究挂笺的制作

［设计意图］增强学生团队意识及其设计创新意识，并在探究过程中进一步解决教学重难点。

（1）连接点的制作

课件出示图片。

挂笺和窗花在主体的制作上各有什么特点？

小口诀：连接点你要找好，我就不会往下掉。

（2）线条的制作

课件出示图片。

怎样保证挂笺的完整？

小口诀：线条要粗不易断，连接要多会更稳。

（3）教师示范，学生观看

挂笺的折制——上边框、下边框、穗子位置定位及膛子的对称折制。

挂笺的绘制——在对称折制基础上绘制，重点提示连接点位置的设计。

挂笺的剪刻——穿插剪、刻技法及安全要领。

（4）多种形式制作探究

课件出示图片。

教师：膛子的设计除了用对称的形式，还有很多是不对称的，这种挂笺我们怎么制作呢？

小组思考、讨论、回答制作步骤。

教师提示注意线条的处理及连接点的制作。

4. 展示同龄学生作品图片

［设计意图］增强学生信心，拓展学生创作思路。

（1）课件展示作品，并提出要求，带着问题欣赏挂笺作品教师：每组作品的主题是什么？

膛子分别用什么内容来表现，寓意是什么？穗子又是怎样表现的？

学生欣赏，小组针对问题进行讨论、分享。

（2）小组主题挂笺设计

教师：你们小组准备设计一款什么类型的挂笺，膛子和穗子分别怎样设计？表达了什么样的寓意呢？

小组交流，并探讨自己组内的挂笺设计思路，在彩纸上画出设计草稿。

分享设计创意。

3. 学生入手，创作实践

[设计意图] 培养学生的创意思维、小组合作和动手操作能力。

（1）实践内容：小组分工制作一组挂笺作品。

（2）实践要求：挂笺新颖，构成完整，线条连接清晰、巧妙，有美好寓意。

（3）教师辅导要点。

①膛子的设计是否有吉祥寓意；

②膛子或穗子的连接是否恰当；

③线条的粗细。

学生了解实践创作要求，并进行设计制作。

教师帮助设计中遇到困难的学生解决问题。

4. 分析作品，展示评价

[设计意图] 培养学生的综合评价能力，使学生体验成功的喜悦。

课件出示评价要点，引导学生多元评价：

（1）评价要点：

①创作挂笺构成完整，线条连接清晰；

②剪、刻等技法的运用恰当；

③挂笺设计新颖、实用，有美好寓意。

（2）展示并自评：小组展示自己的作品，对自己的作品进行介绍说明，并根据评价表简要评价。

（3）生生互评：点明自己评价的挂笺作品，结合评价表说出自己的见解。

（4）师评：根据教学目标、重难点、各个小组的完成情况，并结合评价表综合评价小结。

5. 课后探索，拓展延伸

［设计意图］激发学生向老艺人学习的动力，感受中国传统民间文化的魅力，养成对中国传统民间工艺的喜爱之情，延伸学生设计学习方向。

课件展示老艺人创作挂笺图片。

师：课下我们可以尝试不对称挂笺的设计制作方法，制作后同学们可以与老师、同学们一起相互交流。新年马上就要到了，挂笺的创作者也都已经开始进行剪制、创作了，我们可以利用假期的时间，寻找民间的艺人，看看他们都是怎样设计、剪刻挂笺的，相信那对我们的设计也会有很大的帮助。

五、学习效果评价设计

（一）评价方式

1. 过程评价

对学生美术活动中的表现进行及时评价：

（1）学生是否对教学活动感兴趣；

（2）学生是否积极参与到合作学习当中。

2. 创作评价

根据学生艺术实践的作品，有针对性地进行自我评价与他评，了解学生掌握知识的情况：

（1）学生能否掌握剪、刻等技法并恰当运用；

（2）学生创作挂笺构成是否完整，线条连接是否清晰；

（3）学生的挂笺作品设计是否新颖、实用，有无美好寓意。

3. 终结评价

（1）通过与学生的交流，了解学生掌握知识的情况；

（2）采用问卷法，设置 3 个问题：挂笺由几部分构成？分别是什么？你都知道挂笺的哪些美好寓意，你设计的挂笺寓意是什么？通过本课学习，你有哪些收获？

(二) 评价量规

评价内容	很好	好	一般
1. 学生自主学习兴趣浓厚,踊跃发言,积极参与小组合作。			
2. 掌握剪、刻等技法并恰当运用。			
3. 创作挂笺构成完整,线条连接清晰。			
4. 挂笺设计新颖、实用,有美好寓意。			

六、本教学设计与以往或其他教学设计相比的特点

1. 从熟悉的新年准备入手,增进与新知的距离

本课从春节前的准备入手,引出主题——挂笺,挂笺对于小学生来说较为陌生,但学生并没有真正去观察和了解这一事物。通过对新年挂笺进行观察理解、分析比较,使学生增强了对新年挂笺这一民间工艺设计剪刻的兴趣,激发了学生设计、创作愿望及对中国传统民间艺术的热爱。

2. 设计制作从已掌握的对称技法开始,由易到难慢慢突破教学重难点

在本课的设计制作环节,让学生在原来掌握的剪纸基本技法的基础上进行学习,使学生能够更直观、更快捷地掌握设计要点,增强学生设计制作的热情,尊重学生认知发展规律,有效地利用时间,提高学习效率,并在过程中增强学生的绘画设计和剪刻等动手能力。

3. 合作探究式学习的设计及注重学生主体性的体现

努力为学生营造宽松的学习环境,时刻遵循以学生为主体,引导学生自主的探究学习,在探究中发现和解决问题,真正体现学生的主体性地位。课程中给学生自由发挥的空间,使学生与教师在课堂上的互动更自然、轻松,让学生主动地参与到课堂的探究学习过程,提高学生自主学习能力,解决本课的重难点。

色彩明度练习（一）

教材来源：义务教育教科书《美术》第9册第7课

授课对象：小学五年级

设 计 者：曹　颖（北京市牛栏山一中实验学校小学部）

一、指导思想与理论依据

（一）以美术课程标准为指导

本课的设计体现《义务教育美术课程标准（2011年版）》的理念：美术的学习不再是单纯的以知识技能的传授为目的，而是应贴近学生年龄发展特点与美术学习的实际水平，通过各种美术媒材、技巧和表现过程的探索与实验，发展学生的美术感知能力和造型表现能力。基于《义务教育美术课程标准》的基本理念，本课设计了几个贴近学生年龄特点的教学环节："我是小侦探""实践出真知""慧眼识珠"等，使学生在轻松愉悦的状态下学习色彩的明度知识。通过"我来体验""艺术实践"等环节来体验色彩的明度变化带给人们的韵律美感。

（二）以建构主义为依据

本课以建构主义为理论依据。当代建构主义主张学习不是由教师把知识简单地传递给学生，而是由学生自己建构知识的过程。学生不是简单被动地接收信息，而是主动地建构知识的意义，这种建构是无法由他人来代替的。所以在本课的设计中，充分发挥学生在学习中的主体地位，让学生做学习的主人。教师在教学过程中，从传统的传递知识的权威转变为学生学习的辅导者，成为学生学习的高级伙伴或合作者。本课的教学设计中，教师为学生设计自主学习和小组探究合作学习的氛围，学生在浓厚的学习氛围下主动学习。

二、教学背景分析

（一）教学内容

本课的教学内容是色彩的明度，它是色彩的三要素之一。学生通过教师设计的一系列活动来感受色彩带给人们的独特魅力；在欣赏名家作品时感悟色彩的明度变化及不同明度的作品带给人的不同感受。学生通过亲身实践来体验色彩的明度变化；通过对比观察、分析、思考，进一步了解色彩的明度变化韵味，加深对明度层次感的理解，感受明度变化的节奏感；学生通过艺术实践活动来感受颜色明度变化的节奏美感。

本课知识是属于色彩知识体系的范畴，本课和下一课都是学习色彩的明度知识。对于本学段的学生来说，之前在三年级"色彩斑斓的窗户"一课中学习了原色和间色的知识，四年级上册"快快乐乐扭秧歌"学习了暖色的知识，四年级下册"向日葵"一课学习了同类色和邻近色的知识。学生对于色彩的知识有了一定的基础，再来学习色彩的明度知识就容易多了。另外，本课关于色彩明度的学习也为六年级上册学习"色彩纯度练习"做了一定程度的铺垫，因为它们同属于色彩三要素。

（二）学情分析

五年级的学生处于皮亚杰的"认知发展阶段理论"中的具体运算阶段（7—11岁），他们的思维具有明显的符号性和逻辑性，能进行简单的逻辑推演。但在很大程度上局限于具体的事物，以及过去的经验，缺乏抽象性。这些特点是处于此年龄段孩子的共性，针对以上情况，我在教学中精心准备了范画、教师示范视频等直观性教学材料来帮助学生深刻理解不同色相的明度变化和同一色相的明度变化。

五年级（3）班的学生对色彩的兴趣很高，喜欢用自己喜欢的颜色来表现周围的事物，同时也能在体验环节和艺术实践环节体会色彩的明度变化带给人的韵律美感。但是，学生们在用水粉调色时普遍会出现对于笔中的水粉和颜料的多少控制不好的情况。针对学生的上述特点，需要教师在示范时对调色的注意事项加以强调。

（三）教学方式与教学手段

主要采用自主探究和小组合作的学习方式，在教师的引导下主动地、个性化的学习。

（四）技术准备

PPT课件、实物投影、图片、视频等。

三、教学目标

（一）知识与技能

1.学习色彩的明度知识，知道加白和加黑可以改变一种颜色明度高低；

2.能够辨别不同色相和同一色相的明度高低。

（二）过程与方法

1.在观察、比较、自主学习、体验探究的过程中掌握明度渐变的调色方法；

2.在此过程中感悟色彩明度渐变所产生的节奏美感和秩序美感。

（三）情感态度与价值观

1.体验色彩明度变化带给人们的韵律美感；

2.感悟色彩可以装点我们的生活，让我们的生活更加丰富多彩，从而激发热爱生活和大自然的情感。

（四）教学重点

能够辨别不同色相和同一色相的明度高低，知道加白和加黑可以改变一种颜色的明度。

（五）教学难点

色彩明度渐变的调色方法，创作出有节奏美感的画面。

四、教学过程

（一）游戏导入

1.慧眼识珠（1）

［设计意图］在游戏过程中轻松引入本次课题。通过对比观察，学习理解色彩明度的基本知识：颜色越浅，明度越高；颜色越深，明度越低。

师：我们先来做一个小游戏，请你观察一下色相环，对比分析哪一个颜色

最浅，哪一个颜色最深？

学生：黄色最浅，蓝紫色最深。

师：同学们观察得特别仔细，我们把最浅的颜色称为明度最高的颜色，它是黄色；最深的颜色称为明度最低的颜色，它是蓝紫色。这里大家需要知道明度的定义：色彩的明暗（深浅）程度。也就是说颜色越浅，明度越高；颜色越深，明度越低。

今天我们来学习第7课《色彩明度练习（一）》

（二）探究新知

1. 慧眼识珠（2）

［设计意图］通过对比观察不同背景下的绿色，来判断绿色的明度，让学生明白色彩的明度是通过对比来判断的。

师：请你来看绿色，怎样来辨别它的明度高低呢？请看下面的两幅图片，同样是绿色，它在不同颜色的背景下，色彩的明度一样吗？

学生：观察思考，回答问题。

师：真棒，也就是说色彩的明度高低是通过对比来辨别的。

2. 我是小侦探

［设计意图］加深明度的辨别方式是通过对比来实现的。

师：请你对比观察，这些彩色的气球中哪一个颜色明度最高，哪一个明度最低？

学生：对比观察，回答问题。

师：通过对比，我们能轻松地找出哪一个颜色明度高，哪个颜色明度低。但是我们看，同样是蓝色的两个气球，它们的明度一样吗？

学生：观察思考，回答问题。

师：同学们真厉害，通过对比，我们知道不同色相具有不同的明度；同一色相，由于深浅不同，它们的明度也不一样。浅色明度高，深色明度低。

3. 厚积薄发

［设计意图］在练习中巩固色彩的明度知识，能够辨别不同色相和同一色相的明度高低。

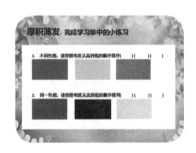

师：大家对于色彩的明度知识学习得很透彻了，那我们做一个小练习吧！看谁能够迅速地完成学习单上的内容，请一个同学上前来拼摆。

学生：完成学习单。

4. 实践出真知

［设计意图］在实践中验证自己的猜想，通过实践证明一种颜色加入黑色和白色会降低或提高该颜色的明度。

168

师：我们对于色彩明度的知识已经掌握得很好了，那老师问你一个问题，怎么样改变一种颜色的明度，而不改变色相呢？请说出你的猜想。

（预设）学生：加其他颜色；加水；加黑加白。

师：刚才同学们说了那么多种方法，我们一起来试一试，看哪一种方法是可行的。请同学们分组尝试不同的方法，一起来验证我们的猜想。

学生：一组、二组尝试加入其他颜色，三组尝试加水，四组、五组尝试加入黑色和白色。

5. 向大师学习

[设计意图] 学习大家是如何利用色彩的明度来组织画面的。

《加速的汽车》（油画）巴拉（意大利）

小组讨论：
画面中有（　）色的明度变化。
给我一种（　）感觉。

《我的祖国我的人民》
（中国画）黄永玉

师：我们学习了色彩的明度知识，我们一起来看看画家是如何运用色彩的明度的。请你观察两幅名作，和小组讨论一下，两幅作品中具有哪些颜色的明度变化？给你什么样的感受？

（预设）学生：《加速的汽车》有橙色的明度变化，给我一种速度的感觉。《我的祖国我的人民》有蓝色的明度变化，给我一种希望的感觉。

6. 明确定义

[设计意图] 明确色彩明度推移的定义，为下一步的我来体验做准备。

明度推移（明度渐变）：明度由浅到深的逐渐变化过程，形成不同的明度台阶。

师：请你观察以下两幅作品，你觉得用水粉画这样的作品，有什么特点？

（预设）学生：有明度从深到浅的变化。

师：像这种明度由浅到深的逐渐变化过程，形成不同的明度台阶，叫作明度推移。我们再来欣赏一下用明度推移来绘制的作品。

7. 作品欣赏

［设计意图］通过画作的欣赏来明确绘画的方法，为接下来的艺术实践做准备。

师：我们可以利用同一色相从深到浅的渐变过程来表现相对抽象的图形，从而来体现色彩明度的韵律感；我们也可以通过不同色相的明度对比来表现相对具体的物象。

学生：欣赏

8. 我来体验

［设计意图］在自己的动手操作过程中，体验色彩明度的调色方法。

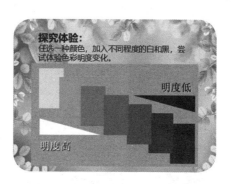

师：现在，老师给你们两分钟的时间，请你任选一种颜色，加入不同程度

的白和黑，尝试体验色彩明度变化。

学生：（进行艺术体验）选择一种颜色，加入白色和黑色来体验色彩的明度变化。

9.教师示范

［设计意图］在示范中，学习调色的注意事项，为接下来的艺术实践做准备。

师：在调色过程中，你遇到了哪些问题？

学生：（预设回答）水分控制不好，颜料的多少控制不好。

师：请你看一下老师的示范，你都记住了什么？

学生：（预设回答）加入白色要多加，加入黑色要少加；颜色要一次性调够。

（三）艺术实践

［设计意图］在实践环节，体会色彩明度变化带来的节奏美感和韵律感。

师：看了这么多，我觉得大家都想在画纸上大展身手了，那请你进行艺术实践吧！

1.内容：选择一种自己喜欢的颜色，逐渐加白或加黑，画出这种颜色的明度变化，感受明度变化的节奏感。

2.要求：画面干净，涂色均匀，明度变化明显。

学生：进行艺术实践活动，体验色彩明度变化的韵律美感。

（四）展示评价

［设计意图］在自评与互评中，锻炼学生的口语表达能力和欣赏优秀作品的能力，学会用较为专业的语言来评价一幅具有色彩明度的水粉画。

1.生生互评：请学生来评价黑板上的学生作品，可以从以下几方面进行评价（出示评价量表）。

2.学生自评：学生评价其他人的课堂作品之后，作者进行自评。

3.教师评价（总结）：同学们今天的作品特别好，看来大家都掌握了用水粉这种工具来表现色彩明度变化的方法，你们真棒！老师最喜欢这幅作品，因为画面干净，调色均匀，色彩的明度变化也很明显，你真棒！

（五）拓展延伸

［设计意图］在欣赏中感悟色彩的明度变化在生活中的应用。

师：在我们的生活中，可以随处可见漂亮的颜色，比方说设计师利用色彩

171

的明度变化来设计衣服，为人们带来更加新颖独特的服装，带给我们美的享受。

我们在穿衣搭配上不妨可以利用色彩的明度变化来让自己更加美丽。

五、学习效果评价设计

（一）评价方式

1.随堂评价：对学生在美术课堂中的表现给予及时评价

（1）学生的学习热情是否高涨；

（2）学生是否积极主动回答问题；

（3）学生是否积极主动完成艺术实践。

2.作业评价：对学生的美术作业进行生生互评、学生自评和教师评价

（1）学生能否用水粉颜料进行调和，进而改变色彩的明度；

（2）学生作品的画面是否干净整洁；

（3）学生的作品能否体现出色彩的明度阶梯变化。

（二）评价量规

评价内容	自我评价	伙伴评价	教师评价
画面干净			
调色均匀			
色彩明度变化明显			
你最想感谢谁，为什么？			

六、本教学设计与以往或其他教学设计相比的特点

1.尊重学生的主体性

本次教学在设计中充分发挥学生的主动性。在环节的设计上，基本上每个小知识的学习之后都设计了小练习，来巩固所学知识。力求做到"有效的教，有效的学"，使学生能够在学习中真正有所收获。

2.注重实践性

在"实践出真知"环节，采用了请学生说出你的猜想，然后用实际行动来验证的形式来证明只有加入无彩色中的黑和白才能改变一种颜色的明度，而不改变色相。学生对经过亲自试验之后的结果更加信服，学生在此过程中既学习了知识又锻炼了动手能力。

3. 评价量化

在评价环节，教师为学生制作了评价表，评价表的设计考虑到评价的几个方面，可以为学生评价作品提供一定的思路。

画家齐白石

教材来源：义务教育教科书《美术》第 7 册第 8 课

授课对象：小学四年级

设 计 者：杨　爽（首都师范大学附属顺义实验小学）

一、指导思想与理论依据

"画家齐白石"属于"欣赏·评述"学习领域。结合当下学科素养本位的美术教学理念，教师在整个教学过程中重点强调中华文化，力图把中华文化变成学生的根。以《义务教育美术课程标准（2011 年版）》为理论依据，注重教学活动的综合性与探究性，运用多种形式表现学生的所见所闻、所感所想，培养造型表现能力和创造能力。

二、教学背景分析

（一）教学内容

本课从解析齐白石为什么会成为世界级的人物入手，从画家生平、创作风格、画作意趣等方面引导学生观察欣赏，锻炼图像识读的能力。根据学生的年龄特点和认知水平，在教学中抓住齐白石的一些"特殊技能"介绍给学生，调动学生的学习兴趣，引导探究发现。中国特色和传统文化集中于他的身上，他的很多精神值得我们去学习，通过讲述他的作品和刻苦学习的经历，激发学生学习中华传统文化，力求在生活中去发现和继承。

（二）在全套教材体系中的地位和作用

本课与后面的"中国画学画荷花""中国画学画青蛙"构成一个单元，本课主要以欣赏为主，为后面的中国画做铺垫，先欣赏大师的作品，并通过了解大师成功背后的故事，体会中国画作画的独到之处，为后面两课做铺垫。

（三）学情分析

四年级学生已经具备了一定的欣赏能力，并会简单地谈一谈自己欣赏后的感受，因此要给学生更多的欣赏和鉴赏的机会，进行多元评价。

（四）教学方式与教学手段

主要采用自主探究和小组合作的学习方式，在教师的引导下主动地、个性化地学习。

（五）技术准备

PPT课件、图片

三、教学目标

（一）知识与技能

了解画家齐白石的生平，初步感受其作品的艺术特点，体会作品简洁生动、意趣丰富的特点，初步掌握欣赏评书的方法。了解欣赏评书的基本步骤，结合已学过的中国画基本知识技法，分析齐白石作品的笔墨变化，能用简单的美术术语描述对作品的理解与感受。

（二）过程与方法

通过对比观察、问题引导、体验探究等方法，引导学生体会作品表达的丰富意趣，了解画家创作的过程和敢于创新的艺术特点。

（三）情感态度与价值观

在欣赏评述的过程中，感受大师作品的艺术美感和创新精神，激发学生大胆表现对写意中国画的感受，鼓励传承中国优秀的艺术文化。

（四）教学重点

了解画家齐白石的生平，初步感受其作品的艺术特点，用简单的美术术语描述对作品的理解与感受。

（五）教学难点

初步感受作品的丰富意趣，激发学生学习中华传统文化，力求在生活中去发现和继承。

四、教学过程

（一）肖像引入

［设计意图］教师出示肖像，引出课题。

师：同学们，今天老师要带大家认识一位老爷爷，这位老爷爷非常了不起，我先不说他是谁，请大家猜猜看，提问：看到这位老爷爷的肖像，你们知道他是谁吗？他是做什么的？

（播放课件，出示齐白石肖像）

生：齐白石爷爷。画家、木匠……

师：没错，看来同学们都认识齐白石。今天我们这节课的主要内容就是要带大家更加深入的认识"画家齐白石"。

（出示课题——《画家齐白石》）

（二）技能解读

1. 讲述齐白石的生平

师：在今天的内容开始前，首先我想提一个问题，请同学们思考，为什么齐白石爷爷能成为世界级的人物？带着这个问题，开始我们今天的内容。首先给大家简单的补充介绍一下齐白石爷爷，他是湖南湘潭人，小的时候他一直在乡下，年轻时干过农活儿、做过木匠。从小就非常喜欢画画，画过很多作品，但是苦于一直没有老师指导，所以之前一直没有什么成就。

后来他拜过几位老师，有了老师之后呢，他勤学苦练，并且青出于蓝而胜于蓝。他的成名主要是因为他的《红花墨叶》作品，齐白石爷爷画画非常刻苦，他的儿子齐良迟曾说过齐白石一生只有两天没有画画，其余时间一直都在画。那这两天是哪两天呢？一天是他的母亲去世当天，他特别悲痛，实在没有心情画画。另一天是他生命的最后一天，病得实在起不来了，没有画画，剩下的时间他都在画，所以一生留下了数万件作品。

［设计意图］先介绍齐白石的生平，让学生对他有更多的了解，通过介绍齐白石对绘画的喜爱，预设后面他的刻苦勤奋和对绘画的思考所取得的成绩。

2. 剖析齐白石的"特殊技能"

（出示课件，展示齐白石的画，让学生观察他喜欢的题材是什么？）

师：齐白石画画最擅长的题材是写意的花卉配上工笔的草虫。他的绘画作品农家的气氛很多，这都是因为小时候生长在乡下。他有很多的"特殊技能"，同学们想知道吗？

生：想知道。

技能一：不画水能表现水

师：接下来我们来一一列举。齐白石最绝最绝的是他能够把自然界的一些东西表现出来，举个例子，他能一笔不画表现出水。

（出示课件《虾》）

师：这个虾是在水里的，他是用什么表现出来的呢？他用虾的须子表现出虾在水中游。齐白石在家里画虾的时候，弄个小盘子，把虾放在一个白盘子里，每天无时无刻不在观察。他画的虾不是河虾也不是海虾，是他自己创作出来的虾。而且画虾的时候一笔水都不画，通过它的须子去表现出正在游的状态，表现出水。我们再来拿真实的虾和齐白石爷爷笔下的虾进行对比，仔细观察，齐白石的虾给你哪些不同的感觉？他运用了怎样的笔法和墨色？

（出示课件，真实的虾照片和齐白石的《虾》进行对比）

生：生动传神、晶莹剔透、简洁概括、适当变形……简化、穿插、疏密、呼应……

［设计意图］介绍齐白石擅长的绘画题材，以最著名的虾作为本课的开端，介绍齐白石作品的传神之处，激发学生的兴趣。

技能二：不画风能表现风

师：所以，同学们看他不画水但能表现出水，他不画风但他还能表现出风。为什么这么说呢？这里有一个故事，齐白石的儿子齐良迟曾经说他的父亲，每天早晨起来第一件事都干什么呢？他在一个白盘子里倒上水，水里边放些糖，搅和搅和把它放到花池子上去，自己回到屋里走到大砚台旁研墨。他的砚台非常大，每天早晨都要先研墨，所谓研墨就是在那画圆圈，其实就是在练基本功，在这画圆圈，慢慢地研，研半个多小时，研完了之后他累了，于是溜达到花池子旁看这个白盘子，这时白盘子上有蜜蜂来了，齐白石爷爷要干什么呢？他要研究创作蜜蜂飞舞时的写意画法。我们大家都知道蜜蜂在飞的时候翅膀是不停地颤抖的，齐白石爷爷就非常仔细地在那儿观察，观察一

天，观察两天，长时间的观察之后，最后就创作出了这种蜜蜂的画法。

（出示课件，蜜蜂作品）

师：同学们看，齐白石爷爷没有画风，我们却能看到蜜蜂在风中飞舞。看到蜜蜂的翅膀在抖动着让我们就有风的感觉，所以齐白石不画水能表现水，不画风能表现风。大家觉得厉不厉害？

生：厉害。

[设计意图]讲述齐白石"特殊技能"的小故事，继续深入激发学生的兴趣，让学生更加深入的体会齐白石的刻苦努力。

技能三：表现声音和距离

师：齐白石爷爷更绝的还有什么呢？他能画声音，还能画距离。大家相信吗？

生：不相信。

师：这里又有一个故事，大家知道老舍先生吧。他是一位非常著名的作家，他和齐白石爷爷是好朋友，一天到齐白石家里去串门，说："你能帮我画一张画吗？"齐白石问："什么画？""蛙声十里出山泉，我有这么个题目，你给我画一张画吧。"齐白石说："行，但是今天不能给你，我得考虑考虑怎么画这张画。"然后齐白石就绞尽脑汁思考这件事，《蛙声十里出山泉》怎么去表现呢？同学们想一想，如果是你，你怎么去表现？

学生回答。

（出示课件：《蛙声十里出山泉》）

师：大家看这是齐白石爷爷经过深思熟虑通过他灵感的发现，画了这么一张画，什么呢？就是一个溪水的水口，然后水流出来了，这个纸是一张竖版的纸，很长，

然后呢这个水里面有几只蝌蚪，蛙声十里出山泉，这几只蝌蚪游了十几里地之后，它就变成了青蛙，变成青蛙就呱呱呱地叫了，所以齐白石爷爷没有具体的表现，但是用很简单的一幅画就描述出了老舍先生的这个题目，把这个意境表现得淋漓尽致。大家想想看，齐白石爷爷是不是非常地聪明，非常地有智慧，所以这张画是非常绝妙的一幅作品，他的构思非常巧妙。

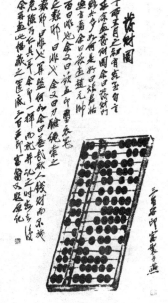

[设计意图] 通过故事将学生的兴趣点循序渐进地提升到最高，学生更加佩服齐白石爷爷，对传统文化产生更加强烈的敬佩之情。

技能四：表现中华民族优秀品德

师：除此之外，齐白石的画还能画出我们中华民族的优秀品德。在这里，老师又要给大家讲一个小故事了，大家先看这幅画，这幅画叫《发财图》。

（出示课件：《发财图》）

师：这上面画的是一个算盘，这张画是有出处的，这个《发财图》非常有意思，因为齐白石以卖画为生，有一天有一个人，来他这儿买画，买它什么画呢？那个人说："你给我画一张《发财图》。"齐白石想了想："好，我给你画个赵公元帅吧，这赵公元帅是民间传说中的财神。"然后买画的那个人说："赵公元帅太俗气了！"齐白石爷爷说："那我给你画个强盗吧，你想发财，你这是横来的财富吗？"这个客人也不乐意，后来齐白石说："要不给你画个官帽吧？"客人也觉得不好，最后说："那画个算盘怎么样？"结果客人觉得不错，同意了。同学们想一想，算盘的寓意是什么呢？

生：算钱、精打细算……

师：没错，寓意就是我们无论有多少钱，不算计，不精打细算，那都是过眼烟云，还是会受穷。所以齐白石爷爷是把我们中华民族的优秀品德表现出来了，表现的是勤俭节约。非常地绝妙，齐白石有这么高超的技术。大家觉得他厉不厉害？

生：太厉害了！

师：在父亲言传身教的影响下，不光是齐白石连齐白石的四儿子齐良迟也具备这样的品格。有一次他去钓鱼，别人钓鱼都看鱼钩、鱼漂，他看什么？

齐良迟看水里的小螃蟹，他看小螃蟹什么呢？他在看小螃蟹的八条腿怎么走。这八条腿怎么走，我想现在让同学们画，大家肯定不会画，因为我们就没有仔细观察过，它是先迈哪条腿，后迈哪条腿。这八条，你得仔细再仔细地观察，才能画出来，不然画出来的都是死螃蟹。所以齐白石和他的后人都是非常热爱生活，我们从他的作品中能够感受到。他没有长时间的观察、长时间的思考和长时间的实践，他根本画不出来这样的写意。

师：接下来，我们再打开书看一看他的《和平》和《祖国万岁》这两幅作品。他的很多作品都在表达着他对祖国的热爱，他还被评为"世界和平金奖"。我们国家成立初期最著名的画家除了张大千，就是齐白石了。现在我们了解齐白石爷爷为什么在世界上都非常有名了。因为他把我们国家很多的优良传统和对祖国的热爱都表现在他的画面当中。齐白石爷爷是非常热爱祖国的，我们看他的作品《和平》画了两只和平鸽，主要想表达热爱和平。

这样一个画家，我们应该好好向他学习，学习他的品质，朴实、勤俭节约。他还有很多的学生，也都是很著名的画家。

［设计意图］进一步讲述齐白石笔下的绝妙之处，让学生由衷地对他产生敬佩之情，深入对传统文化的渗透。

（三）实践活动

"小小百家讲坛"——《我知道的齐白石》

要求：利用老师提供的图片、文字资料及教科书，向大家介绍，你对齐白石的了解（艺术成就、作品赏析、生平经历等）。向你身边的同学进行介绍。

生：小组互相介绍自己今天所了解到的齐白石。

［设计意图］锻炼学生互相评述、互相倾听的好习惯。

（四）课堂评价——生生互评

1. 小组同学互相评价。

2. 根据同学刚才为你介绍作品的情况，填写评价表。

作品名称		评书人姓名	
1. 对齐白石的了解		☆ ☆ ☆ ☆ ☆	
2. 评书作品清晰全面		☆ ☆ ☆ ☆ ☆	
3. 能说出齐白石的艺术成就		☆ ☆ ☆ ☆ ☆	
4. 你对同学的建议		☆ ☆ ☆ ☆ ☆	

（五）拓展延伸

师：我们的祖先确实是非常了不得的，我们的齐白石爷爷画画一笔下去之后，笔笔都是非常精细，不会出错，画面上没有一笔是废的，每一笔都是特别精致的，只有做到这样，他画出来的东西才耐看。我们有些同学平时也喜欢画画，画出来的一幅作品，可能今天看没问题，明天看没问题，时间长了没准我们有一天看着就觉得有些别扭了。而齐白石爷爷的作品，并不是，它还有升值空间。齐白石爷爷不仅在绘画上有很大成就，他还精通诗文，写作也是非常精到，诗、书、画、印，齐白石爷爷是全能的。像齐白石爷这么全能的艺术家，可以说当代没有，只有他一个人。齐白石不仅画画很刻苦，刻印章也非常刻苦。为了刻印章，在家里的地上刻完了磨刻完了磨，结果客人来了一看满地的水、磨石头磨得满地都是水。

师：有人想和齐白石学画画，结果他的朋友说："你想和齐白石学画画？你先回家先买一大马车纸，把那一车纸都画完了你再来！"说明齐白石爷爷当年下了多大的功夫，所以这个画画不是几笔，不是一挥而就，看似简单，但背后是需要很大的功夫。包括他写的字、刻的印章，他都不是一天两天的功夫，所以他有这个成就绝非偶然。

师：这些都是前人的创造，那到我们这儿怎么办？我们要继续往前走，前面已经走到这里了，已经可以说齐白石爷爷走到极致了，可以说齐白石爷爷是相当了不起了，但是我们怎么办？我们要继承齐白石的聪明智慧，然后我们争取再往前走一点，我们要仔细观察，发现生活中的美，然后思考，思考我们怎么去表现，最后勇于实践。那我们国家现在科技有些地方还是落后于别的国家的，我们必须要在这方面下功夫，我们要努力往前赶。这要靠什么呢？要靠一大批科研工作人员的集体智慧和我们传统的工匠精神，一丝不苟差一点都不行，所以齐白石就做到了这一点，画一张画值多少钱，它就值多少钱，并且将来还能升值，随着时间的延续，他的画越来越被大家所喜爱，因为他的每一个形象都花费了他的心血。

[设计意图] 把齐白石的刻苦和成就相结合，更加加深学生对齐白石爷爷的喜爱，对中华传统文化的热爱。

五、学习效果评价设计

（一）评价方式

1. 随堂评价

对学生美术活动中的表现进行及时评价：

（1）学生是否对教学活动感兴趣；

（2）学生是否积极参与到合作学习当中；

2. 课后评价

（1）通过与学生的交流，了解学生掌握知识的情况

（2）采用问卷法，设置4个问题：1. 对齐白石的了解；2. 评书作品清晰全面；3. 能说出齐白石的艺术成就；4. 你对同学的建议。

（二）评价量规

评价内容	很好	好	一般
1. 对齐白石的了解			
2. 评述作品清晰全面			
3. 能说出齐白石的艺术成就			

六、本教学设计与以往或其他教学设计相比的特点

1.通过解读齐白石的一些"特殊技能"增加课堂趣味性

以齐白石生前的趣闻逸事切入，不仅让学生了解了齐白石卓绝的绘画技法，更将重点放在齐白石的画作上，为学生呈现出一堂丰富立体的美术课。

2.传承传统文化的工匠精神

不仅让学生了解齐白石的作品，更让学生感悟古人的工匠精神，从而升华课堂，渗透德育思想，传承齐白石一丝不苟的精神。

美丽的染纸

教材来源：义务教育教科书《美术》第 5 册第 2 课
授课对象：小学三年级
设 计 者：文　婷（北京教育科学研究院附属顺义实验小学）

一、指导思想与理论依据

"美丽的染纸"属于"设计·应用"学习领域。强调学生的主体作用，以培养学生利用多种折法浸染色彩，创作出千变万化的染纸作品，以《义务教育美术课程标准（2011 年版）》为理论依据，注重教学活动的创新性与功能性，运用多元探究方式由学生亲自参与探究实践总结出来，培养探究能力和艺术创造能力。

二、教学背景分析

（一）教学内容

通过回顾上节课"色彩滴染"的学习内容并通过情景式导入，让学生再次感受色彩变化知识，通过折纸、染纸的艺术实践，进而提高学生的设计创新能力。针对本课的色彩学习内容与生活联系紧密、表现形式丰富多样的特点，运用合作学习、探究学习等形式，进行自主探究和大胆创作，培养学生创新精神，感受染纸艺术的形式美。

（二）在全套教材体系中的地位和作用

本课与第一课"色彩滴染"及后面的"奇妙的效果"构成色彩与效果单元，本课是在学会三原色、三间色基础上，运用多种折法用浸染的方式色彩变化，侧重于浸染的时间和探究混色变化规律，而"奇妙的效果"则在掌握色彩运用的基础上侧重不同媒材的色彩表现，因此本课具有承上启下的桥梁作用。

（三）学情分析

三年级学生已经学习了多种表现形式，如刮画、剪纸、水粉等，为本课的丰富表现奠定了基础；同时，三年级学生掌握了三原色与三间色混色变化规律，

184

具有一定的观察能力和造型能力，但较准确在浸染色彩中留白的处理仍有一定的难度，因此，浸染色彩的方法与色彩搭配仍是本课的重要学习内容，需要教师加强演示和辅导。

（四）教学方式与教学手段

主要采用"情景式"、自主探究和小组合作的学习方式，在教师的引导下主动地、富有创作性地学习。

（五）技术准备

实物投影、PPT 课件、图片、视频、Pad 等。

三、教学目标

（一）知识与技能

1.知道生宣纸几种浸染方法，通过浸染过程，感受色彩变化的美；

2.利用折、剪等方法，将染纸进行装饰设计。

（二）过程与方法

1.通过小组体验，活动探究中，了解宣纸是怎样被染出来的，通过亲手折染让学生感受到色彩的自然美，培养探索精神；

2.通过动手实践，巧妙设计新奇的染纸作品，培养创新精神。

（三）情感态度与价值观

1.提高学生学习美术的兴趣，拓宽设计思路，培养创新精神；

2.在创作中感受色彩的魅力，培养学生热爱生活、关注民族艺术情怀。

（四）教学重点

创造性的折法及色彩的搭配。

（五）教学难点

掌握浸染的时间及空白的处理。

四、教学过程

（一）情境导入

[设计意图]创设音乐情境，学生步入教室看到窗上挂着染纸千纸鹤窗帘，桌面摆放扎染桌布、生活中丝巾，了解扎染艺术的技艺，激发学生学习兴趣。

1. 观察丝巾，教师：猜猜上面的纹样是怎么做出来的？

学生：回答。

2. 学生汇报课前查找的资料，介绍扎染：扎染是我国的一种传统手工印染工艺。最初是因不小心将纸的一部分弄上了颜色，后来发现被染的纸很好看，便开始对染纸方法进行尝试，在实验中，人们发明了扎染。

3. 学生：欣赏生活中的扎染物品。

教师小结：今天我们就用宣纸来表现与扎染很相像的美丽的图案——染纸。

板书课题——《美丽的染纸》

（二）探究新知

1. 介绍染纸

［设计意图］通过折纸的过程，渗透给学生染纸的第一步是折纸。解决本课重点——折法。

（1）教师：出示生宣纸，染纸就是用吸水性强的纸，如宣纸、毛边纸进行折叠，并通过染色的方法形成美丽的纹样。

学生：摸一摸，感受生宣纸的材质。

（2）小游戏：折纸大比拼

看谁在最短的时间内，折出最好看的作品。

实践活动：用生宣纸进行折纸比赛。

点评作品，给予肯定。

2. 折纸大变身

［设计意图］解决教学难点，折纸的

方法决定了染的效果。因此探究折法页拓宽了学生的设计思路。

教师提问：接下来哪位同学能用彩色的墨水使你的折纸作品变得五彩缤纷，更加美丽？

问：除了滴染还有什么方法？

（1）学生小组探究

先把一个角盛到有颜色的碟内。由于生宣纸的吸水性强，颜色自然渗到里面，出现了晕染效果。

（2）完成学习单

①两色相遇时，发生什么样的色彩变化？

②纸的一个角上着了两次不同的颜色会发生什么变化？

③深浅的着色顺序有什么不同？

（3）小组畅谈

①两色相遇，产生间色。

②先着浅色，再着深色。

③从着色的面积看不是折纸打开的效果。

（4）染纸变变变

观看微格视频：

①有什么感受？

②色彩有什么变化？怎么变的？

③你喜欢哪幅作品？说说理由。

教师总结：生宣纸渗水性强，浸染时间决定了色彩面积大小。作品的折叠方式与染色效果有直接的联系。常用的田字折、米字折、辐射折，还可以自己充分发挥想象力，设计出更多的折法，染出新颖别致的作品。

学生活动：根据不同的探究方式用三原色进行探究创作。

3. 教师示范

［设计意图］通过部分难点示范，解决教学中染色不匀、颜色搭配的问题。解决教学难点，了解步骤及注意事项。

教师活动：

折纸——各种折法展示。

染法——色彩搭配，适当留空白，控制水分。

揭法——稍晾一会儿，细致小心的揭开，按原来的折叠顺序。

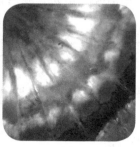

学生活动：

继续观察花纹的特点，为自己创作做准备。

提示注意：

为了使纹样更富于变化，可以用棉签毛笔等蘸颜色在纸上面点点、画画。

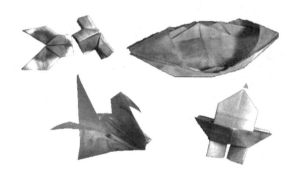

（4）欣赏优秀作品

［设计意图］激发学生的表现欲望，拓宽学生思路。

欣赏要求：作品的折法，主体色彩是如何搭配的？

学生欣赏，小组讨论：得到的结果是，利用折、剪等方法，对染纸进行装饰设计。

色彩要有变化，对比突出主体。

5. 染纸再变身

教师：出示一张染纸作品，请同学们思考，美丽的染纸还能再变身吗？怎样变呢？

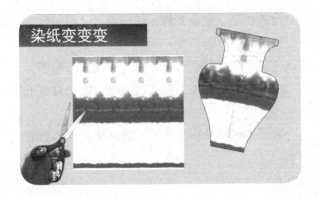

小组总结：（1）在染纸的基础上融入彩纸拼贴。

（2）把没染好的作品直接撕、剪出形象。

（三）艺术实践

［设计意图］发展学生的个性，培养学生的设计能力，求异创新。

实践内容: 选择自己喜欢方式,利用折、染的方法设计制作美丽的染纸作品。

实践形式：

根据学生的兴趣，将学生分为暖色组、冷色组、混色组、剪纸组等，分别进行实践。

实践要求：

1.折法清楚，特点鲜明。

2.色彩搭配美观，主体突出。

3.注意蘸色的位置，时间的控制。

教师辅导：个别辅导与集体辅导相结合，辅导重点放在打开染纸作品的环节。

（四）家校随评作品

［设计意图］突出评价的综合性，多角度评价学生的作品，促进学生的发展，体验成功的快乐。

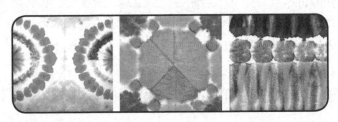

1.各组展示自己的作品，生生互评，说一说自己用的什么色彩？用的什么表现形式？

2.自评：介绍作品中最生动的地方，并说一说自己的体会。

3.家长随评：通过钉钉家校本、微信班级群，家长对孩子作品进行评价，共同欣赏。

4.师评：结合教学目标，从作品折法、表现形式及色彩染法和创意等方面进行综合评价。

（五）课后拓展

［设计意图］情感的升华，培养学生情怀，激发学生的民族艺术情感。

课件：扎染民间艺术工艺品。

师生一起将美丽的染纸作品装饰教室，灿烂童年。

五、学习效果评价设计

评价内容	很好	好
1.学生参与课堂活动积极性高，合作有实效。		
2.学生能创作出生动的染纸作品。		
3.学生采用媒材丰富、恰当。		
4.作品构图饱满、色彩美观。		

六、本教学设计与以往或其他教学设计相比的特点

1.注重教学方式的多样化，培养学生创新思维能力，激发学生主体作用

本课是动手体验媒材和效果的实践课，为了学生更好地掌握新知识在学习的处理探究、多种尝试等方法，采用先折再染，分组解决难点进而找出色彩的变化规律这一系列的学习活动，由浅入深，层层递进，符合学生的认知规律与年龄特点，培养创新思维能力，激发学生主体作用。

2.采用多元合作探究的方法解决本课的重点内容，助力学生有效学习

利用不同的折法进行染纸是本课的一个重点，为了学生在有限的时间内了解到不同表现技法，我在教学中采用微格教学和小组合作的方法进行。让学生直观了解到染纸方法及注意的问题，有效突出了本课的重点内容。

3.利用扎染民间艺术色彩探究规律，注重学科特点深入挖掘

课程伊始，以生活中扎染的实物若干件、课件、实物投影、学生制作的优

秀染纸作品代入课堂。教师示范错误的效果，着重说明"折"这一步骤的重要性，反向促进以达到教学目标。对于染色中，学生无法掌握留白的技巧，教师以扎染视频直观展示颜料的顺序不对会影响最后色彩的呈现。信息多元化的体现染色的方法和染色技法在生活中的应用。激发学生对于中华优秀传统文化的热爱，让设计真正应用在生活里。

七、板书设计

中　学　篇

文化浸润　主题教学

——构建农村高中美术校本课程的研究

北京市顺义牛栏山第一中学　高丽莉

一、课程研究背景

（一）面向未来，美术教育是孕育和激发创新人才的土壤

艺术能够潜移默化地影响人的情感、气质，能够温润心灵，激发创新精神。大数据时代对人才培养提出了新的要求。在人工智能发达的未来社会，以视觉、造型、空间、创意、美感为核心的美术素养将成为人们生存与发展的必备素养。

（二）美术课程是培养学生人文素养的途径之一

学生发展核心素养明确提出，学生的文化基础包含人文积淀、人文情怀和审美情趣等。美术课程通过创意活动、美的体验等强化学生美术素养，提升人文精神。

（三）农村学生艺术素养亟待提升

我校是一所地处北京远郊的寄宿制示范高中，学生大多来自农村家庭。一方面，他们的学科素养较好，但因多方面条件所限，美术素养相对薄弱；另一方面，高中阶段正是人生发展的黄金时期，学生对审美态度、美术表现和文化理解等需求逐渐增加为了满足学生日益增长的成长需求，尤其是在农村学校培养出具有科学和艺术素养兼顾、面向未来的创新型人才，我校以学生全面发展为引领，大力提倡艺术教育，创造性地开发出了一系列适合提高农村高中学生艺术素养的校本课程，并取得了显著的阶段性成果。

二、文化浸润，主题教学——农村高中美术校本课程的实施

（一）课程理念

1.培养美术学科核心素养、促进全面发展

借助各种资源帮助学生通过联系生活进行美术表现，形成良好的审美判断能力，发展创新意识和创造能力，认识丰富的文化现象，坚定文化自信，更好地全面发展。

2. 调动资源，丰富课程，满足学生全面而有个性的发展需求

精选能够充分发挥美术学科育人功能的基础知识和基本技能，构建具有时代特征的高中美术课程，调动各种资源，使课程内容多样化，营造自主选择的学习环境，并通过增强课程内容与其他学科及社会生活和职业生涯的关联，满足学生全面而有个性的发展需求。

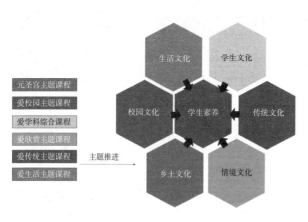

3. 情境创设，主题探索，通过多种方式解决问题

创设问题情境，引导学生开展学习过程，并鼓励学生在信息化环境下，尝试通过多种方式获取知识与技能，产生创意并形成见解，学会用美术及跨学科知识解决学习和生活中遇到的各种问题。

（二）课程目标

通过课程学习，学生能够运用多种工具材料和美术语言进行主题性表达，学以致用；在主题教学中，感受并分析自然、日常生活和美术作品中的美，形成健康的审美观念；运用创造性思维进行创意实践，从文化的角度分析和理解美术作品，认同并弘扬中华优秀传统文化，尊重人类文化的多样性；学生运用自主、合作、探究等方式参与美术学习，并学会在现实生活情境中发现、提出和分析问题，综合运用美术学科及跨学科知识与技能解决问题，增强社会责任感，并形成高中生必备的美术学科核心素养。

（三）课程结构

在美术校本课程的探索中，我们结合学生需求和现有资源，在国家课程的基础上统筹整合了一系列课程，既有培养全体学生基本美术素养的必修课程，也有适合学生个性化发展的实用拓展类选修课程，还有满足学生专业发展需要的美术高考专业课程。为了让农村高中美术校本课程的探索更有实效，我们利用文化浸润、主题推进的策略进行研究。充分整合乡土文化、传统文化、校园文化、学科文化、生活文化、情境文化等资源，多层次、多角度进行主题推进。

模块	课程名称	必修课程	选修课程	专业课程
美术鉴赏	美术鉴赏	○		
绘画	国画	○		
	版画	○		
	油画		○	
	素描		○	○
	水粉		○	○
	速写		○	○
	超现实主义绘画	○	○	
工艺	扎染	○	○	
	皮影	○	○	
	陶艺	○	○	
设计	设计基础	○		
	服装设计		○	
现代媒体艺术	标志设计	○	○	
	书籍设计		○	
	网页设计		○	
书法	书法		○	
篆刻	篆刻	○	○	
摄影	摄影		○	

文化资源	特色主题课程设计	所属模块
乡土资源	元圣宫古建探秘——中国古代建筑艺术欣赏	美术鉴赏
	丹青欲写元圣情——元圣宫古柏水墨写生	绘画
	屋檐上的独特风景——元圣宫雕塑构件的学习与制作	工艺
校园资源	爱牛一、照牛一、画牛一——校园彩墨写生	绘画
	放飞书间精灵——校园图书馆版画藏书票设计捐赠	绘画
	放飞感恩的心——感恩主题班会皮影设计制作	工艺
	尽精微、致广大——精微素描创意表现	绘画
多学科资源	名著里走出来的人——毕业狂欢晚会主题服装设计	设计
	万古江山画卷——美术、地理、历史、语文综合课	美术鉴赏
	校园植物图谱——美术、生物综合课程	绘画
创设艺术情境	欣赏身边的艺术——校园艺术展上的鉴赏课	美术鉴赏
	走进身边的艺术——展览策划和现场笔会	美术鉴赏
	跟大师学版画——中外名家版画藏书票收藏展	美术鉴赏
传统节日资源	中秋节——兔儿爷主题捏塑与彩绘	工艺
	重阳节——识菊、赏菊、画菊写生	绘画
	清明节——"我们从这里起飞" 扎燕风筝彩绘	工艺
	春节——春联与门神书写绘制	书法、绘画

续表

文化资源	特色主题课程设计	所属模块
现实生活资源	美在民间永不朽——扎染主题创意制作	工艺
	旧物彩绘换新颜——废旧物品彩绘	绘画
	指尖生花绘缤纷——校园彩绘	绘画
	小故事、大哲理——定格动画创意表现课程	电脑设计

（四）课程案例

1. 依托乡土资源，开展主题美术活动

我校地处农村，校园内有已逾百年历史的北京市级文物保护单位——元圣宫。宫殿房屋为清代建筑，殿宇上分别绘有旋子彩画、苏式彩画、和玺彩画。还有有明代石狮一对，木制牌楼一座。前殿月台上，有古柏两株，高大粗壮，直插霄汉。于是我们针对元圣宫资源开展了"元圣宫古建探秘——中国古代建筑艺术欣赏""丹青欲写元圣情——元圣宫古柏水墨写生"以及"屋檐上的独特风景——元圣宫雕塑构件的学习与制作"等主题美术活动。我们将课堂搬到元圣宫，将学生分成不同的学习小组，分别进行建筑彩绘、建筑雕塑、建筑结构、建筑布局、吉祥图案、元圣宫壁画和元圣宫石碑的探究学习，学生在元圣宫里观察、记录、查阅、讨论，加深了对建筑文化的理解。在山水画教学课程中，我们尝试让学生走进元圣宫，感受古柏的魅力。在陶艺课程的教学中，教师带领学生近距离观察元圣宫中的屋脊兽、瓦当、滴水等建筑构件的特点，引导学生自主学习建筑雕塑的相关知识及元圣宫的历史，借此培养学生的自主学习能力。完成对元圣宫的考察后，教师带领学生在陶艺教室开展建筑构件的模具制作及印坯、修坯、注浆、上釉和烧制等陶艺技法的学习。引导学生亲自完成一件建筑构件的制作。学生在观察感悟、自主探究、实践体验中全程参与，获得了很多经验，对于雕塑学习形成一个完整的认知。同时加深了学生对元圣宫古建的情感，提高了学生对古建保护的意识。

2. 挖掘学校资源，开展主题美术活动

我校有近70年的历史，积淀深厚，拥有丰富的校园文化资源。同时我校又是寄宿制示范高中，有95%的学生住校，长期在学校生活和学习，因此建设校园文化是我们每位师生的责任。

（1）放飞书间精灵——校园图书馆版画藏书票设计捐赠活动

版画是我校的特色课程，经过实践积累，我们形成了7大类版画课程，以及较为完善的版画课程体系。通过版画学习，90%的学生能够独立创作版画藏书票作品，20%—30%的学生能够创作出优秀的版画藏书票作品。为了培养学生"读书、爱书、藏书"的意识，我们连续开展了为校园图书馆设计捐赠版画藏书票活动，每年都选出部分优秀作品捐赠给校图书馆，将捐赠的藏书票作品黏在藏书的扉页上，使其具有文化传承的意味。

（2）放飞感恩的心——感恩主题班会皮影设计制作活动

感恩是我校提倡的五种核心品格之一。学会感恩，是为了擦亮蒙尘的心灵而不致麻木；学会感恩，是为了将无以为报的点滴付出永铭于心。感恩可以消解内心所有积怨，感恩可以涤荡世间一切尘埃。我们将皮影教学和感恩主题班会相结合，引导学生创作以感恩为主题的剧本，利用皮影这一艺术形式，将感恩这个主题通过编剧中的人物形象生动地展现出来。学生设计了上百个形象，部分优秀的皮影创作还登上了我校第二届校园艺术展的舞台。学生通

过主题确立、剧本编写、形象设计、皮影制作和皮影表演，全面参与到皮影的学习中，对民间皮影有了深入了解，将感恩教育渗透于心。无论是在舞台上进行表演或是将作品在校园内展出，都促使学生增强审美自信，提高美术表现力，培育了学生的审美情趣。

（3）"爱牛一、照牛一、画牛一——校园彩墨写生"活动

我们在高一新生中开设了"爱牛一、照牛一、画牛一——校园彩墨写生"活动。学生走进校园的每个角落，发现自己感兴趣的景色，用iPad记录下来，教师把学生拍摄的照片精选打印出来供学生参考，结合中国传统绘画形式，完

成了主题创作活动。当校园彩墨写生展呈现给全校师生时，学生内心充满自豪感，纷纷在自己的作品前合影留念。我们相信这段经历会伴随学生一生，成为高中阶段最美好的记忆之一。

3. 多学科资源整合，开展大文科综合课程

艺术不是孤立存在的，只有把艺术融入大文化情境中，对艺术的认识才会更加清晰明确。因此我们开展了"万古江山画卷"系列主题课程，内容包括胡

焕庸线、丝绸之路线、大运河线、秦岭线、长城线这五条线路，以这五条线贯穿大半个中国，从历史、地理、美术、语文四个角度进行线路的分析研究，精选出研究方向进行深入挖掘，引导学生开展游学线路设计活动，并进行小组展示与评价，最终使学生对这五条线路的文化、历史、艺术以及经济发展等形成立体认知，有效解决了单一学科授课枯燥、学生对事物认识片面的难题。除此之外，我们还与生物学科结合开展了"校园动植物图谱绘制"课程，利用版画和国画形式加深学生对学校的情感。同语文学科开展"名著里走出来的人——毕业狂欢晚会主题服装设计"课程，带领学生认真研读名著，分析名著中的人物性格特点，通过思维导图的方式提取相关元素进行服装设计，选择优秀设计方案制作出服装成品，将学生美术实践与职业生涯结合起来，促进学生的个性发展。

4. 利用传统节日，开展主题美术活动

我校利用传统节日开展了"清明节——我们从这里起飞 扎燕风筝彩绘""中秋节——兔儿爷主题捏塑与彩绘""重阳节——识菊、赏菊、画菊写生"

"春节——春联与门神书写绘制"系列主题美术活动。无论是风筝、兔儿爷，还是赏菊、画菊、写春联，都寄托着人们对生活的祝福和对美好未来的期盼，是典型的中国民间传统文化的代表。依托传统节日开发出的美术校本课程，让学生在传统文化背景下认识了美术与生活的关系，在创作表现中融入了自己对生活的理解。美术学习不仅是单纯的技法学习，更是通过学习对传统文化产生感悟。同学们绘制的风筝，既有出于对学校感激，也有对同学的祝福；捏塑的兔儿爷，既有对传统文化的继承，又体现了时代性。

5. 结合现实生活，开展主题美术活动

在扎染教学中，我们开设了"美在民间永不朽——扎染主题创意制作"课程。教师引导学生通过合作学习、主题创作，让学生以小组为单位制作一块250cm×100cm 的扎染装饰桌布，学生根据所学技法，组内讨论扎染布的创作思路，合力完成作品。学生使用扎染技法制作 T 恤、环保袋和围巾，还利用扎染练习时使用的碎布头制作家居用品。学生的学习热情特别高涨，在实践中培养学生拥有学以致用的能力，促进美术素养的形成。我们还开设了"旧物彩绘换新颜——废旧物品彩绘"和"指尖生花绘缤纷——校园彩绘"手绘课程。通过美术学习，培养学生拥有一双发现美的眼睛，将生活中很多废旧物品拿来进行再创作，比如对报废的乐器、桌椅等进行彩绘，他们在感到新奇的同时，

更会因将废旧物品变为充满美感的艺术品而感到骄傲和自豪。这些课程既锻炼了学生的美术表现力，还在潜移默化中影响着学生的生活观念。

6. 创设艺术情境，开展主题美术活动

我校地处农村，美术展览资源匮乏，为了满足学生的审美需要，我们积极

营造良好的展览氛围，例如，版画是我校特色课程，我们策划了"跟大师学版画——中外名家版画藏书票收藏展"，老师将自己的精品收藏在学校进行长期陈列，让学生不出校园就可以欣赏到高水准的版画展览。我们还邀请版画艺术家在我校进行版画艺术联展，让学生近距离感受版画的魅力，加深对版画的理解，激发对版画学习的愿望。一系列活动的开展，对我校学生的版画学习有很大的促进作用。

此外，我们精心策划校园艺术展，将美术鉴赏课堂搬到展览现场，引导学生在展览中体会美术作品带来的直观感受。学生在驻足观看的同时随时提出问题，表达自己对作品的理解和感悟，与作者直接交流。在积极策划校园艺术展

览的同时，我校还邀请艺术家走进校园举办现场笔会活动，学生与艺术家近距离交流、提问，艺术家也与学生积极互动，笔会现场气氛热烈。这种展览氛围的创设，潜移默化地涵养了学生的心灵，促进了学生艺术素养的不断提升。

三、成果的实践效果

（一）学生的发展

1. 美术课程大幅提升学生的识图能力、表现能力和创新能力。

2. 主题美术活动促使学生人文素养的提升。

3. 通过文化浸润，形成积极的审美情趣。

4. 展览平台的搭建，极大地增强了学生的自信心。

5. 参与多层次竞赛，提升了学生的创新能力。

（二）教师的成长

美术课程的校本开发，快速增强了教师的科研能力，提升了教师的专业素养，加深了教师对艺术教育本质的理解，同时促进了其他学科教师美术素养的

提升。

（三）课程的建设

1. 版画、扎染、国画、皮影等课程成为有影响力的市级示范性课程

2. 多学科综合课程逐渐成为教学常态，有利推进学生综合素养全面提升。

3. 编写《中学扎燕风筝教学》校本教材，为其他学校开展同类教学提供参考

（四）学校的发展

1. 完善了学校的课程体系

2. 校园艺术氛围的营造，提升了师生艺术修养

（五）影响与交流

2013—2016 年底，为顺义区、东城区、海淀区的中小学美术教师进行版画和扎染培训，共计 6 次；2013 年，我校承担了北京市版画教学现场会，为全市 140 余名高中美术教师进行漏印版画培训；2012 年和 2016 年，我校教师在全国中小学版画藏书票大展中，做了漏印版画的技法演示，并进行了教学经验交流，教学成果逐渐推广至全国。2018 年，顺义区中学美术骨干教师工作室项目中，优秀的教学成果被进一步推广，并逐渐涌现出《散布的线条》《长脖子的软陶动物》等多个适合农村学校美术教学的优秀案例。

四、成果的特色与创新

（一）缩小了与城区的差距，大幅提升农村中学生人文素养

我们在国家课程的基础上进行丰富的美术校本课程开发与实践，满足了不同层次学生的审美需求，通过主题美术课程的开展，实现了以文化人、以美育人的目的。学生的作品遍布校园，特色鲜明的美术教学氛围为中华优秀传统文化基因通过校园文化环境和校园文化活动浸润学生心田提供了条件，拉近了与城区中学的差距，大幅提升了学生的美术素养。

（二）主题推进式单元美术课程促进学生人文素养的形成

我们贴合农村学生的特点，开展了丰富的主题活动，融合多种资源开发出了适合农村高中的美术课程，并且课程针对不同学生的需求做到了全面覆盖。学生在文化浸润中，获得适应未来发展的人文素养。

（三）开展本土艺术教育，弥补教育资源不均衡的现状

我们结合地方特色，通过元圣宫这一古迹充分挖掘中国建筑文化的美学特点以及文化内涵，让民间剪纸艺术家走进校园与学生互动，带领学生走进汉石桥湿地等活动，弥补了部分教育资源不均衡的现状。

（四）移动学习适应未来教育发展

在美术主题活动中，学生利用 iPad 进行研究性学习资料的搜集、整理，有效提高了课堂效率，这种移动学习方式也将适应未来教育的发展。

（五）浓厚的艺术氛围，形成了我校独特的校园文化

教学楼内的风景油画、图书馆内的藏书票、作品丰富的艺术展厅、主题美术教室、校园内的彩绘墙……学生的作品遍布校园，特色鲜明的美术教学氛围让中华优秀传统文化基因通过校园文化环境和校园文化活动浸润学生心田，形成了我校独特的校园文化。

Pad 在美术教学中的应用

北京市顺义区第十三中学　韩　菊

Pad，也叫平板电脑，是一种小型、方便携带的个人电脑。自它诞生以来，就以强大的功能和便捷性迅速占领人们的生活，可以说是除手机之外第二个电子生活必需品。近两年 Pad 在教学中的应用越来越多，成为教育领域一种新的潮流或者说是未来的发展趋势。我是美术老师，也是在这股 Pad 热浪潮中的一位尝试者，在近一年的时间里，经过不断地观摩学习和教学实践，有一些经验和体会，现与大家分享交流。

一、Pad 适用于美术教学中的三大功能

（一）查阅功能

Pad 既是存储设备，也是输出设备，具有与 PC 机一样强大的软件功能，所以作为课堂的查阅工具使用起来极其方便。这也是目前美术课堂上 Pad 作为辅助工具最常用到的功能，常常应用于"欣赏与评述""设计与应用"和"综合与探索"模块的学习。学生可以通过查询老师课前预先存储在 Pad 上的资料，或者通过 Pad 在网站上查询到自己需要的资料，使资料的获取更加便捷，也更加多样广泛。

（二）绘画功能

在美术教学中，常常受到材料、设备、空间以及学校的实际条件等限制，有些课程没办法开展，这时我们可以在 Pad 上运用各种绘画软件模拟艺术创作。Pad 的触摸屏允许用户通过触控笔或数字笔来进行作业而不是传统的键盘或鼠标，正是因为这一技术革命，使数字模拟绘画成为可能。学生可以通过各种绘画软件轻松模拟各种绘画效果，如油画、版画、水墨画等，简单便捷，效果逼真。我在教学中尝试应用过几种绘画软件，如 Photoshop、Corel Painter 等专业绘图软件，其优点是功能强大，几乎无所不能，缺点是功能太强大，对于课堂教学来说，大部分功能几乎用不上，且操作难度大。后来通过寻找，我发现了《想画就画》这个在线小软件，它不但操作简单，还可以模拟钢笔、铅笔、毛

笔、马克笔等多种画笔的笔触，并且有真实的压感，同时调色功能也足够强大，学生可以用手指或者是压感笔直接在屏幕上进行创作。这款软件的优点是操作简单，只需要几分钟的指导培训学生就可以掌握，是一款数字绘画入门级软件。同时这款软件最吸引人的功能是，学生可以随时把自己的作品上传，在线与画友进行互动点评，具有良好的交互性；还可以参加软件定期举办的绘画比赛，可以说是一举多得。因此，这款软件受到学生们的热烈欢迎，同时特别适合美术课"造型与表现"模块的教学。

（三）设计功能

此功能与绘画功能使用方法类似，也是基于各种设计类软件的应用，但是对于美术教学的意义和价值却大不相同。如果说用数字绘画技术模拟传统绘画是无奈之举，那么用设计软件参与设计类教学的优势绝对是传统手工制作方式望尘莫及的。它高效、可重复、成本低，便于交流，适合团体协作，可以极大激发学生的创作热情，并有利于培养学生的创新能力。比如 CorelDRAW 软件，提供了矢量动画、页面设计、网站制作、位图编辑和网页动画等多种功能，适合设计简报、彩页、手册、标识、网页等；CAD 是建模软件，可以实现三维立体造型，可以应用在产品包装的教学中。当然这些软件一如既往地高大上，不是一般人能轻易掌握的，其实只要你想找，在万能的搜索引擎上你总是能找到符合自己需求的、易于操作的小型设计软件，比如家居设计软件《美家达人》，让你轻轻松松秒变室内设计师；《海报工厂》——最潮海报图片处理美化神器；《好照片》，一款你不需要系统学习，打开软件即可进行照片裁剪调整、背景虚化、局部上色、拼图、边框等操作，软件支持超大图片实时处理，处理普通单反相机拍摄的照片可谓游刃有余；当然还有全民热衷的《美图秀秀》……有了这些神器，学生个个都是设计师，课堂充满了奇思妙想，快乐无比。

在不断摸索、尝试的过程中，我发现将 Pad 应用于教学，有着其他数码设备所远不具备的强大功能，它的使用打破了资源的局限，领域的局限，材料和空间的局限，交互不畅的局限，又因其小巧便捷的实用性逐渐成为现代教学的新宠，尤其是在美术教学中，确实起到不可替代的作用。但在 Pad 的教学实践中，笔者从自身和美术教师同仁身上也发现一些问题，在此提出并与同仁讨论。

二、Pad 应用于教学中常见的问题

（一）过度放手

因为可以联网，所以 Pad 解决了课上搜集资料困难的难题，但在实际教学中，如果教师不加以限制或是引导，学生往往在大量无关的信息上耽误时间，找不到有价值的资料，或者干脆心猿意马，开起了小差，所以在搜集资料时，教师最好事先提供资料包或者提供参考的网站，这样可以大大提高学生的学习效率。

（二）体验剥夺

不管 Pad 的替代功能多么强大，多么便捷，也不能因此剥夺了学生的真实体验，更不能舍近求远绕弯子。有一次听"线条表现力"一课，老师让学生找一找教室内的各种线条，并用 Pad 拍下来，然后分享照片讨论线条的种类，既然是教室内的线条，何不指着实物观察分享，舍近求远看照片其实意义不大。再比如速写课，一支铅笔、一张纸足矣，何必非要用绘图软件，拿一支假铅笔画画呢？要知道，每种材料都有它独特的美感，除非实在是条件所限，尽量还是让学生体验真实的材料，真实的过程，拥有真实的作品，他们由此获得的收获要远远大于在虚拟世界中的体验。

（三）小屏幕替代大屏幕

"民主与集中"二者皆不可或缺，教学中也一样，不能因为有了小屏幕，就放弃大屏幕，所有环节都让学生通过小屏幕参与、学习。相反我认为应该是能不用就不用，因为任何一种介质的参与都会在一定程度上分散学生的注意力，增加无关干扰的风险。

总之，将 Pad 应用于美术教学要发挥和挖掘 Pad 自身的优势，切不可为了追赶潮流生拉硬拽的使用，那样的话对于学生来说不但无益甚至有害。

传承传统文化　发展创新思维

——字体装饰教学的实践与探索

北京市顺义区第三中学　段长鹏

　　"字体的装饰艺术"选自北京市义务教育课程改革实验教材，初中《美术》第16册第4课，属于"设计·应用"学习领域。这个教学内容是我在新课程改革之初自主开发的校本课程，后被选入北京市初中美术教材，经过这些年的实践探索以及同行们的努力，有了更多的感悟和体会。在本篇文章中，我主要针对汉字的装饰艺术进行分析，希望通过我对汉字的装饰艺术的理解和探究能为更多的同行提供有价值的借鉴和参考。

　　"书画同源"在中国有很悠久的传统，最早的文字来源就是图画，书与画之间有很多内在的联系。起初，原始人因交流和生活的需要画在岩壁或器物上绘制表达意思的图画。慢慢地，从原始图画变成了一种"表意符号"，这就出现了文字。

一、了解汉字历史，学习汉字文化

　　中国汉字的产生，要追溯到约公元前14世纪的殷商后期，这时有了初步的文字，即甲骨文。甲骨文既是象形字又是表音字，至今汉字中仍有一些和图画一样的象形文字，十分生动。知道汉字的历史对于初中学生来说是很有必要的事情，学生在了解汉字历史的同时，也对中国传统文化有了更深一步的了解。汉字文化的渗透是这个教学内容的根源，不要在这方面过于吝惜时间和笔墨，了解汉字产生的历史将会使这个内容增加文化的厚度。

　　　日　　　月　　　山　　　水　　　草　　　本　　　鱼　　　鸟

　　汉字的演变是从象形的图画到由线条组成的符号，再到适应毛笔书写的笔画以及便于雕刻的印刷字体，它的演变历史为我们进行汉字的装饰设计提供了丰富的灵感。中华民族几千年的汉字演变，也为我们留下宝贵遗产。学习字体的装饰艺术，在了解汉字历史的同时，更需要了解汉字的构成特点以及书写艺术风格，这样才能创造出富于感染力、表现力和生命力的新字体形象。

在教学过程中，教师可以找一个典型汉字，显现出这个汉字的演变过程。这样的直观呈现，使学生一下子就能进入教学情境，并对汉字的形象产生浓厚的兴趣。教师也可以在这里让学生去联想，还能知道哪些类似的汉字，学生可以想到"鸟""鱼""牛"等有趣的汉字，这将是一个别开生面的师生互动场面。

二、现代字体装饰设计的由来

在现代平面设计中，文字既充当着语言信息载体，同时又有着最直观的视觉影响力。现代字体设计理论的确立，则得益于19世纪30年代英国的工艺美术运动和20世纪初具有国际性的新美术运动，它们在艺术和设计领域的革命意义深远。"装饰、结构和功能的整体性"是其强调的设计基本原理。19世纪末20世纪初，源自欧洲的工业革命在各国引发了此起彼伏的设计运动，推动着平面设计的发展，同时也促使字体设计在很短的二三十年间发生了许多重大的发展和变化。它们在设计风格上都十分强调装饰性，而这一时期字体设计的主要形式特点也体现在这个方面。当今，文字更是社会生活与平面设计中重要的视觉传媒形式，我们能在很多媒介、很多场合上看到具有装饰色彩的文字，而这已经成为我们生活中不可或缺的一部分。

三、走进字体装饰艺术的世界，体验创意设计的乐趣

"字体装饰"一课是基于初中生的学习特点，从字体装饰设计这一专业的学习领域，经过提炼、重新编排后产生的适合初中学生的教学内容。在这个教

学内容里，学生将学会根据文字的字义或一个词组内容，借助文字本身的含义引申、发展，使字体形象化、字义象征化，最终设计出具有形象内容的语言符号。

字体装饰设计的学习重点主要是学习汉字的装饰方法，了解汉字的历史、汉字的构成特点以及书写风格，通过多种造型手法，创造出富于感染力、表现力的新字体形象。

（一）字体装饰艺术在生活中的应用

"舞动的北京"是第二十九届北京奥运会的会徽，它是字体设计在标志设计中应用的一个典型案例，很好地体现了装饰字体绘形绘意的效果，具有一种半图半文的形象美。

在欣赏这个极具中国韵味的标志中，要充分引导学生找到其中应用的中国元素。

首先，将中国传统的印章作为标志载体，具有东方文化特色；其次，汉字与太极运动特征结合，幻化出舞动的运动人形；再次，用书法风格创作的"Beijing2008"字体，与会徽图形浑然一体。用"舞动的北京"这个作品做典型分析使学生有亲切感，学生很容易就能从中体会到字体装饰的美感和重要性，为下一步学习做了很好的铺垫。

为学生提供优秀的字体装饰设计作品能够拓宽学生视野，激发学生灵感，激发学生积极主动的学习兴趣。在作品赏析过程中，教师要把作品进行精准且生动的分析。余秉楠的海报设计《家》，用草书"家"代表大陆，以字体为主要元素的海报的海报，表达了期盼台湾早日回归祖国大陆，两岸尽快统一的设

计思想。在这里，教师同时提供了英文字体装饰设计作品的范例，希望让学生也能了解到英文字体装饰艺术的独特美感，如"绿色"字体设计，

green（绿色）将字母与绿色植物的造型巧妙组合一起，表达绿色环保的主题。

（二）学习字体装饰的方法

字体装饰有多种手法，要根据文字的性质和含义，通过整体装饰、局部变化、字画结合、凸显特征等造型手法，做不同的创意和设计，使文字在视觉传达上更具美感、更加醒目。字体设计要准确、易辨识，遵循艺术美的法则，对字体的间架结构、笔画形式和整体视觉效果进行把握。了解了字体装饰的方法和原则，就要在教学中设置一个师生共通过学习探究的平台，通过不同的字体不同的方法引领学生进一步走进字体装饰的世界，学习具体方法，进行大胆的创作和想象。

1. 整体装饰：以生活中常见的"福"字为例，运用中国传统吉祥图案和剪纸的形式对"福"字体进行装饰，营造出喜庆祥和的艺术效果。

2. 局部变化：以美国苹果协会的中文广告为例，"爽甜"二字保持基础笔画特征，将部分笔画用苹果形象替代，突出特质，达到了很好的宣传效果。

3. 字画结合：以"岛"字为例，运用中国传统绘画方式，添加与"岛"字字义相关的绘画题材进行装饰设计。

4. 凸显特征：以"石"字为例，应用手绘涂鸦或传统的书法表现风格进行设计，同时利用岩石等特殊材质进行添加设计。

除以上四种常规的方法外，字体装饰的方法还有很多，在设计领域还有更多专业的装饰设计方法，在很多文章里也提出了不同的方法，这四种方法只是为了符合初中学生特点，便于他们学习掌握而提炼出来的。在这个环节还可以进一步拓展，比如利用生活中的实物去做装饰设计，根据不同的材料质感制造出美妙的肌理效果等。

用枯叶组成的"枯"字很恰当的突出了主题，给人以真实、自然的感觉；用积木组成的"学"字，说明学习需要日积跬步的道理，给人以警醒感；用剪纸装饰的"羽"字，突出了羽毛的轻盈和飘逸，给人以独特的美感。

为了巩固上述的学习效果，有必要找到一个字或者一个词，在教师的引导下全体学生进行头脑风暴，看看能有多少种不同的创意出现，这是一种共同学习交流的方式，也是集体探究的过程。在这个过程中，每一个学生都将调动自己的思维，主动参与进来，师生互动、生生互动的局面，一触即发。

在这个环节中，教师以生活中常见的"囍"字为例，让学生进行探讨和交流，引导学生进行思考，还可以采用哪些方法对

"囍"字进行装饰设计，使"囍"字更加具有喜庆祥和美满的色彩。

（三）学生作品展示，享受成功的乐趣

字体装饰艺术这一内容对于学生来说是一个不同于以往课程的全新内容，轻松的教学方式，充满意趣的教学内容，都能焕发起学生无限的学习兴趣，学生在轻松愉悦的学习环境中结合已有的优秀范例，能够自主进行大胆的创新设计，一定会产生大量精彩的创意作品。在学习过程中，学生了解到字体装饰设计在现代图文编排、广告设计等领域中的巨大作用，使学生充分体会到美术学习与自己的学习、生活息息相关，在很大程度上激发了学生的创作热情，培养了学生的创新意识，提高了审美文化素养。在学生设计过程中，教师要强调学习字体的装饰艺术，应遵循一定的设计法则。汉字由于形状、笔画、结构的特点，决定了它的变化范围，如果想准确、清晰地传达信息，创意设计所形成的字形，就应该具有明确的含义，使人们一看就能联想到它所传达的内容。字体的装饰设计如果失去了内容传达的准确性，也就失去了设计的意义，这也是学习字体装饰艺术的出发点。

在作业布置环节，教师可以提出相关的教学建议，更好地帮助学生进行创作实践。例如笔者在本课教学过程中，进行了如下的学习设计供学生参考：

1. 以本课作品为例，分析其装饰手法与字义的关系，体会作者的设计意图。

2. 任选一字，用贴切的手法进行设计。

3. 结合自身的性格特征和兴趣爱好，对自己的名字进行字体装饰设计，使自己的名字具有独特的个性美。

4. 以环保为主题，对一个字或词进行装饰设计，达到主题明确、造型美观、引人注目的效果。

以下是在教学过程中产生的一些优秀的字体装饰设计作品：

"冬"字采用字画结合的方式进行装饰，下部选取梅花图案来突出冬天的特色，中国书法和传统绘画的自然运用显出独特的魅力。"豹"字将自然界猎豹的皮毛特征用于装饰字的笔画，突出了豹子的特点，取得整体统一的效果。"翼"字在局部上运用羽毛进行装饰，外部添加了翅膀图形，突出了字义，整体造型美观时尚。"绣"字采用了整体装饰的设计方法，用彩线装饰笔画，在局部上用绣花针突出特点，引发观者联想，整体效果形象生动。

"音乐"二字的笔画借鉴了音符的形象特征，外部用五线谱进行装饰，色彩明快，表现了旋律活泼优美的特征。"说话"巧妙地把局部笔画设计成五官和人的肢体元素，表现得惟妙惟肖。"惊"字借鉴人的五官表情特征，在局部上进行装饰，突出了惊讶的程度，幽默自然。"走"字巧妙的表现了走的动感，字义传达准确，形象突出。

以下是在教学过程中收集到的学生通过学习这个教学内容后获得的体会和收获，截取几段学生感言：

学生一：以前我只知道文字是用来书写的，通过这节课的学习，我知道原来汉字还可以这样去写去画，很有意思！

学生二：汉字是祖先留给我们的宝贵财富，代表着我们国家的灿烂文化和辉煌历史，我们一定要把汉字文化发扬光大！

学生三：我们都忽略了汉字的形象化，原来最早的文字就是图画啊！现在我们真正了解了汉字的发展演变，更能体会到每个汉字所传达的形象化，我喜欢这节课！

学生四：生活中有很多字体装饰的实例，比如"可口可乐""超级女声"等，只要我们细心观察，就不难发现这些装饰字体的存在。

学生五：我希望我们的学校能用上我们设计的字体作品，用这些充满乐趣的装饰字体来丰富我们的校园生活！

浅谈中学美育的培养

——以高中美术教学为例

北京市顺义区杨镇第一中学　崔梦雅

早在 20 世纪，蔡元培先生提出以美育代宗教的说法，其目的是普及全民的艺术教育，用美育健全人格，更好地促进人的全面发展，进而提高国民的整体素质。在高中美术教学中，教师要做的不仅是教学生画几幅画、鉴赏几幅图，更重要的是培养学生的兴趣爱好、学习能力、审美能力等，使每一位学生都拥有欣赏艺术作品的能力。但作为非高考科目，由于受到升学等因素的影响，美术学科在学校教育环境下一直处于边缘地带。然而作为美育教育不可缺少的美术学科，在提高中学生的综合素质方面有着不可替代的作用，运用一切美的形式给人潜移默化的教育，达到净化人们心灵和行为的目的。人们要在生活中不断发现美、追求美，更好地创造美，就需要不断提高对美的感受能力、鉴赏能力和创造能力。

一、中学美术教学中培养学生的基本素养

首先，教师应该做到能够培养学生的鉴赏能力，当学生面对一幅美术作品时能够有自己的见解，而不是复制教师的话语；其次，教师要做到对学生的情感培养，每一幅作品都是绘画者感情的投入，教师在教学过程中应该让学生带着情感去鉴赏作品、绘制作品；再次，教师要培养学生对美术的兴趣，实现趣味性教学，让学生在愉悦的环境中获得知识；最后，教师也要注重对学生创新能力的培养，和文化理解的渗透。良好的教学方法和教学过程，对提高一堂课的质量及培养学生的审美情趣至关重要。

二、中学美术教育中美育培养过程

从美术教学的特点出发，以学生为本，育人为本，提高素质为本，对学生进行美育培养是每一位教师义不容辞的责任。那么如何在美术教育中完成美育呢？

（一）注重活动性教学

除课堂外，在美术课外活动中进行专题性教学时，对学生进行美育教育，激发学生的创造性，将活动作为教学的基本方式。在教学过程中，多开展丰富多彩的活动，让学生自主创造更多可能性，激发其创作热情，增强荣誉感和自信心。教师应给学生创造空间，进入青春期的中学生追求自我，对新生事物充满好奇心，但同时又是变化、矛盾的，因此需要教师的精心设计和正确引导，从而在活动教学中玩中求趣，提高教学的趣味性。

例如本校有近三分之一的新疆生，不远千里在北京求学，一年只能回一次家，可想而知他们对家对未来有多么渴望，于是我以"梦想"为主题设计艺术

学生的喷漆作品

外出写生留影

新疆学生制作的艺术装置

活动，利用学生课外活动的时间，每个人制作一个纸团，在里面写下自己的梦想，再用毛线包裹缠绕，挂在许愿树上，最后的成品既是一件艺术品，又是学生真挚情感的寄托。笔者还以"校园我来点缀"为主题，高一每班认领一块活动场地，用喷漆和丙烯等颜料尽情绘画出他们的小天地，拉近了学生与学校应试教育基地的距离，使他们在愉悦的校园里获得幸福感。此外，在平时的美术教学中，增加了户外写生环节，培养学生热爱生活和自然之美的情感，注重发现身边的美，笔者认为一个

教学楼展出的学生作品

学生的美术素质培养和发展离不开课外的实践活动。在清明时节，带领学生去河南省开封市参观清明上河园，在游览过程中，学生们说就像在画中游览一般，课堂上曾讲到闹市和城楼此刻就在眼前，实地感受热闹非凡的市井风光，亲临夜晚灯火阑珊的汴河两岸，这些课堂上不可能真切感受到的，活动教学对提高美术教育质量和培养学生的审美情趣至关重要。

（二）注重美术课堂的情境创设

创设轻松愉快的课堂气氛是非常重要的，它对学生的学习活动和教师的教学活动有着重要影响，通过美术课的内容来满足学生愉悦畅神的精神需求。一方面，学生要保持良好的心态；另一方面，教师尽可能为学生创造自主参与艺术的条件，便于他们得到更好的艺术审美体会。

比如在色粉教学过程中，我在课前做了一个小型的色粉画展摆放在楼道里，给学生创设直观形象的教学情境，从而激发了学生色粉绘画的积极性。我们还在学生学习的教学楼里，定期举办国画、书法、油画和摄影等展览，多数是以学生作品为主，一方面美化了教学环境，另一方面让学生畅游在艺术的海洋里，使得美育教育深入人心。美术鉴赏课中讲到多姿多彩的民族艺术形式时，我拿出提前准备好的云南大理扎染、陕西虎头挂片、天津杨柳青年画、渭南剪纸、苗族绣片和河南泥泥狗等民间艺术品，学生像炸了锅似的，目不转睛地看着民间作品，听我讲述收藏这些艺术品的故事，尤其是讲到在贵州省朗德的小村落收藏苗族绣片，提到地区的贫富差距和当地人对本民族文化保护的重视程度时，学生若有所思地说出了自己的看法。整节课的气氛轻松愉悦，学生学到了更多课本上没有的内容。

（三）跨学科融入课题内容

在美育实践中，通过跨学科的学习，美术教育可以从其他学科角度入手，理解共同的主题和相通的原理。比如在"中国古代花鸟画"鉴赏课中，欣赏郑板桥的墨竹，学生大致能从外在表象中分析竹子形态挺拔消瘦，笔墨豪爽流畅，那这只是审美方面的初步认知。只有以这种感受为基础，结合当时社会背景、郑板桥的艺术追求和当时的社会情况之间的关系。教师通过文学诗词来引导，如"咬定青山不放松，立根原在破岩中，千磨万击还坚韧，任尔东西南北风"反映了他的艺术追求和人生感悟；"一枝一叶总关情"，可以看出他把竹子赋

予情思的构思过程；"墨点无多泪点多"，是他绘画艺术的特点等，学生在这些诗句中能更深入了解郑板桥的画面意蕴，不仅使学生的审美修养得到了升华，文学素养也有所提高。再比如在篆书学习中，教师从音乐和体育学科知识入手，通过认知音律和呼吸、脉搏的变化韵律等方面，让学生找到节奏的存在，切身体会书法书写的转折、提按、顿压、藏锋的节奏特性。

（四）丰富美术教育的多元化

美术鉴赏课主要通过优秀的美术作品，激发学生的艺术情感，掌握一定的基础知识和基本技能。在中国画和中国民间美术鉴赏课上，引导学生体会笔墨情趣和民间艺人质朴的文化情怀，理解民族的传统文化，体现了民族文化的审美理想，便于学生了解自己国家的历史文化遗产，优良的传统民间艺术和广大人民群众的聪明才智。

世界是相通的，文化又是多元一体的，美术教学应具有多样性和创新性，才能使教学内容更加饱满有深度。如在讲宋代人物绘画的时候，可以与同时期的欧洲中世纪艺术比较研究。《清明上河图》中数百余人物形象各异，生动有趣，《骷髅幻戏图》里骷髅与妇人和小孩对比鲜明，充满了奇思妙想。两幅画用线条把人物画得传神入骨，从画面内容来看，也能反映出宋代人民生活的状况和政治环境。此时大洋彼岸的欧洲中世纪人物绘画则颜色灰暗阴沉，造型千

篇一律，多为倡导神权至上的宗教绘画。通过对同时期不同地区绘画的比较，学生不再只是从艺术手法和形式鉴赏艺术作品，而是进行多角度、多维度的分析比较。在"西方现代艺术"一课中，印象派的代表画家高更、梵·高，抽象派的毕加索等艺术家的作品借鉴了亚洲艺术的元素，是不同文化相融合的产物。学生通过学习，开阔了视野。想要获得不一样的审美体验，就应该多感受不同民族文化的差异性和多样性，才能更好保护自己国家独特的艺术文化。

结语

高中美术教育正处于人生发展的重要阶段，美育是不可替代的组成部分。高中美术教育不仅在于培养学生的专业绘画技能，还重视其审美能力的培养，通过艺术的熏陶能帮助学生塑造完善的人格，陶冶情操，提升学生的艺术品位和格调。人不但需要知识和技术、健康的体魄，更需要人与人之间密切的情感纽带。作为高中美术教师，深感美术教育带给学生对于美的认识和理解，可以影响到学生的一生，所以，在培养学生的美育素养中，应树立正确的审美观念和审美情趣，促进学生的全面发展。

让 Pad 课堂为美术深度学习助力

——以"绘画的色彩——揭秘大师的色彩密码"为例

北京市顺义牛栏山第一中学　王玥婷

"未来已来，将至已至。"新媒体、新技术的飞速发展，推动教育模式、方式、方法的深度变革，教育不再以培养知识型、技能型人才为目标，而是以促进深度学习为导向的新教学范式转变。杨九诠在《2017年度十大学术热点8：未来教育与未来学校的变革图景》点评中说："一是结合核心素养思考未来学校要培养什么样的人，特别关注学生创新精神、实践能力、合作能力的培养。二是着眼于以学生学习为中心，探索个性化、多元化的学习方式，比如移动学习、混合学习、项目学习、体验学习、探究学习等"，教师的主要责任不再是传递信息，而转变为对信息的加工和链接，是研究者、联结者、教育者，向服务于学生学习方式的转变。本文以"绘画的色彩——揭秘大师的色彩密码"一课为例，对尝试使用Pad等新媒体、新技术促进学生的美术深度学习进行探究。

一、深度学习

1. 深度学习

"深度学习"一词，于1979年首次出现在瑞典学者费伦斯·马顿和罗杰·萨尔乔的《学习的本质区别：结果与过程》一书中，又称为深层次学习，指"学习者以高级思维的发展和实际问题的解决为目标，以整个的知识为内容，积极主动、批判性学习心得知识和思想，并将它们融入原有的认知结构中，且能将已有的知识迁移到新的情境中的一种学习。"（转引自尹少淳的《美术学科核心素养背景下的深度学习》）

简单来说，如果学生直接记忆教材的结论是浅度学习，那么学生通过自己查找资料、分析、归纳得出结论，则是深度学习。深度学习与浅度学习相比，更趋于发散性，有利于个性化、创新型思维的形成。

2. 美术学科核心素养背景下的深度学习

高中新课程改革倡导"美术学科核心素养为统领"，"鉴赏具有鲜明艺术特色、文化内涵以及生活经验相关联的绘画作品,感受和认识形体色彩的冷暖以及空间等现象。用美术术语表达自己的感受与理解;通过绘画活动学习和应用明暗、色彩等知识。使用多种工具材料体验不同的艺术效果,表达自己的思想情感和生活经验"。

将学科核心素养培养置于本位的美术教学,以问题为导向,明确任务,以自主、合作和探究等学习方式获取知识与技能,并将其运用于解决问题和完成任务,同时逐渐形成美术学科的观念、思维方式,掌握探究技能。

二、美术课程中的深度学习

"绘画的色彩——揭秘大师的色彩密码"一课以建构主义学习理论为依据,以临近知识的"脚手架"搭建,现代 Pad 技术的应用,从学情出发,通过问题情境—图像识读—文化理解—美术表现—审美判断—创意实践循序渐进的教学流程,学生通过观察、体验、感受、探究、表现和评价等学习活动自主获取绘画色彩知识,感受绘画色彩的独特魅力,形成自己对色彩运用的见解和感受,培养学生在生活中发现、欣赏、运用色彩美的意识与能力,为学生接下来进行水彩画、水粉画、装饰画等课程学习奠定一个良好的基础。

1. 创设问题情境,激励自主探究

首先在课程导入环节,对比中国绘画的色彩风格,提出问题:"西方的色彩大师是如何创造他们的世界?"进而引出"西方绘画大师眼中的色彩和我们的有什么不同?"创设问题情境。学生在问题情境的激发和引领下,形成问题意识,然后笔者引导学生,利用 Pad 主动获取知识,对不同时期、不同艺术家的艺术作品进行整体和细节的读图、观察和思考,阅读文字资料加以辅助,同时通过网络实时进行相关知识的搜集与理解,形成对课程内容的整体把握,通过小组交流、师生交流进一步理解艺术大师的色彩特点。

西方绘画色彩	问题引导	鉴赏关键词
古典主义 伦勃朗	(1)主要颜色是什么? (2)如何使用颜色突出主要形象的?	明度对比 室内光线
印象派 莫奈	(1)印象派时期流行户外作画,色彩有什么变化? (2)不同时间、不同季节,同一个角度的干草垛,色彩上有什么不同?	冷暖对比 光影、光源色、环境色

续表

西方绘画色彩	问题引导				鉴赏关键词
后印象派 梵·高	对比梵·高早期的绘画作品，颜色有哪些特点？情感有什么不同？				纯度对比 情感表达
		明度	纯度	情感	
	早期《吃土豆的人》				
	后期《向日葵》				
野兽派 马蒂斯	作品的颜色有哪些？给你的感受是什么？				补色对比 主观性色彩 装饰性色彩

"绘画的色彩——揭秘大师的色彩密码"鉴赏问题表格

2. 演示探究方法，领悟感知规律

在讲解色彩变化丰富的印象派时期绘画时，通过演示利用软件快速变化大师的色彩，直观地展现色彩关系，体会色彩的丰富和变化，感受不同色调带来的绘画感觉，感受色彩的冷暖变化和对比，形成色彩感知。

利用 App 变化大师画作的色彩

3. 创建探究空间，自主总结新知

赏析大师的绘画色彩之后，教师进一步提出问题："艺术家是如何驾驭色彩，创造迷人的色彩效果？"为了帮助学生掌握绘画作品创造过程中色彩表现的一些基本规律和方法，教师演示使用 Adobe Color CC 软件快速提取大师的色彩密码，以《夜咖啡厅》为例，教师示范提取颜色，启发学生观察色彩在色轮上的位置，面积的大小比例关系、替换颜色观察不同等，同时将大问题分解成小问题，思考绘画作品是如何利用色彩进行对比与协调的，引导学生自主探究、体验、总结规律，探究艺术家的色彩密码。

（1）艺术家主要使用了哪些颜色？

（2）这些颜色的比例关系是怎样的？

（3）带给你什么感受？

利用 Adobe Color CC 应用提取色彩

4. 解决实际问题，深化所学新知

创意实践中，启发学生调取大师的色彩并使用"Lake"进行填色练习，创意实践，引导学生使用绘画色彩的对比与协调方法将感受、想象、思想和情感转化为视觉形象，培养学生自觉运用美术表现能力，解决生活中色彩搭配的问题，提倡"向大师学习色彩密码，人人都是小小艺术家"，表达自己的审美感受，用美术的方式美化生活和环境，引导学生观察色彩搭配在生活中的使用，如服装、家居、广告等的色彩应用。

利用"Lake"进行艺术表现实践

5. 师生分享点评，交流所思所感

学生对自己的作品进行讲解，教师对学生作品进行点评，学生进行互评，互相提出色彩建议，提高学生的色彩表现能力，认识色彩与生活的联系，感受绘画色彩的独特魅力，形成自己对色彩运用的见解和感受，巩固学生的深度学习。

三、美术深度学习中，使用 Pad 教学的反思

本课全程使用 Pad 教学，首先教师通过 Pad 投屏将教学内容进行展示，便于软件的切换，提高课堂效率；学生通过 Pad 阅读资料、美术教材，通过欣赏局部及整体均清晰可见的艺术作品，对比、探究、体验、理解艺术大师是如何驾驭色彩、创造迷人的色彩效果的，比传统媒材更为有效、直观；其次利用Pad 快速实现传统教学中费时费力才能达到的效果，如本课中改变大师的色彩密码、提取大师作品的色彩等，为进一步探究问题提供便利，促进学生的深度学习；最后使用 Pad "Lake" APP 进行配色练习，用简单的 Pad 填色方式代替传统媒材进行巩固练习，突出课堂重点，更有针对性，培养学生自觉运用美术表现能力，解决生活中色彩搭配的问题，巩固所学新知。

四、小结

学生利用新媒体、新技术自主学习和探究，能够调动起多项认知心理活动和智力能力的参与，突破思维定式和功能固着，在解决问题的过程中形成新的创意，实现创造力的提高。与此同时，通过客观的美术探索实践，学生获得新的、真实的审美感受，形成客观真实的审美判断，丰富和调整自己原有的审美经验，从而实现审美能力的提高。

随着新技术的高性能、普及化、智能化发展，互联网带来教育观念的转变，美术课堂中引入新技术具有时代性、基础性、选择性和关联性，同时给美术课堂带来了前所未有的改变，如助力教学中的素材收集、备课、上课、课堂评价等环节，多元化的课堂教学模式，使得课堂更加妙趣横生，能更深入激发学生学习的兴趣，促进深度学习，提升学生核心素养。

陶艺教学中学生创新思维培养

北京市顺义牛栏山第一中学　张志伟

陶艺是"陶瓷艺术"的简称，陶艺课是一项手脑协调发展的综合性实践活动，对学生的发展具有不可替代的作用。陶艺教学不仅要制作陶艺作品，更要在教学中重视学生审美能力的培养和学习兴趣的激发，训练学生的创新思维方式，从而提高学生的想象力。

一、陶艺教学背景

陶艺教育在美国、英国、日本等国家被列入中小学必修课，随着素质教育的深入推进，中小学教育逐渐受到教育界的重视，教育部在新的中小学课程标准中已将陶艺教育正式列为教育内容。陶艺课的开设，不仅可以普及陶艺知识、培养学生对中国传统文化的情感，在学习陶艺技能和陶艺创作过程中，也会锻炼学生的实践能力和创新思维能力，同时丰富了学校的教学内容，充分体现了素质教育的目的和本质。

完备的教学设施，可以更好地完成教学目标，也有助于学生把自己的想法更好的展示出来。硬件方面，我校拥有 200 平方米专业陶艺教室，有烧窑室、陶艺制作教室和陶艺展示架，教学设备完善，适合开设陶艺课程。

二、陶艺教学过程对学生创新思维的影响

（一）教师积极引导，激发学生创新思维

现今的教学课堂多以学生为主，把时间还给学生，让学生做课堂的主人，教师起到辅助指导的作用。这不是说教师的作用就不重要了，相反，教师需要在有限的课堂教学时间内，组织好学生，把每节课堂学习目标讲清楚，让学生最后能够达到学习目标，这对老师是一个挑战。教师虽然减少了在课堂中讲课的时间，但是教师在上课前的备课工作并没有减少，反而会增多，因为教师需要储备更多的知识来应对课堂中学生的提问以便更好的指导学生。一位优秀的教师，往往能够在有限的时间内最大限度的激发学生的学习兴趣，使学生自己

对问题进行探索，展开想象，有利于学生思维能力的培养。

在陶艺教学中，教师对学生创新思维能力的培养需要掌握一些思维方法，如发散、收敛、变通、逆向、联想、系统、辩证等，熟练运用这些思维方法，有利于更好地培养学生的创新思维能力。创新是艺术发展的原动力，在陶艺教学中，激发学生的创作思维与创作热情，运用正确的方法进行创作实践，努力形成独特的思维模式是非常重要的，因为只有好的构思，才能创作出具有现代审美意义的优秀作品。

（二）学习陶瓷艺术史，感知历代陶瓷艺术的创新与变革

人类最早的陶器，出现在新石器时代后期，它是伴随原始农业和定居生活的需要，在劳动生产和生活中逐渐产生的，也是人类文明进入新的历史时期的标志，为以后各个时期陶瓷艺术的发展奠定了基础。中国陶瓷艺术历史悠久，中国古人在长期的陶瓷制作过程中形成一套完整的制作工序，也给后人留下了数量众多的陶瓷经典作品。不同时代，陶艺都具有特定时代的特点。原始时期的彩陶，秦汉时期的陶俑，唐朝时期的三彩俑，宋、元、明时期典雅秀丽的青瓷、青花瓷、粉彩瓷等。从原始陶艺到现代陶艺，从陶艺造型和技术的创新，我们可以看到陶艺的发展从未停止，陶艺在不同时代都具有创新性。

因此，现在我们处于21世纪，应该创作出具有现今艺术风貌的陶艺作品。陶瓷文化是中国传统文化之一，发展到今天，我们有责任和义务将它发扬光大，这就需要我们在陶艺创作时，需要在传统陶艺发展基础上进行创新设计，让中国传统文化焕发出新的生命力，这样有利于继承和发展中国传统文化。对中国陶艺发展史的学习，可以增加学生对中国传统文化的了解，增强民族文化自信心和民族自豪感，同时在对传统陶艺创意设计时，锻炼了学生创新思维能力。

（三）学生陶艺创作，提升创新思维能力

学生在创作陶艺作品之前，先从作品临摹开始，熟悉陶泥的特性，学习陶艺成型工艺，从优秀陶艺作品中汲取营养，并提高创作技能。通过对优秀作品的临摹学习，从而激发学生创作陶艺作品的潜能。

任何陶艺作品都是先经过大脑构思，再运用一定的技术手段创作出来。艺术创作是一项复杂的精神和生产制作活动，一方面是对社会物象的观察体验，即审美意识；另一方面是运用物质媒介材料和技艺手段，将这种审美意识表现出来使其物化。这样，在陶艺创作中就可以分为两个阶段，第一阶段是创作中

的构思活动阶段，即作品设计；第二阶段是创作活动中的传达活动阶段，即作品制作。这两个阶段都可以从不同层面上锻炼学生的创新思维能力，将创新思维贯穿整个陶艺创作过程。

学生在陶艺设计时，鼓励学生多收集陶瓷作品资料，用文字描述其创意特点，增加专业知识储备。引导学生多观察生活情境，把自己感兴趣的题材内容进行记忆。学生在进行陶艺创作时，给学生提供一个主题，根据主题进行设计，这样做有两个好处。第一，学生可以参考优秀陶艺作品进行再创作，运用夸张、变形、拆解、组合等方法进行创意设计；第二，学生可以根据平常学习积累的素材创造新的形象。陶艺设计是学生思维放飞的过程，展开想象，天马行空，设计出不可思议的艺术作品来。想象力是艺术创作的灵魂，没有想象就没有创作意念，也就不会产生具体的形象。艺术创造就是使梦想成真，一山、一木，一人一物，静态和瞬间的动态形象都可以通过联想、夸张变化等手段获得新形象。

进行陶艺创作时，先设计出图稿，再用陶泥材料制作出造型，学生经过前期临摹陶艺作品时，已经掌握了部分陶艺成型工艺，这些成型工艺不能适用于所有陶艺造型的制作。学生在制作陶艺时遇到技术问题后，教师没有马上告诉学生解决问题的方法，而让学生先去探索解决问题的方法，这样有利于学生思维能力和动手能力培养。

三、结语

作为一名陶艺教师，在陶艺教育中应该重视培养学生的创新思维，引导学生运用创新思维去发现问题、解决问题。创新思维的培养有助于提高学生的整体素质，现代社会处处讲创新，只有具备创新素质的人才，才能推动社会的发展。

展示顺义悠久历史 再现深厚人文积淀

北京市顺义区第三中学 张红伟

《义务教育艺术课程标准（2011 年版）》中指出：艺术教师要充分根据不同区域学校特定的自然环境和人文背景，因地制宜，多渠道、多方式地加以充分开发和利用艺术教育的课程资源。使学生的艺术学习活动成为生活的一部分。《义务教育美术课程标准（2011 年版）》中指出：美术是人类文化的最重要的载体，引导学生共享人类社会的文化资源，积极参与文化的传承和交流，并对文化的发展做出自己的贡献。全国教育科学"十一五"规划重点课题《"在中小学美术课程中进行优秀民族民间美术文化保护与传承教育的实验研究"开题报告》中指出：民族民间美术是中华民族传统文化的重要载体，蕴藏着各民族的审美思想、文化内涵及风俗民情，在我国艺术领域中占据重要地位，更是现代艺术发展的源泉。这些文化遗产是祖先创造并积淀下的文化瑰宝，是民族智慧的结晶，也是不可再生的珍贵资源。

顺义区历史悠久，春秋战国时地属燕国，汉时属渔阳郡，唐代属顺州，明初改为顺义县。中华人民共和国成立后属河北省通州专区，1958 年 3 月划归北京市。1998 年 3 月，经国务院批准，顺义撤县设区，称顺义区。近年来，顺义区各项事业蓬勃发展，科技、教育、文化、卫生、体育等各项事业也位居全国前列。如何利用地区丰富的资源，整合地区丰富的资源，展示顺义的悠久历史，再现深厚人文积淀，是我在中学美术教育教学中实践探索的新课题，由此我开发了三个课题"顺义文物欣赏""美丽的铜镜""顺义民间剪纸"。

一、在课堂教学中认识欣赏顺义文化艺术精品，拓展美术教学资源

美术课堂是我的主要舞台，也是学生对家乡文化艺术精品认识欣赏的主要途径。我在搜集了大量的资料和实地调查参观的基础上，先确立了一节欣赏课——"顺义文物欣赏"，本课主要以欣赏顺义出土的存留的美术精品为主要内容，包括陶瓷、铜器、建筑等。我校的大部分学生是在顺义城区长大的，在城区附近就有档案馆、石幢、开元寺等，课前布置学生到这些地方参观调查，

或让学生利用网络进行资料搜集。

在进行教学的过程中，我有几点收获：

（一）多种教学小策略，激发学生的学习热情

在上"顺义文物欣赏"这节课时，我播放了由著名歌唱家刘斌演唱的《顺义，我可爱的家乡》，学生们的情绪一下子被调动了起来。接着提问引出课题"我们顺义经济发展很快，现在生活很幸福，但是顺义历史上存留的文物你们知道多少？""你们去过哪些顺义的文物保护单位？""有同学去过档案馆参观吗？""去过武各庄关帝庙吗？看过那里的壁画吗？"等，歌曲和问题极大激发了学生们的学习兴趣。

在"顺义民间剪纸"这节课一开始，我就带领学生进行一个团花的剪刻，两分钟就抓住学生的心，接下来的教学，师生们热情高涨。

使用歌曲引出课题、动手试试引出课题、小组合作等教学小策略，激发学生的学习热情，鼓励他们进行探索实践。

（二）多媒体课件提高教学效率，教师讲解丰富教学内容

在我设计的这几节课中，多媒体课件起着很重要的作用。学生们的情感被激发起来后，结合学生的调查，他们展示自己收集的资料。结合教师制作的多媒体课件，我又丰富了很多教学内容。（在"顺义文物欣赏"一课中：例如黍谷山位于顺义密云两区交界处，有黍谷回春的美丽传说，山下出土新石器时代石斧，说明五六千年前，这里已有人类居住；

西周青铜圆鼎

例如西周青铜圆鼎，顺义牛栏山出土，鼓腹柱足，内刻铭文，周饰扉棱，造型雄浑，可称顺义之鼎；例如汉代宝马香车陶熏，顺义城西出土，车厢盖可打开，内部放香料，造型新颖，构思巧妙；例如关帝庙的壁画色彩鲜艳，人物形象生动，保存完好。）

汉代宝马香车陶熏

关帝庙壁画

（三）交流感想，再现深厚人文传承

教学过程中，我常穿插传说故事及相关资料，使学生的情感得到进一步的升华。让学生认识到这些文化遗产是祖先创造并积淀下的文化瑰宝，既是民族智慧的结晶，也是不可再生的珍贵资源。

学生在课堂上充分表达自己的欣喜、惊叹。小组合作时、动手绘画剪刻时、作品展览评价时，整节课生生交流，师生交流，课堂气氛很是融洽。在情感教育上达到很好的效果。学生的情感得到抒发和升华。他们表示通过这些课对家乡增加了了解和认识，更加热爱家乡。

二、在参观交流中认识欣赏顺义文化艺术精品，加强美术教学资源的均衡化

美术是感性的艺术，是视觉艺术，是社会生活的反映。所以我鼓励学生了解顺义历史上的文化艺术精品，鼓励学生结合自己看到想到的充分表达自己的感受和观点。鼓励学生多参观，多交流。

（一）在北京城区，在参观交流中认识欣赏文化艺术精品

从我校出发一个半小时到达北京市中心，带领学生去中国国家博物馆、首都博物馆、故宫博物院、中国美术馆等参观。

童子诵经壶

童子诵经壶：北宋（960—1127年）定窑白瓷，高27厘米，口径3.3厘米，顺义辽代净光舍利塔基出土。该壶胎体洁白，瓷质细腻，釉色温润如玉。童子头部发髻为壶口，用来注水，双手所捧经部上端为壶嘴，造型巧妙，国家一级文物。现藏于首都博物馆，我在课堂上讲解完知识后，常鼓励学生利用假期到相关的博物馆去参观。

（二）在顺义城区，在参观交流中认识欣赏文化艺术精品

顺义的交通很是方便，我们可以坐公交车到位于顺义区大孙各庄镇顾庄子村东的北京市级文物保护单位无梁阁参观。该建筑始建于明，又称玉皇阁，砖石拱券结构，阁内绘有壁画，壁画色彩鲜艳，形象生动，是研究古代民间绘画不可多得的材料。壁画内容主要表现中国古代皇帝的传说，清代时是当地的名胜。还可到位于顺义北石槽镇武各庄的关帝庙参观。该庙为

清代建筑，殿内绘有大量彩色壁画，有较高的历史文化价值。除了到位于顺义的文物保护单位参观采访外，我常鼓励辅导学生参加顺义档案馆每年举办的文化艺术展览等活动。

这些学习参观有助于中华民族优秀民间美术文化保护与传承的教育。

三、在实践探索中认识欣赏顺义文化艺术精品，推进美术教学的创新

现代很多优秀的设计作品都借鉴了优秀的传统文化元素，所以我在上完欣赏课后，结合以往的设计应用课进行创新内容设计。

（一）借鉴优秀文化，设计展身手。

我在上完欣赏课后，紧跟着又开发了"美丽的铜镜"这一内容。因为顺义杨镇曾出土宋代莲花纹铜镜：背面刻廻文诗一首，可以首尾相连而读。教学过程中，教学生欣赏中国不同历史时期铜镜的造型和装饰纹样，并要求学生利用其中的一个纹样完成手机壳、钥匙链、文化衫等的图案设计。

学生设计、印制文化衫

（二）传承优秀文化，动手做剪纸

中国剪纸艺术有着一千五百多年的历史，尤其在明清时期剪纸艺术，达到一个巅峰。在顺义区，剪纸艺术有着广泛的群众基础，它蕴含着深厚的文化积淀和古老的乡土气息，是目前还广泛存在的民间文化，值得我们去保护、去重视。作为文化传承，它应该走进中学美术教育课程中。

学生作品《回娘家》

在"顺义民间剪纸"课上，我首先带领学生们进行一个简单团花的剪刻，一下子激发了学生们的学习热情，再逐步带领学生由易到难。教学过程中，学生们也可以合作完成一件作品，教学结束后在班级、校园内进行作品展示，鼓励学生在节庆时，在居家处所，进行剪纸的装饰。学生们受到作品内在精神的鼓舞与感染，并品味出北方农村淳朴的文化气息和浓郁的乡土韵味，感受到民间剪纸"真、善、美"的思想境界和艺术情感。更加热爱自己的家乡，热爱家乡的民间剪纸艺术。

在潜移默化的教育教学过程中，学生不光对顺义的文物艺术精品有了了解，还对中华民族博大的优秀文化艺术有一个认识。文化作为一个地区发展的灵魂，对于传承精神、营造氛围义不容辞。站在新的历史起点上，面对新世纪、新形势、新挑战，顺义人对文化事业的发展信心十足：积极进行文化创新，努力繁荣文化事业，精心打造"绿色国际港"品牌，建设和谐文明新顺义！我们在教育教学的实践探索中也会不断创新。

学生作品《青春的旋律》

"创艺社"课程建设的实践与思考

北京市顺义区第五中学　张红霞

我国新课程改革的核心理念"一切为了学生的发展"，体现为：为了全体学生的发展；为了学生的全面发展；为了学生的个性发展。基于这个理念，我校从 2015 年开始全面实施校本课程。我们美术组的老师们积极研讨开发符合我校学生的课程，最后属于我校学生的"创艺社"课程诞生了，我们的课程就是培养学生的个性发展，让每个学生学有所长，为他们今后的自我发展提供空间。

"创艺社"主要包括扎染、藏书票、京剧脸谱课程，后来又增加了素描、剪纸、衍纸艺术、铜丝工艺和书法等课程。经过三四年的课程实施，我们的成绩已经很显著了，学生通过藏书票和扎染课程、京剧脸谱的学习和实践，能够体验到这些课程的独特魅力，开阔眼界，提高学生的审美情趣和艺术修养。下面介绍一下我们是如何实施"创艺社"课程的。

一、"创艺社"课程建设的过程

（一）浅尝辄止的开展课程

"创艺社"课程在最初阶段只设置了版画藏书票的校本课程，我们梳理了初中美术教材的内容，结合我校学生情况，确定总体教学目标和分阶段目标，整理制定切实可行的教学内容。"藏书票的制作"校本课程，首先是在学校构建的"爱读书，多读书"大环境下开设的，旨在进一步激发学生的读书兴趣和想象力，丰富读书的内涵，培养合作能力，提高学生的绘画技能和创新能力，开发多种智能，运用多元评价，让学生获得充分的自信，体验成功的快乐，进而培养学生健全的人格，为学校构建高品质的校园文化尽自己的一分力量。

其次，我们美术组的三名教师具备版画的知识与技能，同时对藏书票也很感兴趣，经常搜集一些有关藏书票的文字和图片资料，不断提升自己的实际操作经验。确定藏书票课程后，我们先用吹塑纸制作藏书票，因为吹塑纸造价低，学生易于掌握，学生们觉得课程很新颖，很感兴趣。我们将学生制作的作品放在教学楼的楼道展示，他们对自己的作品很满意。

就这样，版画藏书票开设一年后，我们又选择了适合学生操作的橡皮砖材料。学生在制作藏书票的过程中，审美素养进一步提高，技能技巧也有了一定的把控能力，有近 80 件作品参加了校本课程展览"玩墨彩　悟生活"。

（二）如火如荼的创新课程

藏书票的制作课程伴随我们两年，师生对课程产生极大的兴趣，学生作品出展览，老师们积极做课，分享成功的经验，杜勇老师上了一节"吹塑纸藏书票的制作教学设计"，获得区课程评优课一等奖。张红霞老师也积累了丰富的教学经验，上了一节"藏书票的设计"，这节课参加了顺义区教师基本功比赛并获得了区一等奖的好成绩。基于师生对课程的极大热情，又为了全面提高学生的艺术素质，美术组教师依据新课程标准，积极开发新的课程——扎染，在本课程中，学生通过亲自动手实践体验扎染的乐趣，激发对民间扎染的热爱，增强保护传统手工艺及工艺文化的使命感和责任感。拓展了学生的美术视野、提升学生的艺术修养、陶冶高尚的道德情操。

我们的扎染课程与生活紧密联系，我们与学生一起探究如何扎染 T 恤衫、背包、围巾、方巾、围裙等这些生活中常见的物品。同样我们在校园展示学生的扎染作品，在学校的开学典礼上学生穿着自己的扎染 T 恤衫，围裙系在腰间，背着自己扎染背包，方巾围巾学生系在脖子上或者搭在身上，做了一次"扎染服装模特秀"，使学生产生自信心，获得成就感。"魅力扎染"校本课程深受学生们的喜爱。

（三）日臻成熟的"创艺社"课程

藏书票的制作和扎染这两个课程已经趋于完善，我们有教学进度表和教学设计，已经形成了属于我校学生的课程。随后，我们又开设了京剧脸谱课程，旨在让学生了解京剧脸谱，弘扬中华优秀传统文化，绘制出原汁原味的京剧脸谱，加深对非物质文化遗产的了解。

我们的校本课程从无到有，从最初仅有的藏书票课程已经发展到现在的三个课程，每个课程都很完善，不仅有教学进度、教学安排、教学设计、教学资料，还有齐全的工具材料，这些都离不开学校的支持与帮助。

二、"创艺社"课程建设的实施过程中的举措

（一）"创艺社"课程的补充与完善

以橡皮砖版画藏书票课程、扎染课程、京剧脸谱课程为主，课程中每件作品的完成都是一起与学生探究、思考的，经过多次修改的，最后的作品都是精品。校本课程开设过程中，我们又尝试着开设了素描、剪纸、书法、衍纸艺术、铜丝艺术等课程，学生们都非常感兴趣。我们又完善了课程的评价机制，美术组教师以"运用多元评价，全面提升学生的艺术素质"课题为依托，在校本课程中也采用多元评价，大大提高了学生的积极性。

我们的课程就好比是一桌大餐，藏书票制作、扎染、京剧脸谱就是主菜，剩下的素描、剪纸、书法、衍纸艺术、铜丝艺术就是小菜，配合着大餐的，这样这桌大餐才更有味道，学生更爱吃。

（二）"创艺社"课程评价表的使用

课堂参与学习的态度按评价量规表执行。A:100%，B:80%，C:60%。

参与课堂学习评价表

序号	评价内容	评价标准		
1	能根据老师讲解的知识提出问题，根据问题提出假设。			
2	能够自己想象出自己作品绘制完成后的效果。			
3	能按照学案的步骤，有步骤地进行绘画、绘制。			
4	能按照教师演示的要求完成自己的作品。			
5	能安全并熟练使用美术各种学具，尤其是不同刻刀的运用。			
6	能独立思考，提出与他人不同的见解。			
7	产生疑问时敢于质疑，并能够大胆地进行绘制。			
8	能够有创意的完成作品。			
9	能够说出自己的创作作品的思路，绘制思维导图。			
10	在探究活动中，能与他人合作和交流。			
11	能自觉遵守课堂纪律。			

这个评价表是每个月末由组长和老师进行评价的，我们的学生在评价中基本上都能得 A，如果有学生的评价为 B，他会注意到自己哪里不足，下次继续努力的。

（三）"创艺社"微信群中的分享与评价

随着手机微信的普遍使用，"创艺社"课程也建立了微信群，教师在群里

发送学生上课时的照片，学生将作业照片发送到群里，由教师给予评价，还分享了名师的课程，这样会提高参与课程的学生掌握知识和技能的效率。课程实施以来，学习形式上采用自主学习和合作学习，通过学习、展示、交流提升每位学生的美术的核心素养。

　　创艺社微信群的内容，有评价、有分享，学生看到自己的照片和作品后，有成就感。

三、"创艺社"课程建设的实施效果

（一）典型的学生作业、作品

　　来个合影吧　　老师和课程班的部分学生　　看我们的扎染作品，漂亮又极具个性，学生们玩转扎染、玩转色彩

（二）学生前后测试成绩统计、分析结果

学生在学习藏书票、扎染和京剧脸谱课程前，会进行技法理论和色彩搭配的小测试，在课程结束后，也会参与测试检验学习效果。测试对比之后的结果肯定是学完课程之后的成绩要高。通过课程学习，学生了解基本的技法理论，如色彩、构图、透视、构成、解剖等技术理论知识，而且还训练了学生正确的观察方法和基本的造型能力，结课后的本课测试成绩远远高于开课前的测试成绩。培养学生良好的学习习惯，获取和运用各种美术信息及资料的能力，同时培养学生合作学习的能力，为学生的终身学习奠定基础，同时培养学生对美术的热爱之情，提高美术素养，热爱祖国优秀的文化。

（三）部分学生针对课程本身给出的评价和反馈

侯子涵说："在创艺社不仅学到了如何制作橡皮砖版画和藏书票，还学习了如何能扎染出自己喜欢的 T 恤、围裙、围巾、方巾等等，这些跟生活紧密的联系着，越来越喜欢这样的课程。"

张天一说："生动、活泼的课堂，能够激发我的创造力和想象力，我的作品是独一无二的。这就是属于我的课堂。"

任冉说："丰富了我的美术知识，大量接触美术作品，提高了我们的审美能力。还能够参加各种美术比赛，还有获奖，展示了自己，收获了自己的自信，超越了自己。老师以多种形式开展活动来激发我们的兴趣，我还能带动其他同学去学习美术。"

（四）与课程有关的师生成果、获奖证明等

2016 年，第十届全国中小学藏书票大展学生获奖，一等奖 2 名，二等奖 3 名，三等奖 4 名。

杜勇老师的藏书票作品获一等奖，并获全国藏书票大展优秀指导教师奖。

张红霞老师获得全国藏书票大展优秀指导教师奖。

张妍同学在顺义区第十七届艺术节比赛活动中获得版画一等奖，辅导教师张红霞获得辅导教师一等奖。

2017 年 11 月组织"创艺社"课程参与"首都师范大学顺义区 UDS 学校课程领导力建设"项目在仁和中学的展示活动。张红霞老师在本次"首都师范大学顺义区 UDS 学校课程领导力建设"项目中荣获先进个人称号。

2018年2月，在我校的开学典礼上，创艺社的学生们穿着自己亲手扎染的T恤、围巾、方巾、围裙在主席台走秀，背景是京剧脸谱和藏书票的两块展板。

2018年11月，"创艺社"课程代表顺义区参加北京市"强化实践育人，培养关键能力"的课程展示

　　版画藏书票对材料的要求广泛，课程还有很大的开发空间，需要我们不断地挖掘。扎染课程中的扎结技法和染色方法太丰富了，还有很多独特的易于学生掌握的技法还没有学习，需要老师和同学一起去努力，我们的课程还会与传统文化结合，剪纸、书法课程会发扬光大，素描、衍纸艺术和铜丝艺术会是有力的补充。我们美术组的老师们更会以务实的态度、科学的方法、创新的精神、大胆的实践、真诚的合作，全面提高学生的审美素养。

以线为媒

——浅谈美术课堂中学生绘画能力的培养

北京市顺义区第二中学教师　李　蓓

线是美术作品的基本语音元素之一，用线条造型是人类最早、最简洁的绘画表现形式，也是每个人最早掌握的绘画语言。在各种艺术语言中，线条的使用最为简便，变化也最为丰富，无论是东方还是西方的绘画，线的运用占据着重要地位。

在中学美术课堂，以线条为媒介，寻求多种表现形式，使学生感受到线条的审美价值，并探索线条的表现力，同时激发学生的绘画兴趣，树立美术创作的自信，进而培养学生的创作能力和高尚的审美情操。

一、线条的审美价值"以线传情"

（一）绘画中线条的发展历史

在各种艺术语言中，线条的使用最为简便，变化也最为丰富，因而用线描摹对象无疑是最为简单明了的。

在漫长的美术史发展长河中，中国传统绘画的表达方式始终以线条为主，从石器时代的彩陶纹样，到历代壁画的人物造型，以及各朝代文人绘画，线都显现出独特的创造力和艺术魅力。西方用线描绘物象则从阿尔塔米拉洞穴的动物造型岩画，到古希腊艺术和文艺复兴时期的肖像绘画，再到新近现代各种艺术流派，当代艺术中都以不同程度、不同形式运用线条元素。

无论是东方还是西方的绘画，线的运用占据重要位置。值得一提的是，与西方绘画相比，中国画中的线更是灵魂一般的存在，中国画不仅"以线造型"还"以线传情"。画家笔下的线与画家的主观意志相一致，笔意合一，抒发情感。

中国画中既有像"曹衣出水""吴带当风"那样刻画精微细致的线条，又有像徐渭画中那走笔如飞、狂放奇谲的线条；西方既有波提切利用线的那种优雅精致，又有勃吕盖尔用线的那种朴实与缜密。

线条具有极强的艺术表现力，既能表现物象的轮廓，又能表现其形态、质感。线条的变化与造型的形式美紧密结合，使画面既有韵味又有独特的审美价值。可以说线条既是一种符号、一种媒介，又是审美对象。每个人所绘的线条或刚健，或苍老，或古朴，或厚重，或飘逸……让人们产生不同的审美感受。

（二）自由丰富的线条创作"缠绕画"

缠绕艺术是近年来风靡的一种绘画形式，以平面化的图案、结构化的图形风格吸引了大批绘画爱好者。笔者作为一线美术教师，从中发现了缠绕艺术付诸中学课堂教学的可能，并在近年来的教学实践中反复探索尝试，并通过文献、案例、行动调查等研究方法，归纳了一些简便有效的缠绕画创作方法，使学生能够较好的创作作品，并真正得到美的熏陶和享受。

笔者的主要研究目的及意义，也是试图将流行的艺术形式收纳至美术教学中。以缠绕画为切入点，深度挖掘它的实践模式，为现行艺术教育注入热情与活力，同时激发学生学习艺术的兴趣，并且在作品创作实践中逐渐培养学生的创造力。

二、学生美术课堂中的困惑——"望而生畏"

（二）中学美术课堂现状

中学美术非中高考学科，在教学中一直处于相对边缘的地位，美术学科对

学生全面发展，以及对学生创造力培养的重要性，没有得到足够的重视。这导致美术课堂大多是基础的鉴赏，象征性的绘画练习，学生和家长对美术学科不够理解，教师也失去了热情和积极性。

这样的教学状况下，学生的美术修养可想而知。例如，鉴赏课上，学生评价艺术品无从下手，因为学生没有足够的美术鉴赏经验，没有相关的美术作品专业评价用语的积累。

鉴于这些问题，我设计了专门的美术鉴赏课程，带领学生全面深入的鉴赏作品。例如，鉴赏经典作品《捣练图》时，不在美术史范畴讨论作品的价值，而是挖掘其中贴近生活的情趣。画面中扇火少女畏热后仰，练下嬉戏女童的调皮，生动的形象立刻激发起其学生的兴趣。接着让学生尝试自主评价作品，通过这样的训练，学生的鉴赏能力有了明显提高，对作品中线条的审美价值也有

了一定的认识。对于学生的不自信，我采取鼓励的方式，对学生的所有评价先给予充分肯定，树立起信心，再对学生的回答查漏补缺。最大限度调动学生积极性，活跃课堂气氛，不仅为了上好一节课，更希望学生有切切实实的收获。

值得欣慰的是，近年来我国大力推进德智体美劳全面发展的教育方针，美术学科在教学中的地位不断提高，学校、学生、家长，对美术教育越来越重视。学校美术社团活动越来越丰富，学生的社会实践增加了参观博物馆的内容，家长竞相让孩子参加绘画班，带孩子参观美术馆等。不能指望通过一节美术课把学生培养成艺术家，而是需要潜移默化的熏陶，对学生产生润物无声的影响，让美育融入学生的生活，切实提高学生的审美修养。

（二）学生绘画实践"望而生畏"

给七年级学生上的第一节绘画课，是七年级第二学期"形式与美"一课中所画的对称与均衡的作业。大多数学生是照搬教材里提供的蝴蝶图片。纸上趴

着一只生硬的不太精细的蝴蝶，并且全班画的几乎完全一样。看着这些作业，我有些困惑，这不应该是七年级学生应该有的水准。在我的预期中，这个阶段学生的思维应该是天马行空，画出各种超乎想象的图画。而现在，学生的画面只是填充，并不是他们内在意识的体现。每个人最初都有用图形表达的能力，但是我发现随着教育程度的加深，表达能力反而下降。我查阅美术教育的相关资料，课下跟学生沟通，找到了一些原因：一方面，大多学生都没有绘画经验，不知道画面应该如何表达，应该表达什么；另一方面，学生缺乏信心，觉得自己画不像不敢动手，于是既有的想法也扼杀在了脑海中。

儿童文学艺术专家杨景芝在著作《儿童转型期》中提到，国外有学者认为儿童11岁后便进入绘画低谷期，但通过教学实践，我们发现在这个年龄段出现这种现象是教育出了问题，而不是孩子自身有问题，只要经过符合儿童身心发展的教育和启发，孩子很容易就达到较好的水平，很多实例也给了我们很大的信心。

我将计就计，让学生继续以蝴蝶为主题创作一幅作品，首先把画面画满而

不能只画一只蝴蝶。为了启发学生，我给了很多思路和提示，希望他们把自己的内心思考体现到画面中。比如花园的蝴蝶，未来感的科技蝴蝶，蝴蝶的形状和颜色要大胆独特等。画面要尽量画满，成为一幅完整的作品而不是只有一只蝴蝶。学生绘画的过程中，我根据学生的绘制情况进行个别指导。

一节课下来，学生的作业情况有所进步。大多数同学组织了一个比较完整的画面，为蝴蝶加了背景，设计了环境，但蝴蝶的背景还都只是树木、花草，并且大多是简单机械的图式。我开始思考，搜集很多创意绘画作品，激发学生想象力，并命题带领学生一起画，并为此设计了一系列激发学生创造力的课堂内容。

三、美术课堂培养学生的绘画能力——"以线为媒"

（一）"以线为媒"自由创作

在接下来的教学中，我结合经验，深入思考怎样激发学生的想象力，怎样画出好的作品。在搜集资料时偶然看到了当时很流行缠绕画，简单的线条，自由的缠绕，画出美丽的图案。画的过程自由放松，是最纯粹的心灵的表达，也是学生静下来磨炼心性的好方法。

这种绘画形式跟通常的黑白装饰画很接近，不需要绘画基础，关键在于线条的排列，线条自由缠绕或有规律的重复，形成疏密节奏和黑白层次。线条静谧流淌，有条不紊，繁而不乱，生动而不散。作品还穿插运用各种粗细不同的点，以及平涂成色块的面，黑白灰对比明确。其实是以线为主，点、线、面等基本绘画语言结合的方法，形成丰富的效果和鲜明的层次。点、线、面既是表现方法，也是审美对象。

缠绕画另一个可推之处便是工具简单易操作，签字笔、钢笔、圆珠笔、铅笔等都可用来作画，并且效果丰富。

我试着在课堂给学生介绍这种绘画形式，在欣赏范画的时候，学生已经被美丽的画面深深震撼。对这些画的喜欢就是创作出好作品的基础，我趁热打铁给学生介绍了一些基本的手法、线条的样式，以及画面布局的基本规律，学生都跃跃欲试。

每个人所画的每一笔都是其性格、情感、经验与潜意识的反映，即"个性心理特征"的反映。一个人接受的技法越多，所受的约束就越多，个性化的成分也就少。所以我鼓励学生用自己独特的感受去画，这样每一张画的面貌都不一样，就好像不同的人拥有不同的性格。因此，开始课堂创作实践不要求主题，学生自由发挥，发掘线条自身的审美价值，但是要尽可能的细腻。很多学生能够用心，用细致多样的线条形式丰富画面，有一部分学生找不到方法，我就让他们从一个小圆圈或者一根线开始，有秩序的重复，形成一种秩序和韵律。然后在其中加入一些联系性的线、形，还可以加一些装饰性的形状或者局部涂黑，加强层次和节奏感。

一节课又一节课，老师的指导越来越少，学生画出越来越多丰富的效果，线条的美感体现得淋漓尽致。最终学生取得了大丰收，我们的作品得到了所有老师和领导的肯定和赞扬，还举办了"一线一世界"学生线条画作品展。

（二）"以线为媒"命题创作

为了拓展缠绕画的形式，我又设计了用油画棒创作彩色线条的课程。梵·高作品中线条风格鲜明，学生临摹梵·高的《星夜》也颇有神韵，一部分学生依然用钢笔进行单色创作，画出的作品也有独特的审美效果。

　　我还设计了植物主题的线条画创作，给学生欣赏植物的照片，用线条把独立的植物创作成丰富的画面。这就需要学生发挥想象力，给植物设计场景，唯美的、童话的、科幻的等，不仅训练学生对线条的控制力，还培养学生的创造力。学生们依旧不负众望，创作出高水准的作品，密密匝匝的线条创造了一个个童话世界、未来世界……

　　习近平总书记倡导弘扬民族文化，增强文化自信。于是我想如何将学生擅长的线与中国传统绘画相结合。搜集了大量资料后，我设计了"以线为媒——山水计划"一课，欣赏传统山水画，绕开笔墨功夫而用缠绕画中装饰性的线来表现，同时穿插点、面等元素。首先以元代画家黄公望的《富春山居图》为参照，学生创作出形式多样、层次丰富的作品。参考同一幅作品，学生从构图、山石形象、填充手法等都体现出了独特的个性，可谓千人千面，学生作品也受到了校内外各级教师的鼓励和赞扬。

四、后记

　　作为教师总希望学生在有限的美术课堂获得无限的熏陶和启迪，但是面对画纸学生却"望而生畏"，不会画也不敢画。经过无数次的讲解和鼓励，终于在一次无心插柳的尝试中被学生的画感动——密密麻麻的线条，创造出天真烂漫的世界。美术课应该不拘一格，既要严格要求又要创造活泼自由的氛围，而学生们的内心是天真烂漫、天马行空的，只要给予他们恰当地引导，就能创造出不一样的世界。这只是一个开始，未来课堂上还会涌现出大批优秀作品。

美术课直播教学中学生学习方法的探究

北京市顺义区北务中学　曹海静

一、因势利导，发挥体验式学习

我们所经历的这个时代，在现阶段，在人民的灾难和困境面，我们看到了国家和个人是如何担当的。这学期，老师和学生面临的是不能在学校上课，只能在家里开通直播课。首先我想到的是小画笔，要尽显能量。我的第一节美术课是跟学生一起回顾一些感人的画面，引导学生观察感受这个时代的人和事。小画笔将怎样去描绘这个时代所发生的一切？

直播课不同于教室上课，要想学生所想。这个阶段，学生看到最多的是新闻媒体所播报的关于疫情的消息，我和学生一起重温了一些最感人的画面。我们有种相同的感受，每个时代都有不同的英雄。此时此刻，战斗在一线救死扶伤，迎难而上的医护工作者就是伟大的英雄，上演一幕最美逆行者。老师留的第一份作业是为了这份时代的感动，用我们手中的画笔为他们画出最有力量的线条。他们有最美的身影，我不知道你是谁，但我知道你为了谁！学生在老师的带动下也从容地拿起了画笔，用小画笔画出大时代。

学生开始搜集一幅幅感人的画面，找到了一些感人至深的话："最美是浓烟，看不够的是人间，岁月静好，是因为有医护工作人员替我们负重前行。""希望如期而至的不只是春天，还有疫情过后的你！""风华模样，你落落大方，家国有难，你迎难而上。这些前线姑娘，斗志昂扬，不再是一个人，拼搏在战场上。前线姑娘，勇敢善良，全国在期盼，胜利后回家乡。"这就是学生获得的一分力量。

二、参与学习直播内容，提升学习效果

直播课更要做好与学生的沟通。这个时代发生了什么，又教会了我们什么。直播课上把一种真挚与关爱带给学生，要用这种独特的方式和学生沟通，传递美好，输送知识，展示时代风貌。

直播课不能像在教室那样直接辅导学生，担心学生不太接受和习惯这种学习模式，学生和老师有种距离感，有些问题不好沟通。第一节美术课是这个时代把我们拉进了一个画面里，第一节课"画时代"就这样产生了。

1. 学生自主搜集抗疫期间感人的新闻图片。

2. 共同欣赏艺术家的优秀作品，赏析画家所用笔墨、表达方式、观察视角、艺术形式等。共同欣赏绘画、泥塑、剪纸、宣传画、手抄报等多种艺术类别，从中借鉴。

3. 学生观看老师的范画和提前录好的微视频，了解到此主题是如何构图，通过哪几步完成的，怎样结合一种艺术形式实现的，最后赏析作品完成效果。这里强调直播课中演示直观教学仍然是较好的方法。

4. 学生留下很多真挚感人的作品。学生完成作业很积极，画出个人情趣，创作出富有感染力的作品。

5. 在作业反馈区，通过给予点赞、奖励小红花、针对性评价等方式反馈给学生。通过授好课，选好课的内容，学生和老师勤沟通可以解决。如知识要循序渐进，步骤要清晰，能和学生拉近距离。

三、直播课中分组合作，共同完成任务

布置任务后，学生可以以组为单位分配任务，他们表现得很积极，在小组群展开搜集资料，讨论设计方案。以小组群的形式展示交流，他们得到反馈后可以完成得更好。

最后学生们共同畅想，我们等春风来，等樱花开，从没有像现在这样期盼过夏天。希望以后再也不画疫情的作品了，我们一起祝愿祖国安好！

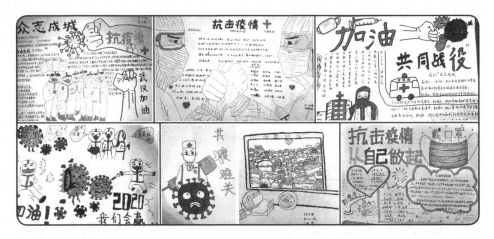

（一）参与讨论分析，使课程内容更精彩

直播课中，一些课题内容学生完成较好，如《窗外》《阳台上的花》《台灯》《玩具制作》《为社区服务》《食物造型》《放眼看世界》《阳光下》等。

如《窗外》一题，学生观察身边各种窗的造型，设想该怎么去表现完整。老师提出要求后，学生讨论对于窗的形状要如何设计，窗口的大小怎样安排，窗外景物如何观察或想象。

学生通过观察把所看、所思、所想，搜集图片，结合真实事物，进行大胆设想，最终完成很多好看的、有意思的窗的作品。

如《台灯》一题，学生观察台灯由灯罩、灯杆、灯座三部分组成，老师提出要求，这三部分分别是什么样子的？它们要怎么连接在一起？怎么连接才好看？最后学生通过观察家里的台灯，有的设计成简洁的几何型，有的设计成一个小动物、一朵漂亮的花，还有的结合文字表现成科技未来产品类。

总之，学生对他们常见的、喜爱的、易于表现的内容，参与热情高，讨论分析积极，完成度较好。

（二）分享式学习，学生参与热度高

学生最想得到老师的肯定，不管是在课堂上还是直播课上。学生看到老师的一个眼神、一个点头，得到一句表扬，都会觉得动力十足。学生间分享作品，交流反馈，参与热度极高。

1.学生看到自己的闪光点

分享作品时，使用鼓励性的语言，学生参与课堂的积极性持续不断。

247

比如学生看到这样的评价：

你的作品造型准确，线条清晰，构图合理。

能把这些景物在相应的位置上摆好，并画好它，不是一件容易的事，你一直是班上的画画能手。把天空再处理一下，就是一张完美的色彩画了，继续努力！

你画的不是跑题了，是拓展了，相当好。窗子无法再大了，外面的世界很精彩，我要收藏此作了。

真聪明，一条线都不落，画得很清楚，来龙去脉都对，还很立体，比你在课上画的还好，点赞！

2. 学生主动找到方向感

学生有方向感，会越画越好。分享作品时，指导性语言的使用。

比如学生看到这样的评价：你在家画的比课上还认真！效果很棒，深藏不露啊！开学的时候在班上一定要大显身手呀！颜色斑驳，重点突出，窗的形状也很奇特。提点意见，把窗外的颜色再丰富起来，窗的特征加强些，否则不明确。

有的学生完成过于简单，老师要给出建议：画画不要着急，多看老师给的范画，要有耐心，所交作业要给老师一个惊喜才对！

3. 学生会发现问题所在

学生认清自己的美中不足，有所改进，越来越完美。分享作品时，一语点出问题所在。

比如学生看到这样的评价：你的玻璃窗画得挺美的，怎么长地上了？

每次参与很积极，不过窗子画得有点小，颜色还可以。想想添加点什么？窗子附近还有什么？要想这幅画精彩些，不仅是窗和墙，还可以无限地想象。

玻璃窗的颜色和窗帘的颜色明暗上画反了，这样一来有点像夜晚的窗户了。

你的画整体比较写实，还画了窗台，就是画得有点小了，注意线条要流畅。

玻璃窗闪烁艳丽，很华丽，提点小建议，画得有点刻板了。有时候对称或过于规矩、线条太直，都会影响画面感。建议不要用尺子，线条多有变化为好。

诸如此类，在不同的评价中，学生表现的参与度、热情度都非常高，文字的魅力使我看到了学生们的认真与努力。我会继续探索用美妙的评语、真挚的反馈给予学生鼓励与支持。

四、直播教学中的收获

网络直播教学，我们停课不停学，在授课同时，更不忘跟学生沟通，安抚学生不能去学校的心情。最大限度的发挥网络功能，学生通过听讲解、看范作、观演示、讨论沟通、交流作品、自主学习等多种学习模式，使学生能够从中获得更多知识，了解相关的信息，掌握好技能。尽管有局限性，我会继续探索学生如何学的教学理念。

这阶段，学生通过各种学习方法，搜集资料，拓展思路，通过直播教学获得知识，使教学相融一体。事实证明，在这样一个特殊时期，我们都有一种锲而不舍的精神！学生用小画笔，描绘出时代大能量。

依托优秀传统文化　挖掘资源优势
基于美术核心素养在教学中的应用

——古建探秘报告　探索特色课程　故宫vs古庙

北京市顺义区杨镇第二中学　赵　敬

校歌中唱到"古庙变成大学堂……"，学校里有着中华五千年历史文化的余韵，而这一资源优势也给予了我教育价值方面多方位的思考。

中国传统文化艺术，蕴含着许多民族精神和正确的价值观，这其中的道德思想与艺术魅力也是美术教育教学中应该体现的，同时也是培养当代初中生世界观、价值观，塑造他们的人格品德的有力抓手。我在多年的初中美术教学实践中尝试了一些方法来加强这方面的培养。用传统美学的哲学思想和树人规范，在课堂上向学生逐渐渗透，渐渐使学生在做人美德和艺术文化修养上得到双重提高。

一、以中华优秀传统文化为载体，提高美德教育和文化修养

"古庙变成大学堂……"，我们学校很幸运地有着这方面的资源优势。这里有着中华五千年历史文化的余韵，近水楼台，我自己也绕着校园竟不知不觉走了几个圈。

杨镇二中，位于京东第一重镇杨镇，毗邻仿古一条街，校园内亦有，始于明万历年间的关公古庙，庙前有棵三百五十年的银杏，壮硕粗隆，蔽日如盖。逶迤三百余米的仿古长廊、书法碑林，鸟鸣蝉语，亭亭榭榭，雕梁画栋，既领略书法建筑之华彩，亦常闻书声，不绝于耳。屋顶吞脊兽、龙子、宫廷古建九种屋顶样式，校园内的建筑竟大部分都有。按捺不住激动的心情，一次古建探秘之旅就这样浮现脑海……

我们的传统文化是与我们的生活息息相关的，融入我们生活的，我们享受它而不自知的东西。中国建筑艺术是集天文学、地理学、地质学、生态学、艺术学等多学科于一体的中国传统文化的精粹，是按照中华民族的哲学思想和建

筑文化，利用创造性的思维或方法，策划、设计、建造、雕塑、装饰、布置、制作的，思想深邃圆融，内容广博。

　　营造传统艺术的氛围，帮助学生静息凝神，更好地理解中国传统建筑艺术的韵味，浸润在高雅的传统艺术中，陶冶情操，领悟传统艺术的精髓。

　　我国优秀的传统建筑艺术形式，在传承中形成了独特的魅力。走进园中园，观察、探究、记录、对比和统计、分析获得与之相关的知识，更近距离地感知历史文化，完成校园古建之探秘，本身就是一种涵养。

　　二、依托中华优秀传统文化，挖掘资源优势，注重学生对文化知识的积累，培养学生自主进行实践探索学习

　　要想提高核心素养中的能力目标，在初中美术教学工作中，一定要注重培养学生的探究能力，即要让学生在美术学习过程中，善于发现问题，并对自己不理解的东西提出质疑。并且，针对这些疑问老师并不急于解答，而是层层设疑引导学生自主探索答案。

美术这门学科的特殊性在于教学过程中将观察、鉴赏、分析、评价、创想、实践、感受、育人等融入教学过程中，即新课标所提到的五大核心素养：图像识读能力、美术表现能力、文化理解能力、审美判断能力、创意实践能力。因为美术学科是人文、艺术和创造的集合体，所以在教学过程中我格外注重学生自主学习作用的体现。这一点也是新课标培养学生五大核心素养的根本目的所在。

博物馆系列"故宫博物院"专题课第一课时，以学生为主体，在教学设计上以专题课的形式安排教学，先以小组合作的形式，由学生自己去探索对搜集资料进行整理、分类、归纳，结合资料查找出故宫的艺术特点、造型、构造、花纹特点等，先有个初步认识，然后对龙子、屋顶样式、色彩、建筑形制等所代表的意义，进行深入了解。

加强注重培养学生自主学习意识，使每位学生在美术课上都有所收获。回到学校后，以小组形式展示、讨论、讲述、深刻体会的方法去感知中国建筑所承载的千年中华文化和所包含的人格修养的巨大魅力。学生分组讨论，查找资料，勾画草图、制作PPT将传统文化的内容学的有声有色，真正感受到了中华文化的博大精深。经过这一专题的学习，学生参与性极高，充分调动了学生的学习情趣。

三、强调"走出去、走进来"，提升眼、耳、鼻、舌、身、意等觉知力

1.觉知力是身心同时发生的。觉知，包括觉与知，"觉"是一个感（感触、触碰）的过程，"知"是一个应（收受）的结果，就如同触电的"觉"是接触的方式，"知"是接触部位麻木反应。眼、耳、鼻、舌、身、意的六识感官都是"觉"有情的感知器官。

孩子们或坐或卧专注的神情，我依稀在目，风吹乱了他们的头发，杨柳轻拂着他们的面庞，他们那么兴奋地看啊、摸啊，用丰富的视觉、触觉和审美体验，感受美术活动的乐趣，获得美术学习的持久兴趣。审美能力提升是人们艺术修养的精神追求，是美感愉悦、优雅气质、生命关怀的心灵建构。发挥环境育人的作用，走出教室、书本，走进博物馆、展览馆，走进大自然。尝试在真实情景中运用知识，学思结合，"学而不思则殆"所悟所生更重要。

用感知力，感受传统文化的艺术魅力

为了在提高教学质量，培养学生核心素养的大前提下，寻求合理的教学方式方法，此课以综合主题探索活动为课程的主要形式，让学生走出教室书本，走进博物馆、展览馆，走进大自然，让身边的古庙挑战一下触不可及的故宫吧。

附：学生古建探秘导学单

古建探秘报告

故宫 VS 古庙

1. 紫禁城、古庙分别是以什么颜色为基调？有什么样的含义？

2. 欣赏与观察我国古建的飞金走彩、雕梁画栋，请问油漆彩画有哪两种作用？

3. 我国有"墙倒屋不塌"之说，观察古庙，你觉得是哪种建筑结构起到这样的作用？

4. 我国宫廷古建屋顶样式多样，等级分明，在校园内观察寻找单檐庑殿顶、单檐歇山顶、卷棚顶、四角攒尖顶、六角攒尖顶，可分别写生说明，也可做重点写生。

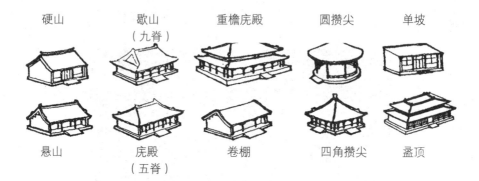

硬山　　　　歇山　　　　重檐庑殿　　　圆攒尖　　　单坡
　　　　　　（九脊）

悬山　　　　庑殿　　　　卷棚　　　　四角攒尖　　　盝顶
　　　　　　（五脊）

5. 做亭宇名称标注与小兽数目标注，填表。

小组长：	组员：		
抄写一句古建上诗词			
重点建筑研究			
屋顶样式			
檐角走兽数目			
其他意外收获			

6. 你看到学校正在怎样保护这些建筑？

7. 观察古庙与课本故宫图片并进行对比，小组讨论故宫（皇家）建筑与古庙的不同特点。

8. 记录你观察到的关帝庙所有信息，记录你质疑的问题。课后对自己感兴趣的内容做进一步了解。

重点写生处：

关帝庙、碑林、人和亭、戏台、东南书香阁、沁芳榭、长廊、自强不息亭、东大门牌楼、聆春楼、勤奋亭、讲英堂、梦湖处景观等。

所带用具：导学单、美术书、图画本、画夹或硬皮本（垫着写生）、铅笔、橡皮、小刀、尺子、碳素笔。

分组：组长负责制，各组根据情况先答题后写生。

教学评价点：

1. 能否积极地参与探究性的活动。

2. 能否通过集体讨论、个人体验观摩，查阅资料、绘画等得到有效知识。

3. 能用文字评述、图画等方式领悟美术与生活的关系，探究传统文化价值和意义。

纪律：

1. 分小组活动，各组员不脱离本小组，小组讨论、行进低声慢步，禁止大声喧哗、打闹，不影响其他上课班级，小组长、班委负责制。

2. 不乱扔垃圾，随手捡拾垃圾，爱护校园环境，爱护古建。

3. 老师巡查辅导，根据同学讨论的态度、积极性、完成作业情况打出各组成员分数。

此节是室外实践活动，遂出了一份《古建探秘报告 故宫 vs 古庙》导学单，让学生按图索骥带着问题挑战户外探索活动。

四、提升学生"美术表现"核心素养，是课程的基本目标

美术表现指运用传统与现代媒材、技术和美术语言创造视觉形象。通过本课程的学习，学生能形成空间意识和造型意识；美术表现运用基本构成因素，如点、线、形状、色彩、结构、明暗、空间、材质、肌理等，以及将造型元素组合成一件完整的作品的基本原理，包括多样统一、比例、对称、平衡、节奏、对比、和谐等。美术作品正是以它的形式元素塑造出可视的艺术形象，这些形象带给人视觉上的感受并由此产生视觉心理。这些形式元素就是美术家传情达意的艺术语言。

　　不同的学生有不同的理解，使人产生不同的视觉感受，给人以不同的情绪感染。这些作品既可以表现具体物象，又具有一种独特的美。

　　（三）培养生命之趣，想象之翼，培养学生绘画创作意识，提升"创意实践"核心素养在美术实践过程中的作用

　　只有经历创作的过程，学生学到的绘画技法才能内化为学生的美术能力，才能够成为表现生活的艺术手段。因此，本课程特别安排第三课时创作课程，通过校园写生作品，运用形象思维，大胆想象，尝试创作有创意的美术作品，养成创新意识，形成"有意味的形式"的作品。

艺术作品的基本性质是"有意味的形式"

创意实践指由创新意识主导的思维和行为。通过本课程的学习，学生能学习和借鉴美术作品中的创意和方法，通过各种方式搜集信息，进行分析、思考和探究，联系现实生活，对物品和环境进行符合实用功能与审美要求的创意构想，并通过草图、模型等予以呈现，与他人交流，不断加以改进和优化。

优秀文化情感延伸——创新创作体验

美术课，是一门将人文、艺术和创造性融为一体的学科，它代表着人们对美的追求和对一切美好事物的表达与传递。

引导和培养学生对传统文化的关注、了解、传承和创新的意识，我想在艺术学习中，只有以情感丰富、思想升华、灵魂高尚和以哲学思考为基础所建立起来的审美理想才能更坚实，从而丰富和发展学生的核心素养，打造出异彩纷呈的美术课堂。

【教学设计】

庭院深深

——北京四合院文化漫谈

教材来源：人民美术出版社《美术鉴赏》

授课对象：高中一年级

设 计 者：高丽莉（北京市顺义牛栏山第一中学）

一、指导思想与理论依据

《普通高中美术课程标准》指出：要通过充分利用和发掘校内外美术课程资源，增加课程的多样化，尊重并鼓励学生自主选择，为个性发展创造空间，满足学生多样发展的需求。在这一理念的指导下，我选择了北京地方民居建筑——北京四合院，为美术欣赏建筑部分的补充教学内容，目的是让学生对身边的文化艺术有更多的了解。同时本课以建构主义学习观和教学观作为理论支撑，主要采用抛锚式教学方法，教师通过搭建知识框架创设情景，抛出问题，确定问题，进而引导学生合作探究，通过协作学习建构新知，最后通过多元评价体现意义建构。

二、教学背景分析

（一）教学内容

民居是中国古代建筑中的一个独特代表，与其他类型的古建相比，它承载了更多与平常百姓相关的信息。不同地域、不同民族具有不同的建筑类型，而这些，也传达着不同的风俗，诉说着不同的故事。品味民居，也是在品味中国多样的民族文化和百姓繁衍生息的历史。北京四合院是北京地区代表性的民居形式，无论是在结构、布局、文化，还是环境的布置上，都有很多耐人寻味的东西，因此把北京四合院作为高中美术鉴赏的一个内容，有助于学生了解北京的文化和地域建筑特点。

（二）学生情况

高一的学生在知识储备方面已经有一定基础，对中国传统文化的喜爱程度也逐渐加深，对于身边的文化和艺术有很强的求知欲。

（三）教学方式

合作式、探究式、体验式、讲授式相结合的教学方式，让学生在体验中积极思考，在合作中深入交流，在探究中发现问题，在讲授中增强理解。

（四）教学手段

课堂上运用多媒体设备引领学生逐步感受四合院的魅力，通过自制学具激发学生参与学习的热情，利用打印出来的拓展资料鼓励学生学以致用，培养学生对艺术与文化的热爱。

（五）教学准备

多媒体教学课件、自制学具、课堂活动表现评价表

（六）前期教学状况、问题、对策的研究

1. 前期教学状况：身处北京，他们对北京的四合院文化比较感兴趣，但由于客观原因，他们很少有机会深入接触四合院，所以依托美术鉴赏教材，深入挖掘北京四合院文化对学生来说是具有吸引力的。

2. 问题：本课的重点和难点内容的确定是源于学生的求知欲望和认知水平，大部分学生对北京四合院基本知识不太了解，其中布局以及四合院文化内涵是他们非常感兴趣的环节，学生希望能够亲自去四合院参观，却不知道应该去哪里参观才好。

3. 对策：利用多媒体动画演示的方式使学生直观认识四合院的类型，利用实践活动的方式调动学生对四合院学习的兴趣，在针对学生实践中出现的问题进行逐一讲解，如其中的布局特点和文化内涵等，学习效果好。在下课前，教师为同学们出示并打印较为著名的四合院及地址，学生可以根据喜好到讲台处领取，方便学生课下延伸学习。

三、教学目标

（一）知识与技能

了解四合院的概念，掌握北京四合院的类型、结构和布局特点，理解北京四合院的建筑特色，运用所学知识初步鉴赏北京四合院文化。

（二）过程与方法

通过教师的引导和多媒体演示，学生了解了四合院的概念，并很容易掌握四合院的各种类型。学生分组尝试拼贴四合院，鼓励学生动脑思考，调取学生

260

对四合院已有的知识，教师根据学生完成的拼贴四合院，有针对性地讲解四合院的结构和布局，使学生迅速掌握教学重点。通过教师的讲授，使学生理解北京四合院建筑特色，加深学生对北京四合院文化的理解，进而完成教学难点。

（三）情感、态度与价值观

通过对北京四合院相关知识的学习，培养学生对民族文化的喜爱，加深学生对民族文化的理解，增强学生对民族文化的亲近感。在分组探究中，培养学生的合作和探究能力，并在不断地学习中将知识融会贯通，提高学生的美术素养。

四、教学重点与难点

（一）教学重点

北京四合院结构与布局的空间建构。

（二）教学难点

理解北京四合院的建筑特色和文化内涵。

五、教学过程

流程	教师活动	学生活动	教学资源	教学意图
课前创设情境 课堂引入 明确教学内容	中国的民居建筑有很多种，其中有一种非常常见的以庭院为中心的四面围合式住宅叫作"合院式住宅"，也叫"四合院"。这种住宅形式以云南一颗印式四合院、安徽天井式四合院和北京房房相离式四合院最为著名。今天我们就来共同了解一下北京的四合院文化。	脑海里回忆印象中四合院的基本形态，初步调取已有知识，为后面的建构新知识奠定基础	播放《北京土著》MV 出示一颗印式四合院、天井式四合院和房房相离式四合院的图片	情境创设，逐渐进入学习状态 了解四合院的概念以及三种典型的四合院建筑形式
知识新授 北京四合院的类型	北京四合院因地理位置、经济能力等因素分为很多类型，下面我们就共同了解下北京四合院的类型。 　　一进院——只有一个院 　　二进院——有外院和内宅两个院子 　　三进院——在二进的基础上增加后院 　　四进院——内院被分成两个 　　五进院——个别院落被压缩，增加院落。 　　并联宅院	跟着教学课件理解"进"这个概念，从而掌握四合院的类型	多媒体演示从一进院到四进院再到五进院，并和并联宅院进行对比	掌握四合院有哪些类型

续表

流程	教师活动	学生活动	教学资源	教学意图
解决教学重点 北京四合院的结构和布局	北京四合院的结构和布局 　　请同学们以组为单位，将四合院各个结构放在你认为合适的位置，时间为7分钟。 　　各组将展板摆放在黑板前进行展示，教师根据展板中出现的问题进行有针对性的讲解，如北京四合院的结构和布局等。 　　1. 门：门在古代专指大门，自古就有门当户对的说法，门是主人身份地位的象征。 　　A. 广亮大门 　　B. 金柱大门 　　C. 蛮子门 　　D. 如意门 　　E. 随墙门 　　思考：哪个方位开门比较好？请说明理由。 　　提示：冬天和夏天分别刮什么风？ 　　2. 影壁：古称屏，也叫萧墙，有遮蔽院内、增强私密性的功能。 　　天子外屏，诸侯内屏 　　3. 倒坐房：在四合院最南边的一排房子叫倒坐房，也叫南房。故称塾，私塾就与此有关。 　　要点：东厨西厕 　　厕所边上是男仆房间，离门近点的则为外书房和外客房。 　　4. 垂花门：又称二门，古称闱，"闺女"一词就是这么来的，未出阁的女孩叫待字闺中。垂花门通常建在住宅的中轴线上，非常注重装饰，采用门楼的形式，通常有屏门遮挡，只有在婚丧嫁娶的时候才打开屏门。 　　5. 正房：院子当中最主要的房子，故称堂。一般都建在高台之上，所以通常我们会听到以下几种——高堂、升堂、登堂、上堂等说法。 　　正房分为堂和室两个部分，登堂才能入室，所以古人说是谁的入室弟子就是由此而来的。	学生分为8组，每组6—7人，在规定时间内完成任务 　　将摆好的展板摆放在黑板前 　　学生观看动画后理解如何区分门的等级 　　思考或在教师的提醒下理解四合院东南开门的原因 　　听教师讲解，思考为什么如此布局 　　听教师讲解 　　在教师的启发下理解由正房引申出的词语的文化内涵。		学生调取对四合院的已有经验认识进行合作探究，同时也了解了自己在哪些问题上存疑，为后面有针对性的学习做好铺垫 　　直观展示辅助学生理解新知识。创设情境，引领学生参观虚拟四合院，使学生便于理解各部分的结构和布局

续表

流程	教师活动	学生活动	教学资源	教学意图
北京四合院的结构和布局	6. 耳房：位于正房的两侧，东耳房通常是未断奶的小孩住，西耳房则通常是堆放杂物用。 7. 厢房：中国自古就有以东为贵的说法，所以家中长子就住在东厢房，次子住在西厢房。 8. 抄手游廊：抄手游廊连接耳房和厢房以及垂花门，下雨天可在游廊里走，这样不会被雨淋湿。 9. 后罩房：一般是未出阁的姑娘和女性仆人住的，在东厢房和东耳房处有一个小门通往后院，如果说垂花门是区分内外的，那么中院和后院则是区分男女的，男女七岁不同寝，所以女孩子七岁以后是不能随便到中院来的，也就是古人常说的"大门不出，二门不迈"。 随着这部分讲解的结束，教师要求各组学生将展板拿回，找出本组拼图错误的地方，教师带领学生利用"flash虚拟四合院布局拼图"进行一次正确布局。	明确耳房、厢房和后罩房的位置及功能 理解抄手游廊的作用，学生将本组的展板取回，通过今天的学习，重新修改粘贴。	自制Flash动画以及体验学习工具	检测学生的学习情况，巩固所学知识。
解决教学难点 理解北京四合院的建筑特色	北京四合院的建筑特色 1. 坎宅巽门的方位追求。 2. 房房相离，宽敞舒适的院落布局。 3. 碎砖砌墙墙不塌的建筑工艺。 4. 少水多绿化的庭院装饰。 5. 等级分明、色彩鲜艳的油饰彩绘。	听老师讲北京四合院的建筑特色。 在老师的引导下思考南北方民居宅院的布局特点，庭院内摘花种树的学问以及油饰彩绘的原因。		进一步理解北京四合院的建筑特色，拉近与民族文化的距离，增强对民族文化的喜爱之情。
课堂延伸	教师出示若干北京著名四合院的图片以及所处位置，鼓励学生利用课余时间亲身感受四合院的魅力。需要这些资料的学生，可以在下课后自行到前面索取。			
课堂小结	北京四合院是北方四合式民居的典型代表，而今由于各种原因，四合院的数量已经很少，还有部分四合院被人买走后，进行了现代化的重新翻修，使其变成了仿古建筑，失去了原有的历史价值。今天通过学习，我们对北京四合院的类型、结构、布局以及建筑特色有了一定的了解，希望同学们能够通过我们的学习，对四合院有一个重新的认识，增强对四合院建筑的保护意识。			

六、板书设计

庭院深深——北京四合院文化漫谈

一、什么是北京四合院

二、四合院的类型

三、四合院的结构和布局

四、四合院的建筑特色

七、学习效果评价设计

学生课堂活动表现评价表

评价内容		自评	互评	师评
知识掌握情况	能否熟练掌握四合院的类型			
	能否准确安排四合院的结构布局			
	能否理解四合院各部分结构的主要功能及布局意图			
	是否真正理解四合院的建筑特色			
参与活动态度	课上是否积极思考,并主动表达自己的观点			
	活动期间是否能够积极发言,大胆阐述自己的观点			
	课堂上能否与其他同学默契配合,融入讨论活动中			
	是否就课堂体验环节中存在的问题进行积极修改			
自我反思参与活动的收获和体会				
同伴对你在活动中的综合评价				
教师对你在活动中的综合评价				

八、教学设计的特点

特色1:教学内容的选择,贴近学生生活

北京四合院这一内容是从美术鉴赏——建筑部分中拓展出来的,学生都知道四合院,但是对四合院缺少基本的了解,对于身边的特色文化,北京的学生则有更强烈的学习意愿。

特色2:自制学具,营造虚拟体验,提升学习兴趣

为了让学生的学习更有针对性,我自制了学具——"四合院虚拟布局拼贴",在教学中引导学生参与体验。学生在以小组为单位完成拼贴的过程中不断思考、

交流，反复研究、修改，学习参与度非常高。在拼贴的过程中，学生了解到自己对哪些方面模棱两可，有哪些困惑和疑问，这样，后面学习的针对性就更强了。

特色3：教学环节层层递进，易于学生理解

教学中首先是了解什么是四合院，然后由四合院的大小引出"进"的概念，其次是理解四合院的结构布局，再次是四合院的建筑特色，最后是课后拓展。学生通过层层递进式的学习，建立起四合院的完整框架，对四合院的建筑特色以及文化内涵逐渐清晰明了。

特色4：信息技术与美术教学整合，优化课堂

本课知识量大，学习注意力容易分散，因此，我尝试着将信息技术与美术教学进行整合，探索一种新的教与学的模式，优化课堂结构，利用信息技术手段将庞杂的知识系统化，抽象的概念形象化，有效解决了教学中的重难点问题，提高了教学的时效性。

九、教学反思

本课是在建筑欣赏部分的延伸课程，学生对本课学习兴趣比较浓厚，教学的设计上，我将四合院的众多知识点筛选出几大部分，如四合院的概念、类型、结构布局、建筑特色等，既照顾到知识点的全面性，也考虑到了学生的兴趣点，尤其是在通过结构布局理解建筑艺术方面，我通过自制的学具"四合院虚拟布局拼图"效果明显，学生积极思考、参与学习，并在体验中发现困惑以及自己迫切希望了解的内容，从而更有针对性的学习。不足：1.教师在上课的时候语言表达应更简练精准。2.适当增加视频四合院的素材，以便更好地引导学生感受四合院。

给同学画张像

教材来源：北京市义务教育教科书

授课对象：初中一年级

设 计 者：韩　菊（北京市顺义区十三中学）

一、指导思想与理论依据

本课的教学设计以《义务教育美术课程标准（2011 年版）》"造型·表现"学习领域的目标要求为指南，坚持实施教学任务和培养学生兴趣相结合、寓教于乐的宗旨，在帮助学生提升艺术感知能力、对基本造型元素的理解能力和造型表现能力的同时，培养学生对造型艺术的浓厚兴趣、对美术学习的持久动力、艺术创作与表现的自信心；坚持理论教学与实践操作相融合的原则，将人像绘画、造型理论和方法讲解嵌入到名人名画欣赏中，将绘画知识教学融汇入学生绘画实践中。

二、教学背景分析

（一）教学内容

本课"为同学画张像"，是一节"造型·表现"课。旨在提高学生美术学习的观察能力与艺术表现能力。通过赏析画家的肖像画作品，画自己熟悉的同学，表现人物的形象特征、性格特点以及个性神情，并能够从中体验创作的乐趣。

学生情况：

七年级的学生抽象思维越来越强，已经具备了由丰富的感性认识层次上升到理性认识层次的能力。因此，在教学中需要逐渐渗透一些艺术理论知识。但是，随着年龄的增长，学生在绘画方面却越来越拘谨胆怯，大部分学生对自己缺乏自信，一方面是因为他们认识上的偏差，以为"画的像才是好"，所以一旦自己不能准确的造型，他们就认为自己画得不好，因此不愿意参与。另一方面，除了一些特长生，大部分学生平时很少画画，所以有畏惧心理。因此造成绘画课学生热情不高，参与度低，想画也不知如何下笔的困境。针对这种情况，需要采用适当的教学方法加以矫正。

（二）教学方式

本课主要以探究学习和自主学习相结合的方式。在第一部分作品赏析中，让学生带着问题欣赏作品并主动发现人像的不同风格和表现形式，自己纠正自己的错误观念。在第二部分创作实践，学生以自己擅长的方式自主完成创作。通过创作体验，提升绘画能力、信心和兴趣。

（三）教学手段

本课主要采用"案例学习指导法"和"练习实践指导法"。"案例学习指导法"是通过四位大师具体的、具有典型意义的自画像作为案例进行分析，使学生从中感受和认识人像创作的原理、方法和程序。"练习实践指导法"是通过临摹、创作实践活动，加深理论理解，形成熟练的技能。

三、教学目标

（一）知识与技能

1.简单了解艺术风格流派。

2.培养人像造型表现能力。

（二）过程与方法

1.通过欣赏、分析艺术作品，打破固有的审美标准。

2.通过观察、概括、取舍，抓住人物特征，进行人物造型创作。

（三）情感、态度、价值观

培养多元的审美观，激发学生兴趣，促进同学间相互了解，在大胆表达中建立自信。

四、教学过程

本课教学过程包括两个环节：欣赏和实践。欣赏部分呈现四位大师的自画像及一幅中国水墨简笔人物画，呈现的顺序是具象—抽象—意象。通过问题引领，使学生了解人像的形似、神似、意似的三种境界，并理解人像创作中形、神、意的关系。

实践部分分为三个小环节：临摹、创作、分享评价。临摹是热身活动，通过任选一幅小像进行临摹，便于帮助学生迅速进入绘画的状态，同时体会范画中线条的表现力。创作5幅小像，小构图设计促使学生在短时间内抓住大的特征。分享评价是对课堂成果的及时反馈，也是互相学习，获得自信的主要方式。

五、教学过程

教学阶段	教师活动	学生活动	设置意图	技术应用	时间
创设情境	想一想：请学生闭上眼睛，教师念出本班几个学生名字，让学生想一想这位同学的样子。	在脑海中呈现教师所提到的同学的音容笑貌。	我们在回忆某个人的时候，首先映入脑海的往往是这个人最具个性的典型特征。通过这种温馨有趣的方式，帮助学生抓住同学最典型、最生动的特征，为后面的创作做准备。		2分钟
新课讲解	看一看——画中人的模样。 通过5位艺术大师的自画像，带领学生感受不同人像绘画的表现形式，体会、理解形、神、意三者的关系和三种境界 1.伦勃朗的自画像 先后出示伦勃朗从青年到老年的4幅自画像，介绍画家本人生平、绘画技法及人像风格。 提问：画像与本人的相似度是百分之多少？ （注：本人画像似照片） 2.梵·高自画像 	欣赏伦勃朗的自画像，观察画面中不同年龄阶段人物外貌和性格心理的变化过程，通过大师的画笔感受画家观察之深入、技艺之精湛，由此产生钦佩之情。 相似度100% 欣赏梵·高的自画像，观察梵·高画面的色彩与笔触与伦勃朗的不同之处，并尝试进行语言描述。	具象写实是最容易被大众所接受的艺术形态，人们往往会被逼真的形象塑造所折服，学生更是如此，针对本课题，从写实的人像入手，引导学生观察人像创作中形神的关系。 梵·高的自画像仍然保持了较高的写实性，依然符合学生固有的审美观。同时，与伦勃朗的自画像做比较，也很容易发现梵·高画面中色彩和笔触的表现更具主观性，已经不再	图像资料展示	15分钟

教学阶段	教师活动	学生活动	设置意图	技术应用	时间
新课讲解	出示梵·高自画像，介绍画家生平。（如果有学生知道此画及作者，请学生代为介绍） 带领学生赏析梵·高的人像表现技法与伦勃朗的不同之处。 出示梵·高的照片 提问：画像与本人的相似度是百分之多少？ 3. 毕加索自画像 出示毕加索自画像及照片。 带领学生观察，发现画像与照片之间的不同之处，分析画面中的形象在哪些地方进行了夸张和变形。之后再结合画家生平，通过几个提问引导学生发现画像与照片二者之间内在精神的一致性。初步理解抽象艺术是对具象的概括和提炼，从而具有高度的象征性。 提问：画像与本人的相似度是百分之多少？	相似度 80% 欣赏毕加索的自画像，努力走进艺术家的精神世界，思考教师提出的问题，表达自己的看法和感受。 相似度 40%	像伦勃朗一样完全遵从客观事实的表现表现风格了。 目的在于通过毕加索的自画像了解抽象艺术，理解艺术家的创作意图。毕加索的自画像较之前两位大师的自画像，带有强烈的主观色彩。画面通过变形夸张，尤其是人物眼睛的处理，来强化人物内在的精神世界。		15分钟

续表

教学阶段	教师活动	学生活动	设置意图	技术应用	时间
新课讲解	4.达利的自画像 出示达利的自画像。 让学生猜一猜达利的真实模样以及画家的性格，并说一说自己的这种认识来自于自画像中的哪一部分。 出示画家本人照片 提问：画像与照片相似度百分之多少？ 教师介绍画家生平、主要作品及艺术特色。 回顾4位大师的自画像，借助古代禅宗大师的"人生的三种境界"，帮助学生认识到人像的塑造可以具象也可以抽象，但是不管是具象还是抽象，都要抓住人物的典型特征，才能准确生动的表现人物的外在和内在。	展开想象，猜一猜达利的相貌及性格，并结合教师对艺术家的介绍，理解艺术家笔下的自己与真实的自己在形神表达上具有本质上的一致性。 相似度10% 同时观察4位大师的自画像，感受具象到抽象的变化过程。	达利的自画像跟传统的人像写生相去甚远，因此学生感到新鲜有趣。因为刚刚赏析了毕加索的自画像，再来看达利的自画像，学生就不会简单地否定，开始主动尝试理解该作品，以往认为画得像才是好的错误观念也会得到纠正，开始理解、接受多样的艺术风格。 从伦勃朗、梵·高、毕加索到达利，人像塑造逐渐从写实渐变到写神。		15分钟

教学阶段	教师活动	学生活动	设置意图	技术应用	时间
新课讲解	5.宋代画家梁凯的《太白行吟图》请学生猜一猜画中的诗人是谁。画家梁凯画的是心中的李白，是大家所熟识的李白，李白的形神都在他的诗词中，虽然梁凯所画其形未必就是李白其人，但是精神气质却与诗词中的李白完全吻合，这是意象表达，也是中国绘画追求的最高境界。意境是看不到，但是可以感受到的。小结：人像的塑造有三种形式：形似、神似、意似。艺术没有高下之分，哪一种做到极致都是大师。不能再以像不像作为评价艺术的标准了。 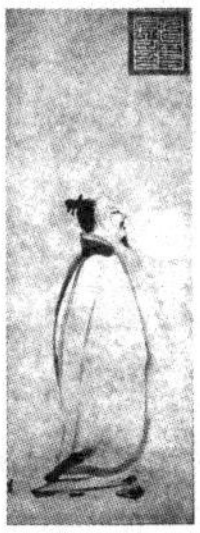	了解中国绘画中简笔人物画法，赏析画中高度提炼的笔墨线条。背诵李白诗词，感受李白的放荡不羁和才华横溢。体味画中李白与心中李白的相似性。理解教师的话，纠正不正确的评价标准。	中国水墨画所追求的意象是非常难于理解的一种表现形式，借用此幅绘画作品，了解中国的审美观和造型表现方式。以往学生总是以画的像不像来评价艺术作品，通过对4位大师自画像的赏析，使学生认识到艺术风格的多样性。		15分钟
实践操作	试一试——画画我的同学1.临摹临摹小像（4cm×5cm）2.创作在10分钟内完成5位同学的画像，规格4cm×5cm，要求尽量选择特征突出，风格各异的5位同学，快速完成临摹。 	临摹小像，能力强的学生也可以创作完成5幅人像创作。	学生在开始画人像时常常不知如何下笔，会有畏难心理，让学生先临摹简单的小像，目的在于热身，帮助学生快速进入绘画的状态，为下一步创作做准备。在短时间内完成5张小画像的目的在于促使学生不要过多纠结于细节，迅速抓住典型特征。在小构图中绘画，学生也		3分钟15分钟

271

续表

教学阶段	教师活动	学生活动	设置意图	技术应用	时间
实践操作			更容易把握整体，避免构图太大，导致局部与整体脱离。		15分钟
分享交流	猜一猜——我画的是谁 展示学生作品，让学生猜一猜画中人是谁，并做简要评价。	猜猜画中人并对作品进行点评。	分享创作的乐趣，增进同学的友情，发现自己的内在潜力，提升自信心。		8分钟
归纳总结	简要回顾本节课内容，并对学生的表现给予肯定和鼓励。				1分钟
拓展提高	给学生展示两幅教师作品，让学生描述两幅作品的表现方式有何不同，同时布置下节课内容：学习深入刻画人物，完成人像写生创作，最好事先准备照片，感兴趣的同学课下可以尝试先画一画。 教师人像创作两幅： 		下节课的内容比较难，提前布置可以让学生做好准备，感兴趣的学生还会课下自己尝试画一画，有利于下节课顺利进行。		1分钟

六、学习效果评价设计

评价方式

1.过程评价：教师通过课堂观察，对各个环节学生表现进行评价。

2.作业评价：教师点评、同学互评、自我评价。

评价量规

1.各环节学生参与度达到100%。

2. 课堂作业完成率达到 85%。

3. 人像创作能达到被 60% 以上的同学认出模特是谁。

七、本教学设计与以往其他教学设计相比的特点

本课教学设计是在深入研究《义务教育美术课程标准》的基础上，围绕课程标准"造型·表现""欣赏·评述"领域的学习目标制定了本节课的教学目标，并根据教学目标弱化了原教材中关于人像的"三庭五眼"，因为我认为千人千面，人像重在表现特征和神态，"三庭五眼"过于程式化，不利于学生去观察去感受描绘对象的外貌和内心特点，于是我巧妙的用 5 幅名人自画像带领学生感受不同艺术风格，并在欣赏的过程中了解东西方文化的区别。

教学过程用"猜猜他是谁"为活动主线，激发学生的兴趣，提升教学的趣味性。包括两个环节：欣赏和实践。欣赏部分呈现 4 位大师的自画像及一幅中国水墨简笔人物画，呈现的顺序是具象—抽象—意象。通过问题引领，使学生了解人像的形似、神似、意似的三种境界，并理解人像创作中形、神、意的关系。实践部分分为：观察、分析、绘画、分享评价几个环节。与以往不同，我没有讲脸型、比例、透视、明暗等这些技法，因为我觉得这些格式化的标准会降低学生的热情，限制学生的表达，我希望他们在正确观察的基础上，饱含感情的自由表达，不要有那么多的约束和顾虑，不求完美无缺，但求一笔精彩。

本节课有理论支撑，有技法辅导，既轻松又有趣，学生作品生动多样，教学效果非常好。

273

扮靓大自然的色彩

教材来源：北京市义务教育美术教科书

授课对象：初中一年级

设 计 者 ：段长鹏（北京市顺义区第三中学）

一、指导思想与理论依据

（一）指导思想

本课指导思想是根据《义务教育美术课程标准（2011 年版）》中"造型·表现"学习要求而设计的。《美术课程标准》中"造型·表现"学习领域："有意图地运用线条、形状、色彩、肌理、空间和明暗等造型元素以及形式原理，选择传统媒介和新媒材，探索不同的创作方法，发展具有个性的表现能力，表达思想与情感。"为指导思想。

（二）理论依据

本课教学设计是依据建构主义教学理论而设计的。以建构主义教学理论为依据。理论指出："知识不仅是通过教师传授得到的，而是根据学习者在一定的情境下，借助其他人的帮助，利用必要的学习资料，通过意义建构方式获得的。"

二、教学背景分析

（一）教学内容

本课是北京市义务教育美术教科书，人民美术出版社七年级上册，第 4 课内容。这节课在本册书中起到承上启下的作用，之前学生在小学已经学习了色彩的基本知识，如三原色、色相、明度、纯度等，对色彩的基本知识有了一定了解，为深入学习本课奠定了基础。

（二）教学方法

选择灵活多样的教学方法，引导学生体验实践，观察分析，发挥移动终端设备强大的功能，如拍照、点赞等，将信息传递的快捷、操控灵活等特点，自然生成教学资源，拓宽学生的学习空间、降低学习的难度。在这个过程中逐步渗透"图像识读""审美判断""美术表现"核心素养知识。

（三）教学准备

本课中为了降低学生学习色彩的教学难度，激发学生上课的积极性，结合Pad强大的功能辅助完成本课教学内容。

（四）学情分析

我校是城区初中校，也是 Pad 教学实验校，Pad 教学已在我校开展两年，学生对于 Pad 使用比较熟练。Pad 功能强大，通过同本课内容的巧妙结合，大大降低了本课的教学难度。

三、教学目标

（一）知识与技能

通过观察大自然中季节色彩的变化，展开色彩联想，描述并体会不同色彩使人产生的不同情感。学会对不同季节主要色彩的提炼方法，完成以一种季节色彩为主题进行色彩表现。

（二）过程与方法

通过观察、联想，从自然景物中提炼色彩。在季节色彩实践及表现过程中，学会用季节主要色彩表现一幅小型装饰作品，美化生活环境。

（三）情感、态度和价值观

感受季节变化更替呈现出来的色彩美感，体会不同色彩带来不同的心理感受，从大自然中体会生活中的精彩。

（四）教学重点

帮助学生感知、归纳季节的色彩，并运用一定的绘制手段表达自己的色彩感受。

解决措施：利用 Pad 工具，快捷迅速地提炼归纳色彩。

（五）教学难点

使学生能准确地运用季节的色彩表现恰当的色彩关系，呈现出季节感鲜明的色彩设计。解决措施：学生利用 Pad 进行色彩专项练习；教师示范。

四、教学过程

教学环节	环节目标	教学内容	学生活动	媒体作用及分析
一、创设情境 导入新课	欣赏——感受色彩	在 Pad 上推送、播放(配乐)四季风景图片。 提问 1:请大家分别用一个词来形容或描述一个季节。	学生观看四季风景图片、欣赏并思考。 请你用一句话或一个词语来形容一个季节 学生回答:万紫千红、花红柳绿、凝翠欲滴、白雪茫茫、层林尽染……	利用 Pad 推送欣赏四季风景图片,直观感受大自然中色彩的变化,激发学生对色彩的热情。
		提问 2:大家能不能分别用一句古诗来形容一个季节?	学生思考并回答 万紫千红总是春 / 霜叶红于二月花 / 千树万树梨花开	用古诗词对季节进行描述,渲染对于季节的美好印象,强化学生对于季节色彩的感知,提高学生学习兴趣及对于季节色彩的感受力,为进一步进行色彩创作打下基础。
		提问 3:刚才大家说的古诗大多是从季节的哪个角度来描写的? 在 Pad 上出示描绘季节的古诗,请学生把其中表示色彩的文字标上颜色。		在 Pad 上用色彩来概括季节,培养学生观察、提炼、总结能力。
		提问 4:你能用色彩来描述一个你喜欢的季节吗? 在 Pad 上出示春、夏、秋、冬四个字。	学生思考并回答 是从季节的色彩角度来描写的。 学生在 Pad 上把古诗中设计色彩的词或字标上颜色 学生思考并回答。 春天——鹅黄 夏天——碧绿 秋天——金黄 冬天——洁白	Pad 工具来进行色彩提炼训练,突破了传统美术教学的形式,呈现效果更直观快捷,提高课堂效率。
		Pad 推送图片(春天) 提问:从这幅春天的风景照片里,你能发现哪些色彩?	学生观看、思考、欣赏并回答。	

续表

教学环节	环节目标	教学内容	学生活动	媒体作用及分析
二、新课讲解	提炼——发现色彩	提问：刚才所说的这些色彩哪些是主要色彩？ 教师根据学生的回答，在电脑上用色块标出图片的主要色彩。 Pad 出示图片（秋天） 提问：从这幅秋天的风景照片里，你能发现哪些色彩？ 提问：刚才所说的这些色彩哪些是主要色彩？ 教师根据学生的回答，在电脑上用色块标出图片的主要色彩。 	学生在 Pad 课件上根据教师提炼的色彩标注图片上的色彩。 学生观看、思考、欣赏并回答。 	提炼色彩是对季、节对色彩有更鲜明和准确地感知，进而为表现色彩打下坚实的基础。 教师通过演示季节色彩创作让学生更清晰地了解色彩的归纳和表现，同时对学生的色彩表现有所帮助。
三、教师示范	创作——表现色彩	练习： 讨论：在 Pad 上推送一幅春天桃花的图片，找两个学生到前面教室电脑上练习。 把学生 Pad 上传的色彩作业上传，进行点评。 出示几幅不同季节的风景图片，学生从中进行色彩提炼练习。 Pad 推送图片（秋天） 教师演示色彩抽象画创作。（秋天的色彩）	学生在 Pad 课件上根据教师提炼的色彩标注图片上的色彩。 学生分组讨论，两个学生到前面教师电脑上练习展示。 其他学生在 Pad 上进行色彩提炼练习。 学生做完后上传到作品库。	

教学环节	环节目标	教学内容	学生活动	媒体作用及分析
四、实践创作	展示——评价交流	1. 提炼色彩 引导学生进行色彩提炼。 2. 装饰创作 用曲线分割画面。 曲线：优美舒展 注意： 线条的疏密结合、错落有致、长短互补。 布置作业： 教师在 Pad 上为学生们推送一组四季风景的照片。 同学们，一起来尝试一下，创作一幅表现季节的色彩作品。	学生思考并体会创作方法。 学生进行色彩提炼。 学生在教师的引导下分析范画色彩，并进行色彩提炼。 学生学习用线条创作的方法。	教师通过演示季节色彩创作让学生更清晰的了解色彩的归纳和表现，同时对学生的色彩表现有所帮助。 用 Pad 推送一组四季风景照片有利于学生更直观的参与创作，也为学生提供了更丰富的创作参考素材。与传统美术课相比，节省了更多的资源。
五、作品展示交流评价	总结——归纳提升	要求： 1. 色彩提炼准确。 2. 用不规则色块或线条进行创作。 注意色彩的冷暖、鲜灰和面积上的变化。 评选出有代表性的优秀作品，展示并表述自己的创意。 评价要点： 1. 是否体现季节的色彩。 2. 色彩是否和谐、统一。形状、色彩、面积是否得当，富有变化。	学生动手实践 1. 首先进行构思，选择自己喜欢的季节入手。 2. 提炼出季节的主要色彩，用彩铅或彩笔进行色彩抽象画创作。 学生在季节色彩创作实践及表现过程中，学会用季节主要色彩创作一幅小型抽象装饰画作品。 学生把自己的色彩抽象画用 Pad 拍照并上传到作品库。 学生之间互相欣赏并通过 Pad 点赞功能为喜欢的作品进行点赞投票。 学生根据评价要点进行自我评价 学生相互评价 教师点评	利用 Pad 工具把作品上传到作品库中去，使每一个学生的作品都能得以展现，有利于自信心的培养。 利用 Pad 给同学作品点赞投票，并能够积极评价同学作品，锻炼学生表达、分析、评价自己作品和他人作品的能力。
六、课堂小结		色彩是四季的主要呈现方式，我们带着对色彩的感受表现出一幅幅多姿多彩的季节图画，下节课我们将把这节课的成果进行设计应用，美化我们的生活环境。	学生反思、思考本节课所学知识和技能。	对本节课进行总结，并进一步提示下节课的安排。

五、学习效果评价设计

评价方式：自评、互评

1. 课堂中是否积极主动运用 Pad 拍照并上传作品到作品库；

2. 课堂中是否积极发言，利用 Pad 辅助完成课堂作业；

3. 能否大胆表述自己的创作想法；

4. 是否能够积极主动地评价同学作品。

六、本教学设计与以往或其他教学设计相比的特点

Pad 引入到传统色彩教学，提高了学生的学习兴趣。同时，也使本节课呈现的图片素材更为直观，信息量也比以前更为丰富，有利于学生更好的学习本课。尤其是在色彩提炼环节，作为本课重点，Pad 手段的介入使重点的解决更为快捷和高效。

在本节课色彩学习过程中，学生利用 Pad 工具和手段试着归纳色彩、提炼色彩，表现色彩，并通过分析对比理性的用色彩来解决生活中的问题，本节课从视觉感知到文化感悟，从色彩提炼游戏到表现创作，一步步精心设计，力图调动学生自主参与、探究、发现色彩的表现力，师生互动，学习新知。

遇见青绿山水

——千里江山图

教材来源：人民美术出版社普通高中美术《绘画》教科书

授课对象：高中二年级

设 计 者：崔梦雅（北京市顺义区杨镇第一中学）

一、指导思想与理论依据

《普通高中美术课程标准（2017 年版）》中提到"通过观察、感知、体验、思考、探究、创造和评价等具有美术学科特点的学习活动，形成美术学科核心素养"，要求美术课堂教学中以获得学习美术鉴赏和分析解决美术问题的关键能力。因此本课学习通过精心制作导学案，学生自主鉴赏，交流分享来完成《千里江山图》的自主学习；巧用高仿真卷轴画，小组讨论完成《千里江山图》的学习。形成学生对图像识读、美术表现、审美判断、创意实践和文化理解五个方面的有效提升。

本节课依据建构主义教学理论，以学生已有的鉴赏经验为基础，借助导学案、小组合作、讨论与展示交流，帮助学生提高并完善对中国古代青绿山水画鉴赏的能力。通过高仿真卷轴画的近距离观看、识读、交流展示等方式，让学生真正参与到青绿山水的鉴赏活动中，获得愉快的心理体验，并在教师的帮助和引领下获得对中国古代山水画的知识体系的建构。

二、教学内容分析

本节课教学内容是人民美术出版社普通高中美术《绘画》第 2 课"中国山水画"中青绿山水部分。《千里江山图》不仅是青绿山水画的代表作，也是古代青绿山水的巅峰之作，为中国十大传世名画之一，具有独特的艺术魅力，深厚的文化内涵，从古至今备受推崇，对后世也影响至今，它继承和创新了古代青绿山水的绘画风格。所以，本节课通过对《千里江山图》浅入深出的讲解，让学生了解中国古代山水的独特魅力。在教学过程中，突出学生自主学习，通过青绿山水画的高清复制品，让学生真切感受青绿山水的独特魅力。教材使用上，我把"中国山水画"分为"遇见青绿山水"和"山水画技法学习"两部分完成。

三、教学背景分析

（一）学生情况

多数高二年级学生通过《国家宝藏》已经对《千里江山图》的作者和矿物质颜料有了一定的认识，同时去年热播的《我在故宫修文物》也为学生了解艺术文化做了铺垫，虽然学生已经有了青绿山水基本的图像识读水平，但是还比较浅显，因此学生对青绿山水的艺术风格和发展历程、中西方艺术对比、艺术文化社会价值都有待提高。

此外，本节课学生是我第一次教课对象，对学生性格、能力水平都不太了解，咨询过班主任后得知共有 33 位学生，男女均衡，于是按入班序号将学生分为 4 组。

（二）教学方式及手段

教学方式：讲授式、探究式、自主学习式、小组合作式。

教学准备：多媒体、课件、学习资料。

（三）教学重点及分析

教学重点：从《千里江山图》艺术价值理解王希孟的绘画艺术风格，以及历史价值了解宋代住宅建筑特征。

解决策略：绘画艺术风格通过视频引领，高仿真实物教具，问题引出，教师引导图像识读、小组讨论、学生展示等自主学习方式来解决。宋代住宅建筑通过教师讲授并提问，师生互动来解决。

（四）教学难点及分析

教学重点：理解中国古代山水画作品独特的审美原则"情景交融 天人合一"。

解决策略：通过《千里江山图》局部和杜比尼《沿河》对比。

四、教学目标

（一）知识与技能

通过运用课前了解到的知识，课上视频引领，自主学习，师生互动，小组讨论，巧用教具的方法，学生对知识点的深入讲解，分析青绿山水逐步走入教学设计中获得山水画鉴赏知识。

（二）过程与方法

通过自主学习，使学生能识读青绿山水画的形式特征，分析《千里江山图》的风格特征和历史发展脉络，理解中国古人和自然"天人合一，情境交融"的思想情感。

（三）情感、态度和价值观

通过分析《千里江山图》艺术特色，从文化角度认同中国青绿山水特有的绘画表现方法和深厚的文化积淀，学生从而对中国传统文化的认知感提升，并弘扬中华优秀传统文化，树立文化自信和建立保护意识，培养良好的社会责任感，培养学生积极向上的价值观。

五、问题框架

基本问题	具体问题	
初识《千里江山图》	1. 为什么《千里江山图》展出时会出现门庭若市的热闹景象？ 2. 画家王希孟、尺幅大小了解有多少？画面都描绘了哪些标志性景观？	
走进《千里江山图》具体认知	从艺术美和形式美的角度分析《千里江山图》	1. 全卷在构图上采用什么方法体现连绵不绝的景象？ 2. 和《明皇幸蜀图》对比，在用色处理上如何体现它的独特之处？ 3. 真实景观对比，《千里江山图》在意境处理上都使用哪些处理方法？ 4. 《千里江山图》中的民房建筑类型有哪些？
深入理解《千里江山图》与西方风景画的区别	1. 中西方对于自然观察方法、表现手段有何不同？ 2. 是什么造就中西方对于自然表达的不同？	
"故宫"跑的问题	如何改善人民群众观展时的体验？	

六、教学流程图

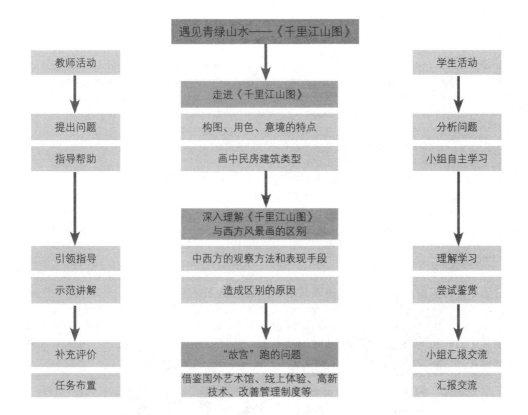

七、板书设计

遇见青绿山水——《千里江山图》

《千里江山图》艺术美：构图布局、用色、意境

《千里江山图》和《沿河》：中西对比

八、教学过程

教学环节	教师活动	学生活动	设计意图
情境导入（2分钟）	导入课题 去年9月，"故宫跑"成为新闻热点，我们看图片，他们为什么跑？到底是什么艺术品具有如此大的吸引力，我也有幸成为奔跑大军中的一员。起因：故宫年度大展"千里江山——历代青绿山水画特展"，诸多传世名作亮相，而堪比《清明上河图》的北宋名画《千里江山图》，更是备受关注。今天，我们就走进青绿山水的风景中——遇见中国青绿山水。	学生识读图片引发思考，这样的情况说明人们对传统的兴趣、对文化的热爱，对精神生活的关注和重视，正成为一种新的社会风尚。从这个角度看，"故宫跑"可谓当前国人文化诉求的自然流露。	从社会热点现象引起注意，创设真实情境，激起学生学习兴趣。
走进《千里江山图》（18分钟）	通过易烊千玺唱的《千里江山图》对画作产生初步的感性认识。 注意听歌词看画面 我们在动人的旋律里简单畅游了一番，今天给大家带来一张和原作等大的复制品。展开《千里江山图》放在两列学生中间，便于直观欣赏，由右至左逐步观看，提示看画时的注意事项。 《千里江山图》纵51.5厘米，横1191.5厘米，绢本，青绿设色。 问：你对《千里江山图》的作者有哪些了解？ 歌词中"史册留名落款处他却未提笔"人们又怎么知道作者信息呢？ 阅读蔡京跋文 简单介绍王希孟	听着优美的旋律，品味歌词内容，初探《千里江山图》面貌。 学生听到歌词的几个关键词，看到画面标志性景观。 客堂会客、水车磨粮、鹰嘴峰、长桥几个景观 铺开《千里江山图》后，学生瞬间显露出激动、惊讶和赞叹的情感。大多数学生对作者王希孟18岁画，20岁卒有所了解，通过观察画作，结合导学案，阅读蔡京跋文后会有更深入地了解，这也是作者仅有的简介了，比如他的姓氏、画了多久等具体信息。	与学生年龄相仿的偶像有一定的感召力，少年应重视和保护我们本民族优秀的传统文化，建立文化自信。 学生从整体上感受经典作品，与作品零距离接触，能增加学生探究欲望与兴趣。

教学环节	教师活动	学生活动	设计意图
走进《千里江山图》(18分钟)	通过观察画作,指出《千里江山图》中描绘的景物。 提问:我想问大家,王希孟为什么要画一张青绿山水而不是水墨山水呢? 《千里江山图》是古代青绿山水巅峰之作,艺术的发展是连绵不断的,之前的青绿山水是什么样?他又突破创新了哪些形式? 教师简述,东晋顾恺之《洛神赋图》"水不容泛,人大于山"的程式化手法,以表现人物为主;展子虔《游春图》标志中国第一张古代山水画,"人如豆,虽咫尺却可观千里"构图,开创了中国山水画先河;唐代李昭道《明皇幸蜀图》工笔细致设色。 我们如何欣赏它?我们可以从艺术角度中构图布局、用色、意境三个方面鉴赏此作。 看学案,根据提示,分组讨论,教师找学生回答问题。 教师具体再讲解每个方面的具体内容 王希孟做此图用笔精细,人物虽细小如豆,但是生动形象,构图打破了时空的局限。 提示中国古代山水画是先设色后水墨的。 构图布局、节奏韵律、全景式、三远结合 宋代的郭熙在《林泉高致》中,对三远法下过这样的定义"山有三远,自山下而仰山巅谓之高远,自山前而窥山后谓之深远,自近山而望远山谓之平远。" "古画意象不图形",中国画强化"写意"而不在"写形"古人写意,把大自然融入笔墨中,以景治水墨表达出的先人合一,情境交融的意境精神。	学生过观察,发现王希孟笔下描绘的是山川连绵起伏、湖泊烟波浩渺、茅屋陋室、亭台楼阁、商旅客船、农民劳作的场景。 结合导学案,梳理总结,一方面色彩浓烈有装饰作用,象征宋徽宗统治下的国泰民安的场景,另一方面奸臣蔡京推行新法,倡导"丰、豫、大、享",极力营造太平盛世之景,为了满足宋徽宗的享乐主义思想,鲜艳又昂贵的颜色更能凸显皇上的显赫地位,另外年轻有为的王希孟个人能力极佳。 通过老师讲解,学生对青绿山水发展有了一定的认识。 1. 构图布局 学生根据老师画的山峰线,连绵起伏的山峰,时急时缓,有一种节奏之美,更像是生命跳动的符号。全图采用全景式构图,学生根据郭熙《林泉高致》提到的"三远法"结合画面,分析平远、深远、高远的构图法则,用不同角度,展现江山之胜。 2. 用色 学生通过图像识读自然景物和画作作比对后发现,王希孟用色比自然更为丰富,更加大胆,突出颜料的厚重,其余用赭石打底进行渲染。 通过观察唐代李昭道《明皇幸蜀图》局部,发现《明皇幸蜀图》是色彩平涂叠加没有墨色皴擦,而《千里江山图》实现了水墨与色彩的融合。	使用学案,结合历史背景,引发学生思考,引导自主学习。 学生成为研究问题的主体,老师主要帮助引导学生。 学生结合每组问题,学生能够对比思考,自主获取知识,完成审美判断。 如今我们现在最早看到的建筑也是明时期的了,通过作品,使学生了解宋时期的建筑风格,有助于古代建筑传承和发展。

教学环节	教师活动	学生活动	设计意图
走进《千里江山图》（18分钟）	老师讲述：除了在绘画史上的价值之外，画中的住宅，数量多、类型丰富，对于了解宋代建筑，特别是建筑布局，有一定的参考价值。尤其是现存中国最早房屋建筑也是在明朝时期，作为宋代名画《清明上河图》中所提供的住宅全景和布局的资料又不是很多。那么在这方面《千里江山图》有重要的参考价值，它是宋画中表现住宅和村落全景最多的一幅。 　　我们通过这幅画，对宋朝建筑类型有了一定的了解。 	3.意境 　　王希孟不仅要在画面里客观真实的描绘自然，还要借助自己的想象，加以抒情的表现，创造出情境交融的意境。 <table><tr><td>构图</td><td>全景式；三远法</td></tr><tr><td>色彩</td><td>石青石绿；墨彩结合</td></tr><tr><td>意境</td><td>写意不写形</td></tr></table>完成鉴赏表格 　　学生通过学案，了解到住宅分为： 　　1. 较小而简单的住宅：这类住宅在画中表现最多，其形式有散列式、一字形、丁字形、曲尺形等简单形式及其组合体。这种住宅较小，便于利用地形，多画于山间水畔的隙地上。 　　2. 较大型住宅：工字形住宅，这种住宅在画中表现得很多，都是前堂后室中间连以主廊，体形比前述各种形式都大些，也比较规整。 　　3. 大型住宅中，都是以工字形为主体，在其周围加建辅助建筑，组成群组或庭院。 　　小组讨论分析，这六幅图分别属于什么住宅类型。 	使用学案，结合历史背景，引发学生思考，引导自主学习。 　　学生成为研究问题的主体，老师主要帮助引导学生。 　　学生结合每组问题，学生能够对比思考，自主获取知识，完成审美判断。

续表

教学环节	教师活动	学生活动	设计意图
深入理解《千里江山图》（15分钟）	西方绘画500年展览里的《沿河》油画作品，分析中国古代山水画的形式语言。以青绿山水《千里江山图》为一角，探究中西方的艺术差异。 提问：中国山水画和西方风景画的差异具体体现在哪些方面？ 总结：从对比中，我们能看到中国山水画的精神思想是把自然当作精神的栖息地。寄情山水，寻求生命意义的依托，不仅是境界的内在尺度，更是人格魅力的必备要素，与自然山水对话，成为中国美学最独特的文化心态。 人与自然的关系是： 道法自然，天人合一 崇尚自然，卧游山水	<table><tr><td>鉴赏内容</td><td>中国古代山水</td><td>西方风景画</td></tr><tr><td>造型方式</td><td>散点 不重光影而重皴擦</td><td>焦点 重光影</td></tr><tr><td>观察方法</td><td>腹稿</td><td>对景写实</td></tr><tr><td>文化思想</td><td>儒道（天人合一）</td><td>基督教（人服务于自然）</td></tr><tr><td>追求理念</td><td>写意，可游玩</td><td>写形</td></tr></table> 小组讨论，完成鉴赏表格 	通过和西方艺术对比，理解艺术形式有差别，中国写意，西方写实，增强学生民族文化认同感。
扩展延伸（8分钟）	结合开头出现的"故宫"跑。上一次的"故宫"跑，是两年前的《石渠宝笈特展》，在特展中展出的《清明上河图》同样也出现参观者络绎不绝的现象。近年火爆的展览不断出现，这样的情况或能说明，人民对传统的兴趣、对文化的热爱，对精神生活的关注和重视，正成为一种新的社会风尚。从这个角度看，"故宫跑"可谓当前国人文化诉求的自然流露。 我们思考，如何更好地总结经验、创新方法，让游客与文化的亲密接触更体面，一如故宫掌门人所言，"有尊严地享受游览的过程"？ 此次展览，同样展出了历代青绿山水中很有价值的作品，但是标志着中国古代第一张山水画的展子虔《游	学生结合学案，发散思维，研究总结 1. 故宫这样的古建作为展览场馆有着先天不足，应和其他博物院协作共同完成展览。 2. 可以延长展览时间，开放时间灵活性，开放至凌晨。 3. 研究观众层次、诉求也有不同，既有专家学者，也有发烧票友，还有普通观众。可以分为专业团体场、公众场、体验场针对性的开放。 4. 研究先进科技，结合VR技术，让观众即使看不见原作，但也能畅游在艺术里。	引导学生积极主动研究问题，让中华优秀传统文化能更好地展示在公众面前，肩负起传播民族文化的一分子，培养学生文化认同感并增加文化自信。

续表

教学环节	教师活动	学生活动	设计意图
扩展延伸 （8分钟）	春图》前却门可罗雀，未能更好地走进公众的视野。 　　如何让公众更好地欣赏其他展品，如向能更好地体现展览的目的，不至于只是匆匆忙忙地在一幅画里管中窥豹？		

九、学习效果评价设计

（一）评价方式

1. 学习过程性评价

学生在教学过程是否做到和教师积极配合；学生是否能做到积极发言，大胆清晰表述自己的观点；课堂上是否和同伴有效配合，积极融入课堂讨论中；学生是否能在过程中及时修正自己存在的问题。

2. 学习结果性评价

学生在课后是否了解青绿山水和《千里江山图》；学生是否能从艺术美和形式美两方面鉴赏此作；学生是否能真正理解中西方文化的差异；学生是否提高了问题解决能力；学生是否完成学案内容。

3. 学生社会价值观评价

学生对于杰出的《千里江山图》感到赞叹的同时，是否增加了对中华优秀传统文化的认同感和民族自信心。

（二）评价量化

评价内容	非常好	较好	一般
学生课堂参与及兴趣情况			
学生学案完成情况			
学生本课学习的实际获得情况			

十、本教学设计与以往或其他教学设计相比的特点

本课在教学设计中和以往相比具有以下几个特点：

1.教学设计以教师看展的亲身经历作为情境导入，通过视频学习，引导学生运用学案，进行有目的性的自主学习，完成鉴赏，形成审美判断；巧用高仿真实物教具，引导学生质疑、思考、讨论，使学生完成在老师引导下主动而富有个性的学习过程。

2.鉴赏课本着以学生为主，重在"学生的实际获得"的原则，及时了解教学效果，反馈教学信息。为进一步调整完善教学方案，我充分发挥学生的主观能动性，学生积极参与美术鉴赏活动，自主学习，乐于表达，善于分享交流，增强了团队意识。

3.本课的教学设计，针对社会现象引导学生思考解决问题，学生根据学案提示，自主鉴赏，完成审美判断，逐步养成自主学习的习惯，培养了鉴赏能力。学习中也提高对中国古代优秀民族艺术的认同感，树立文化自信，潜移默化的渗透德育。课程由浅入深有益于学生对图像识读、美术表现、审美判断、创意实践和文化理解五个方面能力的有效提升。

祥瑞灵兽

——中国古代石狮艺术

教材来源： 普通高中美术课程标准教科书·美术鉴赏
授课对象： 高中一年级
设 计 者： 张志伟（北京市顺义牛栏山第一中学）

一、指导思想与理论依据

（一）指导思想

本课是以《普通高中美术课程标准（2017 年版）》为指导思想，以"认识文明成果，坚定文化自信，树立正确的文化观；激发想象力和创造力，培养创新精神，促进学生全面而有个性地发展"为引领，选择中国古代雕塑史中经典的雕塑作品进行鉴赏，从而了解什么是雕塑，中国古代雕塑的功能、意义和魅力。特别是对中国古代石狮雕塑进行鉴赏学习，了解各个朝代石狮造型的特点和它的文化内涵。

（二）理论依据

本单元运用建构主义教学理论中的支架式教学方法，根据学生对雕塑已有的认识水平，寻找适合学生雕塑知识学习的"最邻近发展区"。围绕雕塑主题和内容，为学生搭建合理的"问题支架"，帮助学生在理解雕塑内容的基础上，进一步提升其知识水平。本单元选择中国古代雕塑史上具有代表性的雕塑，特别是中国古代石狮雕塑的内容，把学生引入到中国古代雕塑学习的框架上，以此展开学习活动，发挥学生潜能。学生首先根据问题独立探索、发言，然后进行小组协商和讨论。教师通过问题支架的组合和搭建，调动学生的学习兴趣和主动性，帮助学生对中国古代雕塑的认识不断提升，达到能力的提高。通过本单元支架式教学，帮助学生养成良好的学习习惯和思维方式。

二、教学背景分析

（一）教学内容分析

本单元课程设计是依托于普通高中美术课程标准教科书《美术鉴赏》教材

第三单元主题一"纪念与象征——空间中的实体艺术"。这一主题主要的知识点有雕塑基本概念、雕塑的分类、雕塑独特的艺术魅力、雕塑的功能和意义。设计本课程，主要从中国古代雕塑中选取比较有代表性的石狮艺术对中国古代雕塑进行更深入的鉴赏学习。学生先行实地调查学校元圣宫石狮，在课堂中展开对中国古代具有代表性朝代的石狮进行探究，研究石狮的造型特点和艺术特征。设定鉴宝活动真实情景，学生以鉴宝家的身份运用推理思维和质疑思维展开辩论，最终鉴定出元圣宫石狮的年代。通过对中国古代石狮鉴赏，理解中国石狮雕塑的审美特征，增强民族文化自信心。

（二）学生情况分析

本课程开设的对象是高中一年级学生，因为高一的学生经过了小学和初中九年的美术学习，大都具备了一定的美术基础知识和审美能力。初中美术课程中涉猎到雕塑作品分析和雕塑临摹学习等内容，已经具备了鉴赏雕塑作品的知识，但是初中的雕塑内容一般是穿插在鉴赏课程中，没有单独的雕塑的学习。因此学习的雕塑知识是零散的碎片化且不成体系的，对于雕塑的认识只是处在感性的层面，并没有做深入的学习和研究，也没有形成系统鉴赏雕塑的方法。基于以上学情，本课程不仅包含雕塑鉴赏内容，还包括雕塑的设计和创作内容，让学生顺利实现从审美判断到创意实践的转换。

三、教学目标

（一）知识与技能

了解汉朝到清朝重要时期的石狮雕塑和元圣宫石狮造型动态、装饰、底座特点和艺术特征，能够对元圣宫石狮的年代进行鉴定。

（二）过程与方法

通过任务驱动，学生课前两周对学校元圣宫石狮进行实地考察，完成学案探究。运用讨论法、对比法、探究法研究分析东汉、唐、宋、元、明、清的石狮造型特点和艺术特征。小组通过辩论，判断元圣宫石狮的朝代。

（三）情感态度与价值观

在探究、讨论和辩论的过程中，锻炼推理、横向、质疑等思维能力，感受中国传统文化的魅力，增强对民族文化的自信心。

（四）教学重点

分析中国古代石狮的造型特点。

（五）教学难点

对元圣宫石狮的朝代进行鉴定。

四、教学过程

教学环节	教师活动	学生活动	教学意图
课前自主探究（课前两周）	课前两周给学生下发"元圣宫石狮子"课前学案。学生提前去学校实地观察元圣宫两尊石狮子，根据学案所设学习任务，初步探究元圣宫石狮造型特点和创作年代等问题。	学生假拟为鉴赏家，课下去实地观察元圣宫石狮，根据学案学习任务，用铅笔对元圣宫石狮雕塑进行探秘，完成课前学习任务单。 元圣宫石狮探秘 <table><tr><td>朝代</td><td>动态</td><td>装饰</td><td>底座</td><td>艺术风格</td></tr><tr><td></td><td></td><td></td><td></td><td></td></tr></table> 进行描绘、拍照记录等。	课前通过任务驱动，自主探究，主动进行图像识读、审美判断。
创设情境（4分钟）	中国狮文化 课前两分钟，播放中国传统舞狮表演视频。 课前播放的这段视频是中国传统的舞狮表演，狮子的形象在中国古代就已经深入人心，狮子的造型在我们身边很多地方都可以看到。 同学们见过哪些狮子的形象？印象如何？ 展示学生课前学案并进行评价。 展示元圣宫石狮图片。 提问：关于元圣宫石狮的朝代，大家的研究结论是什么？ 总结：同学们认为元圣宫石狮到底是哪个朝代的？中国各朝各代的石狮造型有什么特点？元圣宫石狮符合哪个朝代石狮的造型特点？这几个主要问题心存疑问。 今天通过这节《祥瑞灵兽——中国古代石狮艺术》进行探秘。	学生课前准备，观看舞狮表演视频。 学生代表描述 小组回答： 各组根据狮子动态、装饰、底座、艺术特征等方面阐述本组的探究成果。 例如A组：从石狮蹲坐形态，身上有铃铛、绶带等饰物装饰，我们组推断应该是宋朝……	使用多媒体创设教学情景，渲染气氛，让学生初步感受中国狮文化。 调动学生已有认知。 以学生熟悉的事物进行讨论，激发学生学习兴趣。感知石狮造型特点。

教学环节	教师活动	学生活动	教学意图
一、中国石狮产生背景及作用（5分钟）	问题一：我们知道狮子主要是非洲、印度、南美等地的物种，中国古代大地上不产狮子，为什么狮子雕塑在中国如此盛行？ 问题二：中国传统石狮造型为什么和真实狮子形象差距这么大？ 问题三：中国传统狮子雕塑通常会在哪里出现？ （小结：对学生的回答给予肯定，并继续提问） 问题四：古人为什么要在陵墓和大门口等建筑旁放置狮子雕塑？ 总结：同学们说的这几点比较符合当时的历史背景，除了这几点，狮子雕塑在建筑中还具有装饰的作用。	问题一：学生围绕狮子的产地、东西方交流等方面回答该问题。 问题二：围绕中国传统石狮产生背景进行回答。 问题三：陵墓、宫殿等建筑大门口。 问题四：围绕狮子的性格、形态等特点回答出有驱魔辟邪、震慑等作用。	通过问题讨论，激活学生原有的历史知识，启发自主探究，完成图像识读、审美判断。
二、中国古代石狮造型特点（重点）（15分钟）	探究学习： 1. 中国各朝代的石狮造型各有什么特点？分别体现什么时代风格？ 2. 参考学案文字介绍，判断图片中石狮朝代，并说明原因。 分发课堂学案：包括文字资料、图片资料和任务学习单。 展示学生选定的石狮图片。 评价：这组同学通过对汉朝同时期白虎瓦当形象进行横向比较，同时又分析了汉朝的历史背景和这一时期石狮造型特点，从而得出C照片是汉朝石狮，这组同学分析得比较准确。 展示学生选定的石狮图片。 提问：对唐朝组的判断有不同观点吗？ 展示学生选定的石狮图片。 评价：两宋时期是中国封建文化的深化期，宗教艺术、建筑艺术和工艺美术都注重于现实。狮子的"神性""佛性""王气"逐步衰退，开始从宫廷迈向民间，多了些生活气息，这组同学的分析比较符合这一时期的特点。图片的选择也比较准确。 展示学生选定的石狮图片。 对学生回答进行评价。	分组学习： 将学生分为六个小组，分别为小组新命名为汉朝组、唐朝组、宋朝组、元朝组、明朝组、清朝组。每个小组分别对汉、唐、宋、元、明、清六个时期的石狮造像进行探究、讨论、分析，并完成学习任务。 阅读学习资料，小组学习。4分钟后停止讨论，对学习任务进行回答。 回答问题： 汉朝组：C组照片属于汉朝石狮。 依据学案表格分析回答。 唐朝组：A组和D组照片是唐朝石狮，分别是立狮和蹲狮。 依据学案表格分析回答。 回答：没有。 （如果有反对意见，进行讨论） 宋朝组：B组和F组照片应该属于宋朝石狮。 依据学案表格分析回答。 元朝组：E组照片符合元朝时期石狮造型特点。 依据学案表格分析回答。 明朝组：我们组认为G组照片比较接近明朝石狮造型特点。 依据学案表格分析回答。	通过评价，带动学生学习积极性。

续表

教学环节	教师活动	学生活动	教学意图
二、中国古代石狮造型特点（重点）（15分钟）	展示学生选定的石狮图片。 提问:明朝组选择的图片是否正确? 展示学生选定的石狮图片。 展示明清石狮图片。 总结:明朝和清朝的石狮造型比较接近,清代石狮较明代石狮的雕刻更为细腻,卷毛、脚爪、绣球、"锦袱"都雕刻得异常写实精细,体现出艺人高超的技艺。因此G组照片是清朝的石狮,H组照片是明代石狮。	回答:不正确。（学生进行讨论,各抒己见） 清朝组:我们组认为明朝组选择的G组照片应该是清朝的石狮。 依据学案表格分析回答。	
三、元圣宫石狮朝代鉴定（难点）（14分钟）	设定鉴宝活动情景:假拟学生为鉴赏家判断元圣宫石狮朝代。 探究活动:元圣宫石狮是哪个朝代的? 组织学生进行鉴宝活动。 展示元圣宫石狮图片。 组织辩论赛: 教师做主持和评委,组织辩论活动,介绍辩论内容与规程,辩论队及所持观点。 辩手组成:女生为元朝队,男生为明朝队。 辩论主题:元圣宫石狮是元朝还是明的。 建议:可根据石狮造型特点（例:动态、装饰、细节、底座）和艺术风格等方面作为论据进行辩论。 配合学生辩论进程,播放石狮图片。 评判:两队分析都有一定道理,据县志记载元圣宫石狮是元朝的。因为元圣宫石狮雕塑上没有刻字,是不是元朝的我们可以通过查资料更深一步探究,进行佐证。	学生活动: 学生进行讨论,从装饰、动态艺术特征等方面观察分析基本达成一致,排除宋代以前朝代和清朝。因宋之前朝代石狮身上无绶带、铃铛等装饰,故排除。清代底座刻画精细、华丽,并有"锦袱"图案。 争论焦点:明朝还是元朝 辩论程序: 1.立论 元朝队、明朝队双方一辩依次进行。 （1）元朝队一辩对元圣宫石狮是元朝时期的观点进行发言。 （2）明朝队一辩发言对元圣宫石狮是明朝时期的观点进行发言。 2.攻辩 （1）元朝队二辩选择明朝队二辩或三辩关于元圣宫石狮是明朝的观点进行一对一攻辩。 （2）明朝队二辩选择元朝队二辩或三辩关于元圣宫石狮是元朝的观点进行一对一攻辩。 （3）元朝队一辩关于元圣宫石狮朝代进行攻辩小结。 （4）明朝队一辩关于元圣宫石狮朝代进行攻辩小结。 3.双方自由辩论 4.总结陈词 元朝队总结陈词,最终论证元圣宫石狮是元朝时期。 明朝队总结陈词,最终论证元圣宫石狮是明朝时期。	设置活动情景,调动学习积极性,判断新知识掌握情况。 锻炼推理、横向、质疑等思维能力。提高语言表达能力和团队合作能力。

教学环节	教师活动	学生活动	教学意图
课堂拓展 2分钟	展示教师创作的狮子雕塑作品，并说明创意和用途。 本课是单元学习课程，下节课我们对元圣宫石狮进行艺术再加工，在元圣宫石狮基础上重新设计。今年是我们学校建校70周年，我们用陶泥把设计的狮子造型制作成小件陶塑作品，为校庆献礼。	学生欣赏教师创作的狮子雕塑，思考如何设计狮子雕塑。	情感渲染，为下节课做铺垫

五、学习效果评价设计

学生课堂活动表现评价表

学生的学习过程	学生参与	1.积极主动参与，思维活跃，兴趣浓厚
		2.师生之间、生生之间合作学习有实效
		3.不同层次的学生都参与教学活动
	自主学习	4.学生有自主学习的时间，体现探究式的学习过程
		5.在学习过程中，能根据教学要求对自己的学习做出评价，并不断调整自己的学习
	创新意识	6.学生有独立思考的能力，能在学习活动中主动提出问题，有独到的见解
		7.能自信地欣赏、评价、创作美术作品，学生的个性特长得到有效的发展
	综合评价	

六、本教学设计与以往或其他教学设计相比的特点

1. 本课教学把我校"北京市文物保护单位"的地方文化资源古建（元圣宫）中的一对石狮融入课堂教学，通过鉴赏原作调动学生自主学习的积极性，激发学生对课堂内容的学习兴趣。学生对元圣宫石狮既熟悉又陌生，熟悉是因为它就在身边，陌生是因为学生对元圣宫石狮了解并不多。通过对身边文物鉴赏学习，提升对中国传统文化的认识，培养爱国情感。

2. 在本课教学中，以元圣宫石狮年代鉴定为问题导向，通过创设"鉴宝"活动真实情境，假拟学生为鉴赏家，用分组辩论的方式，推断出元圣宫石狮的年代。这个过程不仅需要锐利的眼光，更需要有多方面知识作为辩论的支撑，在辩论的过程中也会使学生调动过已有知识。在不同观点的激烈撞击下，可以提升学生的应变能力、知识运用能力、语言表达能力、逻辑思维能力，还可以培养团队合作精神。

我心中的冬奥吉祥物

课程来源：北京市教委要求全市中小学生参与北京冬奥会吉祥物的设计

授课对象：初中二年级

设 计 者：张红伟（北京市顺义区第三中学）

一、指导思想与理论依据

（一）指导思想

充分贯彻课程改革新理念：开展以学生为主体，教师为主导的教与学的关系，激发学生关注社会生活，参与文化活动的热情，激发学生主动参与教学的能力，在提高学生审美能力的同时，要引导学生参与文化的传承和交流，形成学生的创新精神和技术意识，培养学生勇于实践和善于实践的心理品质，鼓励学生积极参与设计应用活动，促进学生全面发展。

在《全日制义务教育美术课程标准》的课程基本理念中提到："关注文化与生活""注重创新精神"。2022 年 2 月 4 日至 20 日将在北京—张家口举办第 24 届冬季奥运会，北京市教育委员会要求全市中小学生参与冬奥会吉祥物的设计。我设计此教学内容，以提高学生的设计应用能力，激发学生关注文化与生活。

（二）理论依据

以建构主义抛锚式教学理论为依据，结合教学内容挖掘传统文化资源，在学习"设计改变生活""座椅设计"课程的基础上，合理设计教学环节，使学生在原有知识基础上，在原有设计基础上，整合已有的学科知识和能力，从中促进每个学生不断建构自己的知识体系。在美术表现、审美态度、创新能力和文化理解上有所突破。

二、教学内容分析

北京市教委要求全市中小学生参与北京第 24 届冬奥会吉祥物的设计征集活动。这是我进行的教学设计实践。吉祥物是围绕活动主题进行设计，蕴含企盼活动吉祥、成功的寓意。历届冬奥会的吉祥物设计都带有冬季的特点，也带有举办国的文化特色。北京是奥运史上第一个既举办过夏季奥运会又举办过冬季奥运会的城市。

1. 民族文化创新的需要。我们要发挥中华优秀传统文化的优势，重视学生个性的培养，充分调动和发挥个体的创造才能，提高民族的创新能力，提高国家的核心竞争力。以吉祥物的设计为依托，设计中融入民族文化。

2. 中学生素质教育的需要。一是提升学生们的参与性，我们一生能参与一次在自己国家举办的奥运盛会是很难得的，以此激发学生的爱国热情。二是吉祥物的设计是学生比较喜爱的活动主题，在这个过程中，学生相互交流、欣赏、提建议。提高学生图像识图、美术表现的能力，提高学生审美判断、创意表现的能力，加深学生对世界不同文化的理解。

三、教学背景分析

1. 学生有学习的热情。吉祥物的设计是学生比较喜爱的活动主题，在这个过程，中学生相互交流、欣赏、提建议。提高学生图像识图、美术表现的能力，提高学生审美判断、创意表现的能力，激发学生对世界不同文化的理解。

2. 学生具备一定的卡通吉祥物的设计能力，在比例、表情等方面有一定的造型基础，但是典型特征不够夸张。

3. 如何选取具有中国特色的动物、植物、神话传说等形象进行设计是个难题。学生需要学习选取、设计，并融入中国传统文化特点，融入北京地方特色及季节性因素。

四、教学目标

（一）知识与技能

知道冬奥会吉祥物的历史，了解它们的造型、色彩、年代、寓意，并学习吉祥物设计的方法。

（二）过程与方法

在欣赏与讨论中，总结冬奥会吉祥物设计的方法，设计制作北京 2022 年冬奥会的吉祥物。

（三）情感、态度和价值观

通过学习冬奥会吉祥物设计，激发学生关注体育运动，锻炼身体、强健体魄。引导学生在设计中融入中国优秀传统文化元素，感受国家的强大，激发学生的爱国热情。

（四）教学重点

设计 2022 年北京冬奥会吉祥物。

（五）教学难点

1.冬奥会吉祥物的创意设计。

2.冬奥会吉祥物的创意设计如何融入中国传统文化元素。

（六）教学方式及手段

讲授法、启发法、演示法、讨论法。

五、问题框架

一、历届冬奥会吉祥物如何体现季节性因素和举办国家的文化特色?

二、北京冬奥会吉祥物选取哪些动物、人物可以体现北京和中国文化特色?

三、北京冬奥会吉祥物创意设计如何融入中国传统文化元素?

六、板书设计

> 我心中的冬奥吉祥物
> 北京　2022 年
> 中国传统文化元素：回纹、卷草纹、京剧、剪纸、兔儿爷、飞天、丹顶鹤、虎、鹿

七、教学过程

教学环节	教师活动	学生活动	设置意图
创设情境 （1 分钟）	一、直接导入本课 北京 2022 年 2 月 4 日至 20 日。 师总结：吉祥物是人们为组织主题活动而设计的标志性形象，象征欢乐吉祥、内含企盼成功的愿望	学生一起欣赏课件，思考， 学生自由回答：第 24 届冬奥会、冬残奥会。	直入主题，激发学生学习积极性

续表

教学环节	教师活动	学生活动	教学意图
新课讲解（12分钟）	二、展示历届冬奥会吉祥物设计作品 教师讲解几个有代表性奥运会吉祥物作品，学生参与讨论。 师：总结奥运会吉祥物特点。 师总结：形象可爱、夸张、活泼、幽默、憨厚、彩色对比鲜明、色彩亮丽。	课件展示历届优秀冬奥会吉祥物设计作品。 学生欣赏作品，并参与讨论提问 学生总结：造型活泼、拟人、色彩明快…… 学生分析历届冬奥会吉祥物的设计体现着举办方的文化特点。特有的动物或植物。	通过欣赏优秀作品，打开学生创作思路，为之后的课堂实践做好铺垫。
	三、吉祥物的设计思路 1. 设计元素：特有动物、植物、运动项目、季节因素…… 2. 设计方法：拟人化、大胆变形、夸张 3. 有内涵寓意：有中国文化元素，如中国特有的动物、中国传统服饰、中国传统纹饰等 四、教师示范 讲解冬奥会吉祥物设计创作思路并做示范	学生观看作品，分析创作方法 学生教师相互提问，回答问题。 中国传统文化元素：卷草纹、宝相花纹、如意纹、回纹、龙纹、大红灯笼、青铜器、青花瓷、神话传说、珍稀动物等 学生观看教师示范并参与黑板上设计创意。	通过分析吉祥物设计思路，帮助学生理清设计步骤和思路。 传承中国优秀传统文化，感受国家的强大，这是美术核心素养"文化理解"的体现。 教师示范，学生观看更直接，并且师生互动进行设计，解决创作难点。
课堂实践（30分钟）	完成一件2022年北京冬奥会吉祥物设计作品。要求： 1. 造型活泼可爱，特征突出； 2. 体现中国传统文化元素	学生自己创作，也可以相互提建议。 教师巡视辅导。	给学生充分的时间进行创作，教师个别指导，学生互动。 解决教学重点和难点。
展示交流作品（2分钟）	教师组织学生展示作品，并引导学生自评互评作品，给予鼓励。	学生展示自己的作品， 学生自评互评。	作品展示，激发学生自信心。自评互评，学习借鉴。

八、学习效果评价设计

（一）评价方式

一、课堂学生自评和互评，教师发表建议，并评分。

二、学生作品展示。在班级里和学校进行展板展览。

（二）评价量规

美术作品最能体现学生的独特性，因为每个学生在每个教学内容中完成的作品不同，所以在评价学生作品时，我多以在班级自评互评加上评分机制，并且将学生在班级内以展览的形式展示出来。美术评分没有不及格，全体学生参与教学，参与的深度也较高。这样，一个学期下来，每个学生都有一到两件自己最满意的作品。

九、本教学设计与以往或其他教学设计相比的特点

（一）课件中的冬奥会吉祥物，具有举办国的典型文化特色。同时，课件制作精美、重点突出、有学生作品，提高了课堂教学效果，有助于教学重点和难点的解决。

（二）以动物为造型的吉祥物典型特征不够夸张，我多鼓励辅导学生大胆夸张，并进行黑板示范。在示范过程中，鼓励学生参与进来，师生互动，有利于解决教学重点和难点的解决。学生创作的时候，教师对每个学生的作品都进行指导交流。

（三）中国传统文化元素如何融入设计中，这是教学难点，师生互动、生生讨论、黑板实践，撷取一个局部就可以，如宝相花纹、卷草纹取一个花瓣等。

（四）多样的评价方式：一是学生课堂上的自评和互评，这是学生的表达能力、交流能力的培养，体现学生如何解决问题的。二是对于学生作品的评价，我将传统评价机制中的"不及格"去掉，变为"优秀""个性"和"进步"三个评价，并结合学生其他作品在班级和校园内进行展览。

学生作品展示：

藏书票设计

教材来源：北京市义务教育课程改革实验教材《美术》

授课对象：初中二年级

设　计　者：张红霞（北京市顺义区第五中学）

一、指导思想与理论依据

藏书票进入课堂，对书籍的阅读与收藏、提高艺术修养、陶冶情操将起到重要的作用。藏书票通常用版画方法制作，因此，本课是重视美术知识技能与生活实际应用相结合的课程。正如《义务教育美术课程标准（2011 年版）》中指出的："学生以个人或集体合作的方式参与美术活动，激发创意，了解美术语言及其表达方式和方法；运用各种工具、媒材进行创作，表达情感与思想，改善环境与生活……了解美术对文化生活和社会发展的独特作用。学生在美术学习过程中，丰富视觉、触觉和审美经验，获得对美术学习的持久兴趣，形成基本的美术素养。"

二、教学背景分析

（一）教学内容分析

藏书票是书籍文化的延伸，更是联结书籍与读书人之间的纽带。藏书票表达读书人的胸怀和心愿，折射出读书人的审美情趣，为藏书者所使用、喜爱和收藏。藏书票设计是围绕书籍开展的艺术创作活动。

学生情况：我所教的学生是八年级学生，他们小学学过炫彩刮版画的知识和技能，所以具有相应的分析能力和动手实践能力，但让他们独立设计制作一枚藏书票，还是有一定的难度的。教师必须精心设计教学环节，激发学生设计专属于自己的藏书票，还能够体现出藏书票特有的内涵，所以必须要将藏书票与读书的关系作为学生创作的纽带，使学生能够掌握通过文本阅读获取藏书票创作的灵感。尽量让学生按照自己的想象去独立创作，把自己内心的感觉表现出来。设计制作出有艺术美感的作品，并发掘藏书票的"读书功能"，更好地培养学生爱读书、爱惜书的思想感情。

（二）技术准备

刻橡皮砖的技能与方法

三、教学目标

（一）知识与技能

了解藏书票的艺术特征，初步学会设计藏书票的方法，用橡皮砖的形式为自己喜欢的书籍制作一枚藏书票。

（二）过程与方法

在探究活动中，了解藏书票的知识，欣赏藏书票作品，感受藏书票方寸之间的丰富内涵。

（三）情感、态度和价值观

认同藏书票是表达读书人心愿的艺术形式。在设计藏书票过程中，培养自己读书、爱书、藏书的爱好。通过参加藏书票交换活动，增进同学间的友谊。

（四）教学重点

学习藏书票的设计与制作方法。

（五）教学难点

用橡皮砖的材料，设计制作出有艺术美感的藏书票。

四、教学过程

教学阶段 供参考	教师活动	学生活动	设置意图	技术应用
创设情境 （1分钟）	学生课下准备自己喜欢读的书，上课带到课堂上。 一、导入 老师平时喜欢读书和藏书，课下，老师在橡皮砖上，刻了一幅小画（放在展示台上），并把它印了出来，贴在了书的扉页上，这个小画，有一个很雅致的名字叫作藏书票（板书：藏书票） 同学们思考一下：藏书票有什么作用呢？我为什么要把它贴在书上呢？ 标明了书的主人是谁，体现了主人的品位和爱好。 它是生活中实用的艺术品。同学们不妨设计一枚藏书票，贴在自己的书上。 （补充课题：藏书票设计）	学生把自己喜欢读的书带到课堂上。 学生观察并思考藏书票的作用是为了标明书的主人，并能装和美化书籍，它是生活中实用的艺术品。	很多学生没有见过橡皮砖，学生会很好奇，同时激发起学生设计制作藏书票的兴趣。	展台

教学阶段 供参考	教师活动	学生活动	设置意图	技术 应用
新课讲解 （15分钟）	二、新课讲解 （一）构成 　　既然要设计藏书票，应知道藏书票的构成： 　　我们先来欣赏《雪林》这枚藏书票，思考它是由哪几部分构成的？ 　　由图案、文字、铅笔签名三部分构成。图案是在雪林中奔跑的小鹿，我们来看文字"EXLIBRIS"是拉丁文，意思是我的藏书，是国际通用的符号。藏书票还要加上了票主名：××藏书、××之书、汉语拼音。 　　铅笔签名是印刷后才签名，我们留到下节课再讲。 （二）规格 　　藏书票还有很多美誉，有"版画珍珠""纸上宝石""书上蝴蝶"等。从珍珠、宝石、蝴蝶这些称呼上就知道它不会很大，国际上要求藏书票的规格边长不超过17cm，常见规格为8cm—12cm。 （三）欣赏藏书票 　　（1）藏书票这么小，其实是小中见大，方寸之间蕴含着丰富的内容。我们来欣赏《刺猬》藏书票，这枚藏书票是世界上最早的藏书票。下面是野草，中间是一只嘴里衔着野花的刺猬，缎带上写着"慎防刺猬给你一吻"。和同学交流一下它的含义是什么？ 　　藏书票也是充满了生活情趣的。 　　（2）我们再来欣赏一枚藏书票，它是德国版画家麦绥莱勒的作品，这枚藏书票的票面是什么内容？我特别喜欢这枚藏书票，你觉得它好在哪里？ 　　它会将你带入到读书的氛围中，这也是藏书票所追求的爱书、读书的韵味。	学生观察后回答是由图案、文字组成，老师补充说明还有铅笔签名。 同学交流一下，这句话的含义是刺猬会扎你。老师补充，《刺猬》藏书票的意思是不要别人乱碰我的书，否则刺猬会扎你。	尊重学生见解，调动学生探究兴趣。 探究交流藏书票的爱书、读书的情结。	多媒体

续表

教学阶段 供参考	教师活动	学生活动	设置意图	技术 应用
新课讲解 （15分钟）	它是木版藏书票，就是用刻刀在木版上刻，我们会看到刀刻痕迹很重，尤其是背景 还有灯光，每一刀都很利落有力。黑白对比强烈，让人印象深刻。 藏书票不仅有木版单色，还有木版套色、丝网、石版等。版种不同，制作方法也不同，呈现效果也不一样。咱们同学可以了解一下。这节课我们主要制作橡皮砖藏书票，制作藏书票关键是构思，这是很重要的环节。 （四）藏书票设计 1.构思立意 方法一：围绕书的内容，表达读书人的思想、情感、修养、爱好。 教师举例设计《朝花夕拾》这本书的藏书票的构思过程。 方法二：根据个人兴趣爱好选择题材。 2.图案文字设计 有三种形式 （1）图文居中式样 （2）图文环绕式样 （3）图文合一式样 如果你还没有设计灵感，我们来看一段同学构思藏书票的过程，也许对你有帮助。 （放一段视频） 咱们同学现在有好的创意吗？交流一下？有的同学特别好，有好的创意就应大胆地说出来，共同分享，启发灵感。 藏书票构思完成，我们该制作了，怎么制作呢？我们来看制作步骤： (1) 设计画稿 (2) 翻转印稿 (3) 描稿 (4) 刻稿 (5) 印刷完成 3.老师做简单示范：	学生观察并回答问题，根据自己的欣赏角度来说明藏书票好在哪里？ 学生观察了解藏书票的版种。 学生认真听讲，思考为自己喜欢的书设计藏书票。 学生牢记制作步骤 学生认真观看老师的示范，记住实践要点。	尊重学生见解，调动学生探究兴趣。 探究交流藏书票的爱书、读书的情结。 初步掌握藏书票的构思方法 学生从感性认识到理性认识，初步掌握橡皮砖藏书票的制作过程	视频

304

续表

教学阶段 供参考	教师活动	学生活动	设置意图	技术 应用
实践操作 （19分钟）	三、学生实践 （一）分层作业 1. 为自己喜欢读的书设计藏书票，可以根据书的内容来设计。 2.设计藏书票，藏书票的内容可以是自己感兴趣的或喜爱的图案。 3.可以临摹教材中的藏书票作品。 （二）作业要求 （1）设计——内容丰富，主题突出。 （2）画稿——结合橡皮砖这个材料，少用线条，多用块面。 （3）刻版——制版凹凸，效果明显，体现黑、白、灰关系，注意细节，把握好深度、层次等。 （三）学生实践，教师巡视辅导	学生根据自己情况来选择作业的难易。	实践过程中，调动以往学过的美术知识，注意文字与图形的比例、构图。	
分享交流 （2分钟）	四、展示交流设计作业 动作快的同学，展示你刻的橡皮砖，互相交流，互相探讨。（作业放到实物站台上交流、展示和评价）	展示交流，互相促进		
效果评价	五、评价 小组任选一人发言，进行自评和他评。 填PMI评价单	学生自己评价，同学之间评价交流。	交流自己作业的构思和立意，通过相互启发，激发课堂气氛，陶冶学生的情趣。	
归纳总结 （1分钟）	六、课堂总结 优秀的藏书票设计应是立意新颖、表现独特。这节课很多同学都做到了，我们下节课就要制作并印刷精美的藏书票了。期待你的藏书票完成吧！			
拓展提高	下节课印完藏书票，我们跟同学交换，或者送给老师、亲朋好友，留作纪念。办一个学校藏书票展。			

五、学习效果评价设计

评价

1. 小组任选一人发言，自评和他评。

2. 填 ABC 评价单

评价内容	评价标准		
	A	B	C
能根据老师讲解的知识提出问题，根据问题提出假设。			
能够自己想象出自己作品绘制完成后的效果。			
能按照学案的步骤，有步骤地进行绘画、绘制。			
能按照教师演示的要求完成自己的作品。			
能安全、较熟练地使用各种美术学具，尤其是不同刻刀的运用。			
能独立思考，提出与他人不同的见解。			
产生疑问时，敢于质疑并能够大胆进行绘制。			
能够有创意的完成作品。			
能够说出自己的创意作品的思路，绘制思维导图。			
在探究活动中，能与他人合作和交流。			
能自觉遵守课堂纪律。			

3. 学生自评，和同学之间评价交流。

交流自己作业的构思和立意，通过相互启发，激活课堂氛围，陶冶学生的情趣。

4. 展览评价

举办"纸上蝴蝶——藏书票"作品展览，注重学生的参与过程，多元评价学生的学习成果，发挥艺术特长，提高学生的创新能力和审美素养，进而促进每个学生的全面发展。

优秀的藏书票设计应是立意新颖、表现独特。这节课很多同学都做到了，下节课就要制作并印刷精美的藏书票了。期待你的藏书票完成吧！

拓展提高：下节课印完藏书票，我们跟同学交换，或者送给老师、亲朋好友，留作纪念。办一个学校藏书票展。

六、本教学设计与以往或其他教学设计相比的特点

藏书票是贴在书籍扉面上的微型版画，以示书籍之主人。它具有很强的实用性、艺术性和装饰性。它如同中国传统的藏书印章，是一种图文并茂的绘画形式，在国际上被誉为"版画珍珠""纸上宝石"。当人们翻开一本书，看到与精美的装帧设计相匹配的美丽的藏书票，就会增加读书的欲望和爱书的情感。将藏书票知识的学习和制作纳入"创艺社"校本课程，具有重要的意义。

学生通过藏书票的学习和实践，能够体验到藏书票的独特魅力，开阔眼界；增强学生的观察能力、造型能力、想象能力和鉴赏能力，提高审美情趣和艺术修养。藏书票制作简便，材料易得，并融绘画、手工、印刷于一体，有较强的吸引力，能使学生获得创作的愉悦、制作的乐趣和成功的欢乐。同时，也能培养学生的毅力、认真的态度，以及良好的读书、藏书习惯。藏书票在创作过程中，很多步骤是通过小组合作的形式完成的，所以，有利于培养学生的合作意识，增加学生之间的情感交流，增进友谊。

设置藏书票这节课，我首先梳理了初中美术教材的内容，结合我校学生情况，确定总体教学目标和分阶段目标，整理制定切实可行的教学内容。其次，我还不断储备自己的专业知识，经常搜集一些有关藏书票的文字和图片资料，不断提升自己的实际操作经验。本课采用教师示范和学生提前录好设计藏书票画稿视频，给学生提示如何设计出自己想要的藏书票设计稿，提供参考的视频。本课采用建构主义理论，循序渐进地引导学生学会设计、制作藏书票。采用课上评价和课下评价相结合的方式，更能提高学生的自信心，使学生获得成功感。

版画藏书票课程在我校开设三年来，使全体学生耳濡目染地了解到藏书票的制作过程。本课旨在让学生开阔思维，作品更具创新性。本课主要选择了适合学生操作的橡皮砖材料，鼓励学生进行艺术创作，学生在制作藏书票的过程中，审美素养得到进一步的提高，技能技巧也有了一定的把控能力，有近80件作品参加了校本课程展览。

版画藏书票对材料的要求广泛，本课还有很大的开发空间，需要我们不断地挖掘，本学期还将从分主题、与传统文化结合、使用新型材料等多方面入手，以务实的态度，科学的方法，创新的精神，大胆的实践，真诚的合作，全面提高学生的审美素养。

学画写意花鸟画

教材来源：北京市义务教育课程改革实验教材《美术》

授课对象：初中一年级

设 计 者：曹海静（北京市顺义北务中学）

一、指导思想与理论依据

"学画花鸟画"是九年义务教育《美术》教科书七年级下册第三课，属于"造型·表现"学习领域。了解花鸟画、认识花鸟画应物象形的审美特点，到欣赏名家作品。了解中国画的基本笔法和墨法，教师演示麻雀的画法，学生学习麻雀的画法和用笔用墨的方法。学生完成画麻雀的练习。

二、教学背景分析

学生对中国画有初步的认识，校园文化布置中也使用了很多国画作品，让学生在潜移默化中对国画产生兴趣。在本课之前，学生对齐白石花鸟画的艺术特点有了一定的认识，对笔墨表现物象产生了浓厚的兴趣，想亲自动手试一试。课前通过欣赏教学楼里的国画书法作品文化墙，感受传统文化的魅力之大，主动认识一些名家及相关作品。

三、教学目标

（一）知识与技能

能对自学内容进行交流与评述，对中国写意花鸟画进行整体认知，简单分析几幅代表作品的绘画语言和独特的审美特点，并以此为媒介感受中国传统绘画的基本特征。提高视觉感受、理解、表达、实践的能力，学画麻雀。

（二）过程与方法

通过自主学习以及讨论、交流、演示、探究分析、总结等方法全面了解写意花鸟画的艺术特点、笔墨语言。借助多媒体手段欣赏代表作品，欣赏认识写意花鸟画应物造型，借物抒情的艺术魅力。观看教师示范麻雀画法掌握基本笔墨造型能力。

（三）情感态度与价值观

通过本课学习，感受历代名家几幅国画作品，提高欣赏水平，感悟、理解写意花鸟画的独特趣味。认识个人文化修养对其艺术成就的作用，理解中国画艺术的价值观。

（四）教学重点

通过自主学习以及讨论、交流、演示、探究分析、总结等方法全面了解写意花鸟画的艺术特点，笔墨语言。借助多媒体手段欣赏代表作品，欣赏认识写意花鸟画应物造型，借物抒情的艺术魅力。

（五）教学难点

观看教师示范麻雀画法，掌握基本笔墨造型能力。练习笔墨用法，画出麻雀作品，交流实践过程。

四、教学过程

教学过程	教师活动	学生活动	设置意图	技术应用
创设情境（1分钟）	用教室张贴的几幅国画作品引入课题 引导学生欣赏几幅范画，你们了解这是什么绘画形式吗？它们画得好吗？	学生欣赏范画，感知其艺术形式	情绪导入，初步感知这节课要讲的内容	教师范作展示
温故知新（3分钟）	几幅花鸟画作品引出课题，出示课题——3.学画写意花鸟画 ——应物象形 中国写意花鸟画的概述 花鸟画：是以描绘花鸟、草虫等内容为题材的中国绘画形式，它表现自然、歌颂生命，并借物抒情、托物言志，给人以丰富的启迪与联想。 写意花鸟画：是以概括的简练的笔法来描绘自然界中花鸟的一种传统的绘画方式。	学生回答：这些都是写意花鸟画作品。 学生理解写意花鸟画的艺术视觉，学生分析范画的作品形式说出写意花鸟画的艺术概述。 理解其含义	引导学生热爱传统文化，进入学习情境。	教师所画范画的艺术魅力，感染学生

续表

教学过程	教师活动	学生活动	设置意图	技术应用
新课讲解（14分钟）	花鸟画是我国民族绘画的一个组成部分。一幅好的作品应具有哪些要素？ （1）注重"写生"——从实际生活中撷取对象，并加以艺术表现的优良传统。 （2）花鸟"拟人化"——把花鸟的自然属性与人的品德相类比。比如"白眼向天"和"四君子画"（梅、兰、竹、菊）。 （3）"借物喻人，托物言志"的精神内涵。"象征寓意，遣兴抒怀"的功能。"白眼向天"：是指清初画家朱耷多将鸟、鱼画成翻白眼状，以此表达画家本人愤世嫉俗的心情。 作品赏析 徐渭：《墨葡萄》 《荷花双禽图》画面结构以一枝自左下向上斜出的荷叶和另一枝自右下向左上斜出的荷花交搭成基本架势，其间又穿插三叶两花，丰富了荷塘的空间进深；下方为一巨石，石上栖一对小禽，均单足独立，耸肩敛羽，虽不作"白眼向天"的本色，但清冷的表情一以贯之。画法随意点，点、线、面的安排似不经意又无懈可击，直如风行水上，自然成文。荷梗拉得极长，而略无飘忽，更见画家功力所在。 学画麻雀，教师演示其画法步骤，用笔用墨。1.先分析麻雀的形态、性情。麻雀是我们生活中常见的飞鸟，它头大、体小，头、背、尾呈褐色，背有黑斑点，胸腹灰白，活泼、可爱。在画麻雀之前，先要理解麻雀的头部和身子由两个蛋形组成，或者是一个枣形加蛋形组成，这样画麻雀就方便多了。	学生回答：画的像，或画的有意思，或笔墨好看 学生探究这幅画哪里画得好 观察、欣赏作品，理解画家是怎样表达情感的 进一步思考遣兴抒怀的艺术思想绘画境界 具体分析作品形式，笔墨语言，画家情感 认知写意画的高度 进一步体会艺术形式就，其画家的语言特点 观看教师演示步骤，思考 应如何用笔和用墨及麻雀的造型特点 1. 对比自然界中的花鸟，欣赏和研究一幅花鸟画，想一想画家是怎么用笔和用墨的？ 2. 交流探究 3. 游戏：想想麻雀可以放在什么背景上产生的不同情趣。学生描述	引导学生学会欣赏进一步评价作品。 激发学生理解中国画的人文情怀 感悟艺术风貌与人行艺的精神 深入感知写意画的情趣 深入了解文人画的艺术特色 了解中国画的基本知识	多媒体展示作品 展示课件作品局部与细节以课件为媒介 通过倍投现场演示。

续表

教学过程	教师活动	学生活动	设置意图	技术应用
新课讲解 （14分钟）	2.分别演示以下几种笔法： 演示色与墨的调和，浓墨、淡墨的运用 侧锋画麻雀头——点、抹 中锋画翅、尾——短线 如老树干的横斜平直与麻雀形体的浑圆柔润、直与曲等对比，使作品显得更具有艺术魅力。 请同学们总结一下： 1.画麻雀的用笔顺序是什么？ 2.国画中有几种笔法、墨法？	学生回答问题做好实践的准备	拓展学生的思维和知识面	
实践操作 （21分钟）	学生绘画创作，教师巡视辅导 作业要求： 运用笔墨画一幅有麻雀的花鸟画，可以大胆地对原作进行添加和创造。	学生练习 体验国画的用笔用墨，将学与做结合在一起	引导学生学会如何画一幅写意画	实际练习操作
分享交流 （4分钟）	教师收集学生作品	张贴展示分享作品	总结经验，提高兴趣	集中展示
效果评价 （2分钟）	笔墨能表现浓淡，但控制不好，容易画大了	学生觉得体验很有乐趣，感受笔墨练习需日积月累。产生热爱传统文化的情感	实践总结鼓励学生热爱生活	

五、学习效果评价设计

1.学生对教学内容是否表现出浓厚的兴趣和研究热情。

2.学生是否在老师的引导下自主学习，交流探索。

3.学生是否有效观看教师演示，学会笔墨语言的表达方式。

4.作业效果是否有效。

六、本教学设计与以往或其他教学设计相比的特点

学生通过自主思考问题，学习此课时认识更深刻，效果更显著。比如：你喜欢哪一类古代花鸟画，为什么？你认为古代花鸟画这一祖国优秀传统艺术的

魅力是什么呢？学生通过课前找相关资料获得了解，通过自主学习以及讨论、交流、演示、探究分析、总结等方法全面了解写意花鸟画的艺术特点、笔墨语言。借助多媒体手段欣赏代表作品，欣赏认识写意花鸟画应物造型，借物抒情的艺术魅力。课上通过观看教师示范麻雀画法掌握基本笔墨造型能力。练习笔墨用法，画出麻雀作品，产生热爱传统文化的情感。让学生感受到不论哪门艺术创造，都在于人行道远，不是一蹴而就的。学生学习整体表现很好，热情很高。作业效果较好，学生画得很完整，有笔墨语言的运用，麻雀造型画法也完整清晰。教师利用大量资料自制范画和教材，学习、制作、演示和交流效果较好。

招贴画设计

——节约水资源

教材来源：北京市义务教育课程改革实验教材《美术》第 15 册

授课对象：初中一年级

设 计 者：赵　敬（北京市顺义区杨镇第二中学）

一、指导思想与理论依据

新课程标准在美术教学中注重提倡创新精神和创造意识，通过丰富多彩的课堂双向活动，激发学生参与学习的兴趣，变难学为活学，为学生提供一种动态、开放、主动、多元的学习环境，使不同潜质的学生在不同程度上得到发展。

二、教材分析

"招贴画设计——节约水资源"是北京市义务教育课程改革实验教材《美术》第 15 册的内容。是本单元的重头戏，属于新课改方案所设计的"设计·应用"学习领域，共设 2 课时。此课为第一课时，同时也是学生进行创意和设计，将美术应用于生活，形成初步设计意识的重要阶段。招贴画是设计类的基础，继而为以后的设计类学习起搭桥和铺垫作用。

三、设计理念

"视学生为主体，以学生发展为出发点，培养创新精神和解决问题的能力"是新课程提倡的重要理念，所以在设计中，我们的课程建立在思维导图的基础上。我想这会帮助我们获得有史以来最好的设计作品。思维导图教学也必然成为未来的教学工具。

针对"设计·应用"学习领域的活动特点，在课堂教学中除了通过欣赏获得审美感受、摄取知识外，通过教学，教师要帮助学生认识了解招贴画，学习设计方法并应用于生活之中。因此我把这次教学活动定位在真实、鲜活、创意的课堂教学。为了更好实现教学目标，在教学活动中，我依托学生的生活环境、借助学生生活经验，将发散性思维导图与美术学习和学生的生活实践紧密联系起来，让学生在开放性思维中找出联系点，开启人类大脑的无限潜能，激发联想与创意，解决重点难点问题。借助现代信息技术营造良好的教学情境，运用所学的方法，有意图的表现一个主题。

四、教学目标

（一）知识与技能

1. 了解招贴画的定义、作用、分类和特点，初步学习招贴画设计制作的方法步骤。

2. 学生能用简洁的造型语言设计主题招贴小稿。

3. 初步学会合理控制画面的构图及艺术语言等知识。

4. 能够初步学会选择、消化和综合、灵活地运用所学方法进行设计，培养学生良好的设计思维方式，促进设计意识的形成。

（二）过程与方法

1. 能通过具体事例的分析、总结，从而开展协作，交流思想。

2. 初步学会务实而有效地规划设计方案。

（三）情感、态度价值观

1. 体验获取构思创意的主要方式，形成和保持对创意的求知欲，养成积极主动地学习和参与活动的态度。

2. 通过设计制作节约水资源的招贴画提升审美能力，认识到保护水资源的重要性。培养学生对社会的态度、责任感以及团结、合作、创新的能力和精神，这是给学生们的最大的财富。

3. 使学生了解招贴画的特点、作用和分类，并通过对招贴画的欣赏，提高审美能力。

（四）教学重点

使学生了解招贴画的知识，并通过对招贴画的欣赏、品评，初步学会招贴画的设计制作的方法步骤。

（五）教学难点

通过对发散性思维的训练，解决招贴画设计中的构思问题，拓展与提升设计思维的广度与深度，提升学生对招贴设计的整体的创意水平与审美能力。

（六）教学策略和手段

启发式教学、多媒体教学、互动式教学。

（七）教学准备

电子白板，电脑多媒体课件、导学案、彩笔、铅笔橡皮等。

五、教学过程

环节	教师活动	学生活动	设置意图
直导主题	一、导入课题 《招贴画设计——节约水资源》 二、精讲启发 1. 基础目标：教师介绍招贴画的由来、作用与分类。 2. 拓展目标：优秀公益招贴画欣赏，师生共同总结招贴画的特点。	学生倾听 学生回答	体会欣赏 启发　归纳
激发兴趣	三、联想合作 1. 游戏接龙：考考你的发散性思维——说出并记录与水有关联的事物 2. 合作要求： （1）注意倾听，不能重复 （2）合作联想，提高效率 （3）加大难度，由老师先说	合作联想 画出导图 小组协作完成任务 学生畅谈 讨论归纳	激发左右脑的感受能力 实践活动中有充分的感性认识，唤起对原有相关经验的联想，从而产生新的"生长点" 思维导图是有效的思维模式，应用于记忆、学习、思考等的思维"地图"，有利于人脑的发散性思维的展开、发散性思维设计。为后面更好地学习，做好铺垫
启发拓展	四、点拨应用 1. 列举思维导图的应用——应用思维导图达成目标才是真的目的——打开想象力——形成构思的过程。 2. 将思维导图与课件相结合，引导学生分析招贴画的不同表现手法、构图等，让学生理解招贴画中所包含的美术语言，从而认识与掌握设计的基本方法，导出招贴画的设计步骤。 构思——构图——艺术语言——色彩、文字	倾听 共同思考 观看屏幕 倾听	画出导图与导图的应用，促进左右脑的均衡和协调发展，从整体上开发大脑 这个能打开大脑潜能的强有力的图解工具。它同时让学生运用大脑潜层的所有智能，包括词汇、图像、数字、逻辑、韵律、颜色和空间感知激发潜能
巩固深化	五、比较鉴赏　巩固归纳 观赏课件图例进行分析，他们的巧妙之处在哪里？观察他们的构图和色彩并做记录归纳。	探索归纳 体会，思考问题	通过进一步体会欣赏触动，认识招贴画能很好地唤起人们的节水意识、环保意识 巩固学到的知识，取得最佳教学效果

续表

环节	教师活动	学生活动	设置意图
共同分享探究交流	六、学生活动 设计交流 1.布置作业 （1）完成一幅节水招贴画的设计稿。 （2）要求主题鲜明，突出招贴画的特点。 （3）下节课会用到水彩笔、水彩、水粉颜料等工具；根据你所设计的海报选择上色的材料。 2.设计画稿 探索活动，尝试用思维导图中的事物，构思招贴画，创造新的画面，可以用小草图或文字的形式，记录初步的构思，体会不同构图与艺术语言的视觉感受。 3.交流汇报 交流展示汇报阶段成果。学生畅谈设计作品，推敲创意的不足，使个人的初步创意深化。 师生互动：教师巡视指导，检查草稿，分析设计优秀的草稿，开阔全班同学的思路，进行修改草稿。	尝试构思创意 创作、思考 设计、体会 交流 修改 设计 汇报，交流结果 倾听后也可以发表自己的观点或看法	善于把各种具有相互关联的事物打破其自然的组合关系，而给予全新的组合 能够发现表面上互不相关的事物之间独特而新颖的联系。招贴创意的训练正在于培养这种洞察万物之间可能存在的相互关联的能力 导图可以帮助学生养成独立创造形象的习惯，变简单的临摹、欣赏为自主的创新 通过学生亲身策划制作节水内容，使学生深刻体会环保节水的理念 学生的道德情感和动手能力、创造能力均获得发展
板书设计	招贴画设计——节约水资源 形式新奇独特、形象简练、文字简洁、色彩对比强烈、主题突出 构思—构图—艺术语言—色彩、文字 2 ╱ 夸张 蓝、白 3 △ 抒情 黑白 3 ╲ 联想 红蓝 类比	小组评价	思维导图（1） 思维导图（2）

六、学习效果评价设计

自从事美术教学工作十几年以来，在设计类课程中，最让我头疼的一件事，就是学生的创意不足，联想能力差，每个班级优秀的有创意的作品，少之又少。无论是欣赏别人的作品，还是通过课件视频对学生进行启发都收效甚微。"招贴画设计——节约水资源"这一课，在以前的教学中，学生多半都只会想到干涸的土地、水龙头、眼泪，千篇一律。怎样改善这种状况，是我一直在思考的一个问题。这次课程，利用思维导图、头脑风暴，学生的创意思维得到提高，创作思维上得到有效训练，更多更精彩的创意作品呈现出来。

七、本教学设计与以往或其他教学设计相比的特点

本教学设计与以往或其他教学设计相比，此教学设计更加细致，注重细节的特写，思维的培养亦更加清晰地表达出来，更注重思维探索，是深入研究的一个有效教学设计。

线条的表现力

——《以线为媒——山水计划》

教材来源：北京市义务教育课程改革实验教材《美术》第 15 册

授课对象：初中一年级

设 计 者：李　蓓（北京市顺义区第二中学）

一、指导思想与理论依据

（一）指导思想

《义务教育美术课程标准》"造型·表现"学习领域中要求："观察、认识与理解线条、形状、色彩、空间、明暗、肌理等基本造型元素，运用对称、均衡、重复、节奏、对比、变化、统一等形式原理进行造型活动，增进想象力和创新意识。"

（二）理论依据

建构主义认为，知识不是通过教师传授得到，而是学习者在一定的情境即社会文化背景下，借助学习或其他人（包括教师和学习伙伴）的帮助，利用必要的学习资料，通过意义建构的方式而获得。由于学习是在一定的情境即社会文化背景下，借助其他人的帮助，即通过人际间的协作活动而实现的意义建构过程，因此建构主义学习理论认为"情境""协作""会话""意义建构"是学习环境中的四大要素或四大属性。

二、教学背景分析

（一）学生情况

初中学生对中国传统艺术有一定的认识，但仅停留在较浅显的层面。对线元素也缺乏系统分析，因此对作品理解有些困难。课堂选取经典传世山水画作品，引导从作品内容、笔墨到意境，进行由浅入深的赏析，并归纳出简单的方法，指导学生用线条进行山水画再创作，深刻体会中国传统山水画的博大精深。课堂上要进行细致的作品鉴赏，对作品创作过程详细了解，对作品思想深入探究，帮助学生理解中国传统艺术以及其中蕴含的思想，并达到文化理解能力的提高和思想的升华，增强中华民族文化自觉和自信。

（二）教学方式及手段

小组探究式教学、启发式教学、多媒体应用。

三、教学目标

（一）知识与技能

通过作品欣赏，培养学生图像识读能力，对美术作品的材料、形式和美术语言有正确的认识和解读。

（二）过程与方法

运用线条元素以及适当的组织方法进行课堂艺术创作实践，培养学生美术表现和创意实践能力。

（三）情感、态度价值观

通过传统和当代山水画作品的赏析，感受传统艺术的魅力，了解当代艺术的多样性，培养健康高雅的审美情趣；通过鉴赏和创作实践，学生能够理解传统艺术精神，接受当代艺术的多元标准，同时提升文化认知能力，增强中华传统文化自觉和文化自信。

（四）教学重点

线条在山水画中的审美价值。

（五）教学难点

如何用线条创作具有审美价值的绘画作品。

四、教学过程

环节	教师活动	学生活动	设置意图
导入 （1分钟）	一、导入 线条在生活和学习中随处可见，今天我们就"以线为媒"进行一场"山水计划"。	倾听教师讲解	直接导入 主题明确
新授 （9分钟）	二、新授 （一）线条的属性 提问： 同学们能说出多少种线？ 请同学们在黑板和纸上画线，曲、直等都是线条的属性。	思考问题，说出直线、波浪线、折线、实线、虚线等在黑板或作业纸上画出线条	画出日常了解的线条，营造气氛，为课堂内容做铺垫

320

续表

环节	教师活动	学生活动	设置意图
新授 （9分钟）	观察： 这些线条有没有美感？ 得出结论： 美感不太明显，线条形态多，排列较随意。 思考： 试着为这些线条找秩序？ 得出结论： 重复，即"同方向规律线"。 同学在黑板或作业纸上完成 观察： 这些线条有没有美感？ 得出结论： 有秩序美或者说韵律美。 总结提升： 一根线有规律的重复形成了一种秩序美或者说韵律美，可见线条强大的魅力。 （二）线条的审美价值 欣赏作品： 用同方向规律线能画什么样的作品呢？我们一起欣赏。 1.欣赏作品《波动》 提问： 作品如何运用同方向规律线？ 得出结论： 波浪形同方向规律线形成强烈的动感和韵律美。 2.欣赏作品《精神景观》 提问： 作品如何运用同方向规律线？ 得出结论： 大量同方向规律线表现山的结构层次。 总结提升： 画面既有山水画的宁静也蕴含艺术家独特的思想，既是对传统的传承也是创新，作品被大英博物馆收藏。	回答：没有美感 不太明显 思考如何让线条形成秩序 倾听讲授 观察线条 回答：有点美感 欣赏作品，倾听讲授 体会并说出：作品用波浪线重复，画面有动感 欣赏作品 回答：用同方向规律线画山 欣赏作品，体会经典山水画的美感 欣赏作品，思考问题	引导同学发现问题解决问题，培养自主学习能力和探究精神 名作欣赏 强化学生认识 设置问题，引导学生观察、赏析并得出结论，培养学生主动动脑、自主探究和审美判断能力 总结提升，加深理解，有助于学生进行美术表现和创意实践

环节	教师活动	学生活动	设置意图
新授 （9分钟）	3.欣赏作品《富春山居图》 元代黄公望所作山水画长卷《富春山居图》，描绘了富春江两岸的秀美风光，作品笔墨纷披，意境苍茫，是黄公望山水画杰作，被誉为中国十大传世名画之一的《富春山居图》。 提问： 作品中有没有同方向规律线的运用？ 得出结论： 山石的结构质感用同方向规律线表现。 （三）线条的表现力 1.有意味的线 提问： 两幅作品有没有相似之处？ 得出结论： 两幅画中山的形象一致。 两幅作品相隔600多年，不同时代，同一座山峰，并且都用了大量同方向规律线。 提问： 作品中还用了哪些线来表现？ 得出结论： 以线勾勒山石形象 注意构图位置，山石的起伏错落、山石形态。而用线的方、圆也体现个人的风格，即"有意味的线"。（教师示范） 两幅作品都用"有意味的线"勾勒出形象，再以"同方向规律线"丰富画面层次。 总结升华： 线条是美术作品的基本语言元素，线也是中国画最重要的语言，不仅"以线造型"，还"以线传情"，刚才我们欣赏的作品都运用了大量的线条。 2.点和面的运用 提问： 画面里还用了哪些元素？	观察画中同方向规律线的用法，并回答 欣赏作品 说出山形相同 说出画面中用线条画山形 了解画面中线条的运用方法：用线画形象，又用线填充，体会线条的审美价值 倾听教师总结，加强理解 倾听教师总结 体会线条的表现力和审美价值 欣赏作品找出画面中的点、面等元素 欣赏学生和艺术家的相关作品，拓宽思路 体会作业要求 尝试用线条创作山水画作品 遇到困难及时向老师询问	名作欣赏 强化学生认识 设置问题引导学生观察、赏析并得出结论，培养学生主动动脑、自主探究和审美判断能力 课堂示范，帮助学生更直观的理解知识点并掌握绘画方法 总结升华，加深理解，有助于学生进行美术表现和创意实践

322

环节	教师活动	学生活动	设置意图
课堂实践（26分钟）	得出结论： 画面穿插运用点和面等美术语言元素。 　总结提升 　作品运用点、线、面等语言元素，使画面内容丰富，黑、白、灰层次分明，这些元素既是表现方法也是审美对象。 　3. 观摩与拓展 　欣赏学生在之前绘制的线条山水作品、拓宽学生创作思路。 三、创意实践 1.课堂创作 在刚才所画线条基础上创作《富春山居图》 　作业要求： 　（1）构图饱满 　（2）用点、线、面表现黑白灰层次 　学生在黑板或作业纸上创作作品，教师辅导	展示作品，相互借鉴倾听老师点评 认真聆听教师总结 回味线条的审美价值	观摩作品，拓宽思路 　关注每位同学的创作过程 　及时提出合理的创作方法建议，适当动笔修改启发学生 作业要求细致，便于学生掌握方法
展示（3分钟）课堂	3. 展示与交流 小组作品拼接形成一幅画面 同学相互欣赏作品，相互借鉴，说出自己的观点 教师点评并提出建议， 下节课继续完善作品		展示与交流，相互启发并取长补短
小结（1分钟）	四、课堂小结 今天我们领略了线条的魅力，也发现了点、线、面的表现力，同学们更用点、线、面等元素创作出了风格独特的《富春山居图》，以后的课堂我们继续探索艺术的魅力。		课堂总结强化理解

五、本教学设计与以往或其他教学设计相比的特点

1. 在内容设置上将中国古代传统绘画和当代绘画融为一体，使学生在艺术碰撞中实现对中优秀传统文化的传承与创新。

2.深入解读作品思想内涵，提高文化理解能力。

3.小组探究式教学，强化学生的主体地位。设置大量问题，引导学生自主欣赏作品并得出结论，培养审美判断能力。

学生课堂创作实践，学以致用并激发学生的想象力和创作力，培养学生美术表现和创意实践能力。

和博物馆谈一场不说分手的恋爱

教材来源：《普通高中美术课程标准教科书·美术鉴赏》

授课对象：高中一年级

设 计 者：王玥婷（北京市顺义牛栏山第一中学）

一、指导思想与理论依据

（一）指导思想

普通高中美术课程以立德树人为教育的根本任务，以美育人，通过学科学习而逐步形成的正确价值观念、必备品格和关键能力。美术是基于视觉图像文化的形态感受，本课依据《普通高中美术课程标准（2017年版）》为指导纲要，落实图像识读、审美判断、文化理解等美术学科素养。引导学生从生活经验出发，按照建筑艺术、艺术作品、"如何让艺术活起来"的线索，选取具有代表性的博物馆和艺术作品，通过发现、提出和分析问题，综合运用美术学科及跨学科知识与技能，以自主、合作、探究的方式解决问题，重在学习联系、比较的美术鉴赏方法，感受艺术作品的形式特征、造型元素和形式原理，联系文化情境分析、理解和解释美术作品的主题、内涵、形式和审美价值，辨析中外艺术和文化差异，认识丰富的文化现象，表达自己的审美感受、评价和判断，助力学生可持续发展和成长。

（二）理论依据

本课以建构主义理论为依据，首先通过创设情境和分组学习，以故宫博物院、苏州博物馆、卢浮宫、伊斯兰博物馆为例从造型、装饰、空间光影、环境等方面探究博物馆建筑艺术，尝试使用联系、比较的美术鉴赏方法，搭建脚手架；其次通过布置小组学习任务，提出问题提纲，学生分小组从时代背景、艺术语言、艺术价值等方面鉴赏艺术作品，通过自主搜集、阅读、研究、讨论和交流，对艺术作品进行描述、分析、解释和评价，锻炼联系、比较的思维方式，形成健康的审美观念，逐渐转化为学生学习的认识结构，在探究和合作过程中，锻炼解决问题和自主学习、沟通合作的能力；最后提出开放性问题："如何让艺术活起来"，组织学生从多方面多角度分析和研究，大胆表达观点和想法，提升学生思维的深度。

教师在层层递进的美术鉴赏活动中，使学生成为课堂主体，建构学生联系、比较的美术鉴赏意识和能力，指导并监控学习过程，设计各阶段学习任务的评价工具和评价方法，帮助学生学会检验自己的学习态度、方法与成果，逐渐养成不断自我反思和评价的习惯和能力，促进学生发展。

二、单元学习目标与重点难点

（一）学习目标

观察分析博物馆建筑和艺术作品的造型、色彩、肌理、空间等形式特征（图像识读），运用形式原理，使用联系、比较等方法从多种角度认识其内涵、形式和审美价值，认识美的独特性和多样性（审美判断），使用建筑艺术语汇和艺术语言分析、交流看法及评价；比较中外传统美术在材料技法、语言风格和创作观念的不同（文化理解）。

通过小组查找资料、自主阅读、思考、讨论等方式自主探究，使用联系、比较的美术鉴赏方法，以小组汇报的方式交流看法（审美判断），填写学案、自我评价表加深对"如何欣赏建筑艺术及建筑艺术特色""如何运用艺术语言欣赏艺术作品""让艺术活起来的方法以及艺术保护与传承"等重点内容的理解。

从文化角度理解和分析问题，认同并弘扬中华优秀传统文化，认识中外美术的差异及与各自文化背景的关系，尊重文化多样性（文化理解）；关注艺术创新方式，让艺术走进生活，成为生活的一部分。

教学重点：通过欣赏探究博物馆的建筑、博物馆的艺术作品、博物馆的衍生品三方面内容，引导学生了解博物馆的意义及价值，建筑与艺术作品的鉴赏方法等，全面了解博物馆文化。

（二）解决办法

1. 博物馆容量较大，本课中我将博物馆拆分成三个内容，分别从博物馆建筑、博物馆的艺术作品和博物馆的衍生品三个角度引导学生全面了解博物馆，并在每一节课针对一个主题带领学生探究学习，找到鉴赏方法并培养学生的文化艺术保护与传承的意识，使学生对博物馆不再停留在盲目的概念认识上，寻找到引发学生兴趣的点，激发学生在课余时间继续深入探索博物馆，了解博物馆的意义与价值，从此养成到博物馆参观的习惯。

2. 运用创设情境、比较分析、小组探究和学案辅助等学习方法，引导学生描述、分析、解释和评价，关注美术核心素养的形成，培养学生美术学习思维。

3. 选取经典案例进行横向与纵向的分析、比较、探究，提高教学效果。

4. 运用 Pad 及相关软件辅助学生探究学习与 AR 体验，提高学习效率和学生的参与热情。

教学难点：如何让学生爱上博物馆，愿意走进博物馆、探索博物馆，以及建立博物馆艺术传承与保护的意识。

（三）突破策略

1. 运用文艺而优美的授课方式，将学生带入一个轻松、浪漫的学习过程，使学生愿意参与到课程学习中来。

2. 教会学生基本的鉴赏方法，引导学生学习应用，帮助学生树立信心，愿意走进博物馆参观。

3. 从生活实际出发，通过经典案例以及典型图片的欣赏与分析，引导学生关注并养成博物馆艺术传承与保护的意识。

三、单元整体教学思路

"和博物馆谈一场不说分手的恋爱"是根据人民美术出版社高中《美术鉴赏》教材第一单元创设的拓展性鉴赏单元课程。本单元课程从参观博物馆的顺序和学生的认知经验出发，分别从建筑艺术、艺术作品、"把艺术带回家"三个方面开始博物馆艺术之旅，鼓励学生多层次、多角度、多感官、多经验、多信息地丰富鉴赏体验，培养审美的眼睛，加深理解美术鉴赏的意义。

本单元主要分为 3 个课时：

第 1 课时：与美轮美奂的博物馆建筑艺术相识

本课以"如何捕捉博物馆建筑的神采？"创设问题情境，鉴赏故宫博物院、苏州博物馆、卢浮宫、伊斯兰博物馆，分别从造型之美、装饰之美、空间光影之美、建筑与环境等方面捕捉博物馆建筑艺术之美。学生在初中的美术学习中具备一定建筑的鉴赏知识，课程主要过程分为两部分：学生分小组根据之前的学习和知识，阅读资料，自主探究学习；教师对学生的表达及时进行引导、补充和评价，帮助学生重温和构建美术鉴赏的方法，重点使用联系、对比的美术鉴赏方法鉴赏建筑艺术，从文化的角度思考和分析问题，为后续课程做准备。

第 2 课时：与内涵丰富的艺术作品相知

为了进一步巩固和提升学生的鉴赏能力和思维，本课走进距离学生最近的故宫博物院，鉴赏中国古代人物画《韩熙载夜宴图》。学生在初中的美术学习中具备一定的鉴赏能力，但是对于美术鉴赏的方式和过程没有系统化的概念，据此，第 2 课时的主要教学目标设定为帮助学生重温和构建联系、比较的美术鉴赏方法。

课程主要过程分为两部分：一是初识绘画，学生通过观察实物绘画和 iPad 艺术 APP《韩熙载夜宴图》，从基本的内容和形式上对绘画进行初步的分析和了解。二是深入分析，教师提出问题提纲，学生分小组分析问题、查找资料、阅读资料、梳理思考、讨论与交流的探究式美术学习来解决问题，并以关键词选择和语言描述等方式表达自己的鉴赏体会，完成鉴赏学案。

教师在学生表达过程中，帮助学生从创作观念、造型、色彩和技法等方面分析其艺术特点，使用比较、联系的美术思维方式，比较中外传统美术在材料、技法和风格特征方面的基本差异，比较、分析、探讨不同的艺术特点与本民族文化历史的关系，尊重并理解不同国家和民族的文化艺术，分析蕴含的文化信息，对其风格、艺术家及作品有较深入的理解。旨在通过学习，一方面可以在欣赏与分析艺术作品的同时，引导学生自主探究、培养解决问题、沟通合作的能力；另一方面引导学生以比较、联系的方式从多种角度解决问题，形成良好的美术鉴赏思维和习惯，对学生的未来学习和终身发展起到积极作用。

第 3 课时："如何让艺术活起来"——艺术的保护与传承

本课提出"如何让艺术活起来"的开放性课题，符合时代观念，强调从多角度、多方面研究艺术的保护与传承，让艺术走进生活。学生从生活的经验出发，从"艺术＋文化""艺术＋科技""艺术＋互联网""艺术＋综艺娱乐"等角度，表达自己的了解和看法，帮助学生爱上博物馆，亲近博物馆，使博物馆成为生活中的一部分。最后通过现代 AR 技术帮助学生体验 360 度欣赏艺术作品，完成艺术之旅。

在整体学习的过程中，学生完成各个阶段的自我反思评价表，帮助学生检验自己的学习态度、方法与成果，逐渐养成不断自我反思和评价的习惯和能力。

四、教学结构图

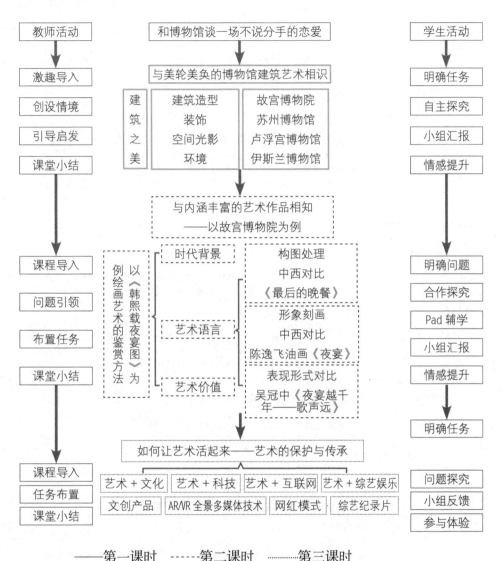

——第一课时 -----第二课时 ··········第三课时

问题提纲：

基本问题	基本小问题		
如何全面了解、走进、爱上博物馆？	1. 探寻美轮美奂的博物馆建筑艺术？	如何欣赏博物馆建筑的造型之美？	
		如何欣赏博物馆建筑的装饰之美？	
		如何欣赏博物馆建筑的空间光影之美？	
		建筑与环境的关系？	
	2. 探究内涵丰富的艺术作品的鉴赏方法？	内容和形式：《韩熙载夜宴图》主人公是谁？出现了几次？绘画分成几部分？每个部分描绘了什么样的宴会场景？	
		时代背景：根据作品中对韩熙载外貌、表情的刻画，你认为他的性格是什么样的？心情怎样？	
		艺术语言	《韩熙载夜宴图》对比《最后的晚餐》，均为宴会题材，构图处理有什么不同？
			《韩熙载夜宴图》对比陈逸飞的油画《夜宴》，形象刻画和表现方式上有什么不同？给你的感受是什么？
		艺术价值	《韩熙载夜宴图》对比吴冠中绘画《夜宴越千年——歌声远》，对比具象艺术和意象艺术，表现方式有什么不同？
	3. "如何让艺术活起来？"——文物的保护与传承	艺术 + 文化	对于文化创意产品，你有什么建议吗？
		艺术 + 综艺娱乐 + 文化	艺术 + 综艺娱乐，如何让艺术走进我们的生活？
		艺术 + 科技，如何让艺术走进我们的生活？	
		艺术 + 互联网，如何让艺术走进我们的生活？	

学习工具汇总表

单元课题：和博物馆谈一场不说分手的恋爱		
课时	学习工具名称	
第1课时	1. 单元学习任务书 2. 第一课学生鉴赏学案 3. 小组第一课阅读资料	Pad辅助学生阅读资料 Pad网络资源
第2课时	4. 第二课学生鉴赏学案 5. 小组第二课阅读资料	Pad辅助学生阅读资料 Pad "韩熙载夜宴图" APP Pad网络资源
第3课时	6. 第三课鉴赏学案 7. 小组第三课阅读资料	Pad辅助学生阅读资料 Pad "陕博3D魔卡" APP及图片 Pad网络资源

第1课时教学设计

课题：和博物馆谈一场不说分手的恋爱——与美轮美奂的建筑艺术相识

课型：新授课

1.教学内容分析

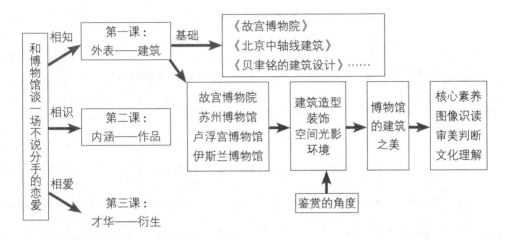

2.学习者分析

高中生已逐渐形成独立思考和分析评论的能力,有很强的求知欲和好奇心,在初中的学习中已经涉猎世界四大博物馆,具有较为广泛和全面的基础知识。

在社会实践中,学生普遍有参观博物馆的生活经历,部分学生有参观世界博物馆的体验,有自己的看法和喜好,但很多时候,他们对于博物馆的整体认识停留在专业、学术、枯燥,对博物馆的参观有些盲目,积极性有待提高。

3.学习目标确定

（1）欣赏、了解博物馆建筑艺术之美。（图像识读、审美判断）

（2）阅读资料,运用建筑艺术的鉴赏方法,通过描述、比较、分析等方式,使用建筑艺术的语汇对博物馆建筑艺术进行评述,表达感受和见解,学会欣赏建筑作品。（图像识读、审美判断、文化理解）

（3）积极参与欣赏交流,通过欣赏活动,从文化角度感受博物馆建筑的丰富性和艺术成就,激发对博物馆的热爱之情。（图像识读、审美判断、文化理解）

4. 学习重点难点

重点：引导学生了解建筑艺术美在哪里。

难点：如何使学生了解建筑艺术的美感。

5. 学习评价设计

学习自我评价表
1. 每一座建筑都是一幅优美的建筑画面，你能否用艺术的语言对建筑艺术进行简单的评价？
2.
3. 博物馆建筑比一般的建筑更具有文化的情怀，更富有艺术的气质，你怎样理解？
4.

6. 学习活动设计

教师活动	学生活动
环节一：激趣导入、明确任务——单元与本课学习主题	
教师活动1 使用一段诗意的文字引领学生走进本课： "谁说心动，一定要遇见一个人？一座城、一个季节、一座博物馆，都会出其不意地撞进心里。"	学生活动1 学生认真聆听，跟随优美的文字进入课程。
出示单元课题：和博物馆谈一场不说分手的恋爱	了解单元课题。
提问：你所了解的、去过的、喜欢的博物馆或美术馆？	学生调取生活经验，举例分享参观博物馆的经验感受，创设课堂情境。 分享已去和想去的中外博物馆的经验和原因。
师：网络上有这样一句流行语："世界这么大，我想去看看"，那么我们从博物馆出发，游走于世界城市之间，开始一段艺术的朝圣之旅。	跟随教师进入课程。
思考问题：我们如何全面地了解、走进博物馆，爱上博物馆，使博物馆成为我们生活的一部分？	思考教师提出的问题，为后续课程做铺垫。
师：我们将用三节的单元课来探索打开博物馆参观的正确方式。	明确单元课程任务

[设计意图]课程导入环节，创设唯美的艺术情境，激发学生兴趣；启发学生回忆去过的博物馆，从建筑风格、展览特点、文创艺术、体验感受等多个方面表达分享，帮助学生将生活经验与美术课堂相联系，同时提出贯穿单元课程的基本问题：如何全面地了解、走进博物馆，爱上博物馆，初步引发学生思考，为后续课程做铺垫。

环节二：创设情境、自主探究——如何捕捉博物馆建筑的神采

教师活动2	学生活动2
展示博物馆建筑的图片 师：与博物馆的初识，一开始让我们怦然心动的是博物馆的建筑。 你能说出这些博物馆的名字吗？颜值如何？ 出示本课题目：和博物馆谈一场不说分手的恋爱——与美轮美奂的博物馆建筑艺术相识 创设问题情境：如何捕捉博物馆建筑的神采？ 师：当我们置身博物馆之中，很多人拿起相机去拍摄自己的所好，如何捕捉心目中这一建筑的神采？ 师：了解这座建筑，以发现者的眼光去发现其中的神妙之处。 举例探究的角度和方法，布置研究任务 结合初中的学习，可以从造型、装饰、空间光影、环境等方面自主探究故宫、苏州博物馆、卢浮宫、伊斯兰博物馆的建筑艺术之美。	博物馆建筑图片赏析：故宫博物院、苏州博物馆、卢浮宫、伊斯兰博物馆。 读图赏析，初步感受博物馆建筑的美。 明确本课重点内容。 回忆生活中的问题情境，思考问题，分析问题。 小组自主探究 阅读第一课学生阅读资料（详见附录）；网络搜索相关资料；小组讨论。
引导学生填写探究鉴赏表格，使用美术知识和术语。	阅读单元学习任务书1（详见附录） 填写第一课鉴赏学案。

第一课：与美轮美奂的博物馆建筑艺术相识	博物馆建筑艺术鉴赏学案
预习关键词：	博物馆名称：
筑艺术特性：科学性：特定的结构形式支撑着建筑整体，完美的受力结构是建之美的根本。 适用性：建筑是实体和空间的结合，以结构和形式创造缤纷各异的空间，满足人们的使用需要。 艺术性：社会、宗教、文化差别，各地区建筑风格迥异；历史发展不同时期，风格演变。 文化性：一个时代最重要的建筑往往反映出整个民族的文明和社会形态。	给你的第一印象怎样？

	给你的第一印象怎样？	
博物馆建筑之美（关键词）	1. 造型之美	
	2. 装饰之美	
	3. 空间光影之美	
	4. 你认为还美在哪里？	

筑艺术语汇：形体：建筑的形体、结构布局等。
比例：美在形式上都具备一定的比例关系。
尺度：物体间的相对关系，和谐统一的关键。
均衡：给人以稳定的美感，并不仅限于对称。
节奏：韵律的变化，灵活的效果。
色彩和质感：体现建筑的风格与性格。
环境：和谐统一、标新立异等。
博物馆建筑与环境的关系。

[设计意图]进入新课，教师创设问题情境，教师引导学生从多种角度捕捉建筑艺术的美，学习如何欣赏建筑艺术。

布置研究任务，分小组探究中外传统与现代的经典博物馆的建筑艺术之美，培养学生图像识读、审美判断等美术学科素养；通过引导学生阅读资料、网络搜索辅助、小组思考讨论等方式锻炼学生合作能力、自主学习解决问题的能力。

环节三：引导启发、小组汇报——多角度鉴赏博物馆建筑艺术	
教师活动3 师生交流 对学生的表达及时进行引导、补充和评价。	小组派代表分别从造型、装饰、空间光影等多方面表达交流研究成果。
6.造型之美 引导学生在初中阶段对建筑形式的初步学习基础上，使用联系、对比的思维方式，使用建筑语汇，如形体、比例、尺度、均衡、节奏、色彩和质感等，深入分析博物馆建筑艺术。同时关注建筑的科学性、适用性、艺术性、文化性，帮助学生学会灵活、开放的艺术鉴赏方法。	回忆初中所学美术鉴赏的相关知识和术语，尝试从多方面、多角度交流自己的想法和感受，进行建筑艺术的审美判断，从文化的角度分析和理解。 学生回答提纲：
博物馆建筑艺术——造型之美 中西对比——传统博物馆 / 故宫博物院 结构：大屋顶、斗拱、三层台基——中国封建等级制度 太和殿：重檐四庑殿顶 联系：中国古代建筑屋顶类型 	**博物馆建筑艺术——造型之美** 故宫博物院 布局：对称、均衡 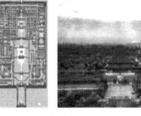 结构：大屋顶、斗拱、三层台基 太和殿：重檐四庑殿顶 

环节三：引导启发、小组汇报——多角度鉴赏博物馆建筑艺术

中西对比——传统博物馆	卢浮宫	欧洲古典主义建筑 对比：洛可可建筑风格、巴洛克建筑风格 佛罗伦萨——标志着意大利文艺复兴建筑史的开始　洛可可建筑风格 精美浮华、繁琐	卢浮宫	布局结构：U型、拿破仑广场、对称均衡 建筑材料：石料 玻璃金字塔：贝聿铭，材料：玻璃、不锈钢架 欧洲古典主义建筑：柱廊、比例、尺度、庄重雄伟
中西对比——现代博物馆	苏州博物馆（新馆）	色彩和材料和造型 联系：苏州民居特色——江南水乡，粉墙黛瓦。 白色即指粉墙、黑色即指黛瓦。古代苏州文人雅士对"雅朴"生活的向往与追求，古今融合，现代的材料技术体现古今苏州人的情怀与追求。 	苏州博物馆（新馆）	位置布局：太平天国忠王李秀成王府遗址；中轴线对称的东、中、西三路布局，和东侧的忠王府格局相互映衬，紧邻拙政园、狮子林。 "不高不大不突出"的建筑风格，与所在街区历史风貌和谐相融，与周边历史文化街区、世界文化遗产拙政园相融合。 色彩：灰色和白色 材料：玻璃、混凝土、花岗岩石材 造型：几何形，没有挑檐，保持几何形体的纯净性。
	伊斯兰博物馆	简洁而抽象的表面造型 对比：埃及开罗伊本图伦清真寺 建筑主体材料：石材——沙漠文化的建筑特征 联系：卡塔尔多哈的露天广场及石材 	伊斯兰博物馆	位置布局：人工半岛、棕榈树、三面环水，人与建筑、自然与建筑和谐统一，和谐融合。 简洁而抽象的表面造型 建筑主体材料：石材——沙漠文化的建筑特征

环节三：引导启发、小组汇报——多角度鉴赏博物馆建筑艺术			
7.装饰之美 引导学生使用联系、对比的思维方式，并使用建筑语汇深入分析博物馆建筑艺术，体会其中蕴含的文化内涵和中西方文化差异。		尝试从多方面、多角度交流自己的想法和感受，进行建筑艺术的审美判断，从文化的角度分析和理解。 学生回答提纲：	
博物馆建筑艺术——装饰之美		博物馆建筑艺术——装饰之美	
中西对比——传统博物馆	故宫博物院	装饰——中国传统文化 仙鹤：长寿，松鹤延年、鹿鹤同春 联系：平金绣云鹤纹补子；红地蓝料彩朵云粉鹤纹葫芦式盒瓶；黄色缎绣彩云蝠鹤日月纹法衣 	故宫博物院	色彩：红墙、黄色的琉璃瓦 材料：木质建筑、琉璃瓦、汉白玉栏杆装饰 脊兽：突出殿宇的威严，寄托美好愿望——中国神话传说，掩饰美观免受雨淋的实用功能 仙鹤：长寿，松鹤延年、鹿鹤同春
	卢浮宫	拱顶、拱窗、石柱、雕像装饰——欧洲古典建筑艺术 	卢浮宫	古典柱式 壁画及浮雕
中西对比——现代博物馆	苏州博物馆（新馆）	借鉴苏州古典园林： 对比：网师园，依水而建，风水格局中常讲的"负阴抱阳"——中国古典造园法则 网师园 对比：苏园，漏窗，苏州古典园林特别注重"步移景异，移步换景"的景观效果的营造。传统的花窗和透窗形态在建筑中得到重构，组成了各种不同的建筑语汇，形成多样的空间界定与分割。	苏州博物馆（新馆）	依水而建  漏窗 

环节三：引导启发、小组汇报——多角度鉴赏博物馆建筑艺术			
苏州博物馆（新馆）	片石假山 对比：米芾书画 对比：日式枯山水 	苏州博物馆（新馆）	片石假山："借以粉壁为纸，以石为绘"。远远望去，如同连绵不绝的山峦，将现代新馆与古典的拙政园连接。
中西对比——传统博物馆	建筑的样式和花纹 对比：西班牙阿尔罕布拉宫（伊斯兰宫殿） 水的设计 对比：阿尔罕布拉宫的狮庭；桃金娘庭 阿尔罕布拉宫的狮庭　阿尔罕布拉宫的桃金娘庭 阿拉伯传统圆拱形的窗户与门帘 穹顶——宗教核心精神的建筑元素 	伊斯兰博物馆	建筑的样式和花纹 水的设计 穹顶 蜂巢式天花板 吊灯设计
	蜂巢式天花板 对比：图伦清真寺的蜂巢式拱顶结构 		
	吊灯设计 对比：传统清真寺回廊中的悬挂油灯 		

环节三：引导启发、小组汇报——多角度鉴赏博物馆建筑艺术	
8.空间光影之美 引导学生使用联系、对比的思维方式，并使用建筑语汇深入分析博物馆建筑艺术，体会其中蕴含的文化内涵和中西方文化差异。	

伊斯兰博物馆	玻璃幕墙——透明、反射 对比：巴黎卢浮宫金字塔；香港中银大厦；克利夫兰摇滚名人堂 	博物馆建筑艺术——空间光影之美	
		故宫	
		卢浮宫	
		苏州博物馆（新馆）	材料：玻璃、钢材、混凝土 大量运用苏州传统建筑的基本符号，与现代材料相结合。 为什么说苏博是让光来做设计呢？ 阳光透过金属百叶照射入室内，在墙面上形成了会随时间发生变化的光影图。
		伊斯兰博物馆	几何形、阳光、变化丰富、层次 玻璃幕墙——透明、反射

9.建筑与环境 提问：观看PPT上的博物馆建筑图片，结合刚才对博物馆建筑的学习说一说，建筑与环境的关系？ 提出开放性的问题，引导学生从多角度分析和判断。 	从多种角度分析博物馆建筑与环境的关系，或和谐统一，或标新立异，大胆表达看法并进行交流。

环节四：课堂小结、情感提升——博物馆建筑的艺术美与文化内涵	
教师活动4 小结：从哪些角度寻找博物馆建筑的神采？	学生活动4 学生回顾小结，可从造型、装饰、空间光影、环境等多方面赏析博物馆建筑艺术，同时注重建筑的科学性、实用性、艺术性、文化性，使用建筑术语汇如形体、比例、尺度、均衡、节奏、色彩和质感、环境等。
"博物馆不同于其他建筑，它不仅是文化的象征，它的一砖一瓦、一棱一角都具有独特的魅力"——贝聿铭。 师：博物馆建筑比一般的建筑更具有文化的情怀，更富有艺术的气质。这就是博物馆建筑之美所在。	体会博物馆建筑的艺术性、文化性。

[设计意图]师生互动，解决问题，从多角度、多方面鉴赏博物馆建筑艺术。从多角度、多方面分析和解读，使用专业的艺术或建筑术语，为后续课程做铺垫。

7.板书设计

和博物馆谈一场不说分手的恋爱——与美轮美奂的博物馆建筑艺术相识			
造型之美	装饰之美	空间光影之美	建筑与环境
结构	内	移步换景	和谐统一
布局	外	色彩	标新立异

8.作业与拓展学习设计

课后思考问题：环境与建筑的关系？

鼓励学生结合本课学习的博物馆，课后通过搜集相关资料，从多种角度辩证思考建筑与环境的关系，并撰写小论文。

9.特色学习资源分析、技术手段应用说明（结合教学特色和实际撰写）

1.Pad辅助教学

学生通过Pad阅读资料，便于从细节或整体观察识读艺术图片。

2.通过网络搜索补充相关知识。

10.教学总结

教学特色

（1）教学资源丰富

本课使用精彩丰富的多媒体PPT课件，提高学生的学习兴趣；使用Pad

教学，学生利用 Pad 可从局部放大或整体的角度识读图像，更便利地观察，教师为学生制作的学生阅读资料，经过教师筛选和整理，采用中西对比、联系比较的方式，更好地帮助掌握美术鉴赏的思路和方法，为后面的课程做铺垫。

（2）创设问题情境

本课引导学生走进学习情境，置身于艺术博物馆之间，如何捕捉建筑艺术的神采？学生根据问题，开展学习。

（3）小组探究、讨论交流的学习方式

本课在教学中布置学习任务，提出鉴赏建筑艺术的几个角度，鼓励学生回顾之前的学习知识，使用建筑语汇和艺术语言进行分析和评价，构建联系、对比的美术鉴赏方法，为后续课程做铺垫，同时分小组探究，在自主、合作、探究的过程中获取知识，解决问题，真正体现学生在课堂中的主体性。

教学反思与改进

1. 学生在小组汇报环节略有一些不自信，教师在第一节课多加引导和肯定，为学生在后续课程打下良好的交流基础。

2. 学生对当代博物馆建筑艺术十分感兴趣，教师应增加相应的补充内容，帮助学生课后拓展学习。